공무원 시험대비

2023

진가영 영어문법
이론적용
200제

진가영 편저

공무원 영어
문법 적중률 100%

PMG 박문각

PREFACE

이 책에 들어가기 전에

진심을 다하는 단기합격 길라잡이로서
수험생들을 위한 공무원 영어 〈진가영 영어문법 이론적용 200제〉를 펴내며

안녕하세요, 여러분들의 단기합격 길라잡이 진가영입니다.

노량진에 와서 다년간의 수업을 통해 수험생들의 단기합격을 위해서 가장 중요한 것이 '선택과 집중'이라는 것도 알게 되었습니다. 또한 단순한 이론을 알고 있는 것과 이를 문제 풀이에 적용한다는 것은 다른 차원의 일이기에 반드시 배운 문법 이론을 실전 문제에 적용할 수 있는 훈련이 필요하다고 느꼈습니다.

특히, 여러 시행착오와 다년간 이루어진 수험생들과의 직접적인 소통을 통해 공무원 시험에서 문법 영역을 대비하기 위한 효율적인 문제 풀이 교재가 필요하다고 느꼈고, 이를 위해 끊임없이 교재의 내용을 수정하며 알찬 교재를 만들고자 노력했습니다.

그리고 그 결과로 나온 교재가 바로 〈진가영 영어문법 이론적용 200제〉입니다.

시험에 나올 수 있는 필수적인 문제를 먼저 선택과 집중으로 풀어보면서 중요한 이론을 복습하고 중요한 내용을 실전 문제와 흡사한 문제로 적용해보면서 본인의 실력이 향상할 수 있는 교재로서 여러분들의 문제 풀이 능력을 향상하는데 탁월한 교재가 될 것입니다.

이 〈진가영 영어문법 이론적용 200제〉를 통해 꼭 빠른 합격을 이루시길 항상 응원합니다.

Heaven helps those who help themselves!
하늘은 스스로 돕는 자를 돕는다!

여러분들의 노력이 반드시 합격으로 이어지도록 같이 현명한 길라잡이로서 더 좋은 모습으로 수업을 통해 뵙도록 하겠습니다.

9월 노량진 연구실에서
박문각 영어 1위 진가영

이 책의 목차

PART 01 필수 이론 정리

- Chapter 01 영어 문장의 이해 · 6
- Chapter 02 동사의 문형(빈출 동사) · 10
- Chapter 03 시제 · 19
- Chapter 04 주어-동사 수 일치 · 25
- Chapter 05 수동태 · 27
- Chapter 06 동명사 · 36
- Chapter 07 분사 · 40
- Chapter 08 부정사 · 48
- Chapter 09 조동사 · 56
- Chapter 10 도치구문 · 59
- Chapter 11 가정법 · 62
- Chapter 12 접속사 · 65
- Chapter 13 관계사 · 67
- Chapter 14 전치사 · 74
- Chapter 15 비교 · 77
- Chapter 16 형용사와 부사 · 84
- Chapter 17 명사와 대명사 · 90

PART 02 단원별 필수 100제

- Chapter 01 동사 · 96
- Chapter 02 준동사 · 101
- Chapter 03 연결어 · 107
- Chapter 04 구문 · 112
- Chapter 05 품사 · 117

PART 03 문법OX / 선택형 문제

- Chapter 01 문장형 OX · 122
- Chapter 02 영작형 OX · 130
- Chapter 03 밑줄형 OX · 138
- Chapter 04 빈칸 선택형 · 141

PART 04 전범위 필수 100제 · 146

정답 및 해설

- Part 02 단원별 필수 100제 · 166
- Part 03 문법 OX / 선택형 문제 · 183
- Part 04 전범위 필수 100제 · 218

진가영 영어문법
이론적용 200제

합격기준 **박문각 공무원**

PART

01

필수 이론 정리

PART 01 · 필수 이론 정리

CHAPTER 01 영어문장의 이해

01 영어 문장의 기본 개념

1. **단어** : (1) 분리하여 자립적으로 쓸 수 있는 말
   (2) 문법적 기능을 나타내는 말

2. **문장** : 생각이나 감정을 말로 표현할 때 완결된 내용을 나타내는 최소 단위

3. **8품사** : 문장을 이루는 단어를 의미적으로 또는 문법적인 역할에 따라 8가지로 분류한 것
   (1) 명사 (2) 대명사 (3) 동사 (4) 형용사 (5) 부사 (6) 접속사 (7) 전치사 (8) 감탄사

4. **문장 구성 요소와 8품사**
   (1) 주어(subject) : 명사와 대명사
   (2) 동사(verb) : 동사
   (3) 목적어(object) : 명사와 대명사
   (4) 보어(complement) : 명사, 대명사, 형용사
   (5) 수식어(modifier) : 형용사, 부사

5. **구(phrase)** : 두 단어 이상이 모였으나 주어와 서술어의 구성이 아닌 언어 형식
   (1) 명사구 : to부정사구, 동명사구, 의문사구(의문사＋to부정사)
   (2) 형용사구 : to부정사구, 분사구, 전명구(전치사＋명사)
   (3) 부사구 : to부정사구, 분사구, 전명구(전치사＋명사)

6. **절(clause)** : 주어와 서술어를 가진 비독립적 문장
   (1) 명사절 : that절, whether / if절, what절, 의문사절, 복합관계대명사절
   (2) 형용사절 : 관계사절(관계대명사절, 관계부사절)
   (3) 부사절 : (명사절, 형용사절을 제외하고 나머지) 시간, 조건, 이유, 방법, 양태 등

7. **문장의 종류**
   (1) 구조에 따른 분류
      ① 단문 ─ 동사를 하나만 가지는 문장
              └ 가장 단순하고 기본적인 유형의 문장
      ② 중문 : 등위접속사(and, but, or)로 연결된 문장
      ③ 복문 : 절(clauses)을 하나의 문장 성분으로 가지고 있는 문장

(2) 내용에 따른 분류
① 평서문 ┬ 말하는 이가 자신의 생각을 평범하게 말하는 문장
└ 문장 부호는 주로 온점(.)을 쓴다.
② 의문문 ┬ 의문사가 없는 의문문(yes-no questions)
├ 의문사가 있는 의문문(wh-questions)
├ 부가의문문
└ 간접의문문
③ 명령문 ┬ '~해라'라고 상대방에게 어떤 행동을 명령하거나 지시하는 문장
└ 문장의 주어인 You를 생략하고 '동사원형'이나 'Don't 동사원형'으로 시작하는 문장

02 문장의 5가지 형식

1. 1형식 : 주어+동사(= 완전자동사)

❶ <u>She</u> <u>came back</u>.
　 주어　 동사

2. 2형식 : 주어+동사(= 불완전자동사)+주격 보어(주어를 보충 설명)

❶ <u>My sweet-natured daughter</u> <u>became</u> <u>unpredictable</u>.
　　　　주어　　　　　　　 동사　　　 주격 보어

3. 3형식 : 주어+동사(= 완전타동사)+목적어

❶ <u>She</u> <u>attempted</u> <u>a new method</u>.
　 주어　　 동사　　　　목적어

4. 4형식 : 주어+동사(= 수여동사)+간접목적어(~에게)+직접목적어(~을)

❶ <u>This guide book</u> <u>tells</u> <u>you</u> <u>where you should visit in Hong Kong</u>.
　　　주어　　　　　동사　 간목　　　　　　　직목

5. 5형식 : 주어+동사(= 불완전타동사)+목적어(~을/를)+목적격 보어(목적어 보충 설명)

❶ <u>The police authorities</u> <u>had</u> <u>the woman</u> <u>arrested</u>.
　　　주어　　　　　　　 동사　 목적어　　 목적격 보어

✎ 동사의 분류 : 동사가 목적어를 필요로 하는지에 따라 <u>자동사와 타동사</u>로 나뉘고 보어를 필요로 하는지에 따라 <u>완전동사와 불완전동사</u>로 나뉜다.

- 1형식 동사 − 보어(×), 목적어(×) : 주어만 있으면 문장이 완전
- 2형식 동사 − 보어(×), 목적어(×) : 주어와 주격 보어가 있으면 문장이 완전
- 3형식 동사 − 보어(×), 목적어(○) : 주어와 목적어가 있으면 문장이 완전
- 4형식 동사 − 보어(×), 간목(○)+직목(○) : 주어와 목적어 2개가 있으면 문장이 완전
- 5형식 동사 − 보어(○), 목적어(○) : 주어와 목적어, 목적격 보어가 있으면 문장이 완전

03 문장이 길어지는 이유 (I) - 수식어

공무원 시험에 나오는 긴 영어 문장을 제대로 파악하기 위해서는 문장의 핵심 성분(주어, 동사, 목적어, 보어) 이외에 수식어에 대한 이해가 필요하다. **문장은 수식어에 의해서 길어지게 되므로 문장의 핵심 성분인 주어, 동사, 목적어, 보어를 파악하고 이를 수식해 주는 수식어 성분을 구분할 수 있어야** 문법 문제나 독해 문제 모두 빠르고 정확하게 풀 수 있다.

1. 문장 = 핵심 성분(주어, 동사, 목적어, 보어) + 수식어

2. 수식어의 종류 : **형용사, 부사, 전명구(전치사+명사), 분사(ing, pp), to부정사, 관계사절(명사를 수식해 주는 절), 부사절(시간, 조건, 이유, 방법 등을 나타냄)**

   ❶ My sweet-natured daughter suddenly became unpredictable.
      수식어(형용사) 주어(명사) 수식어(부사) 동사   보어(형용사)

   나의 사랑스러운 성격을 가진 딸이 갑자기 예측할 수 없이 변했다.

   ❷ Elements of income in a cash forecast will vary according to the company's circumstances.
      주어(명사) 수식어(전명구) 수식어(전명구)   동사   수식어(전명구)

   현금 예측에서 소득의 요소는 그 회사의 상황에 따라 달라질 것이다.

   ❸ The novel was so exciting that I lost track of time and missed the bus.
      주어(명사) 동사 수식어 보어   수식어(부사절)
              (부사) (형용사)

   그 소설이 너무 흥미로워서 나는 시간 가는 줄 몰랐고 버스를 놓쳤다.

04 문장이 길어지는 이유 (2) - **접속사**

영어 문장은 접속사로 인해 길어진다. **접속사는 문장에서 동사를 추가할 수 있는 기능을 가진 단어이기 때문에 접속사가 나오면 문장에 동사가 추가되면서 길어진다는 것을 예측**한다. 또한 **접속사가 나올 때 문장을 끊어서 의미 단위로 나눠서 해석**하면 문장의 의미를 빠르고 정확하게 이해할 수 있다.

❶ This guide book tells you where you should visit in Hong Kong.
　　　　　　　　　　　　　　접속사+주어+동사 = 하나의 의미 단위

　이 안내 책자는 당신에게 말해준다 / 당신이 홍콩에서 어디를 방문해야 하는지를.

❷ I was born in Taiwan, but I have lived in Korea since I started work.
　　　　　　　　　　　接속사+주어+동사　　　　　　接속사+주어+동사

　나는 대만에서 태어났다 / 하지만 나는 한국에서 살고 있다 / 내가 일을 시작한 이래로.

❸ The novel was so exciting that I lost track of time and missed the bus.
　　　　　　　　　　　　　　접속사+주어+동사　　　　접속사+동사

　그 소설이 너무 흥미로워서 / 나는 시간 가는 줄 몰랐고 / 버스를 놓쳤다.

❹ It's not surprising that book stores don't carry newspapers any more, is it?
　　　　　　　　　　　　접속사+주어+동사

　놀랄 일이 아니야 / 서점들이 더 이상 신문을 판매하지 않는 것은 / 그렇지?

CHAPTER 02 동사의 문형(빈출 동사)

01 1형식 문형 [S+V]

1. 대표 1형식 문형 동사

appear(나타나다, 생기다), emerge(나타나다, 나오다), disappear(사라지다)
travel(여행하다, 이동하다), proceed(나아가다), dwell(살다, 거주하다), reside(살다, 거주하다)
live(살다, 생존하다), exist(존재하다, 현존하다), die(죽다)
happen(발생하다, 일어나다), occur(일어나다), take place(일어나다, 개최되다), break out(발생하다, 발발하다)
rise(오르다, 올라가다, 일어나다), climb(오르다, 올라가다), fall(떨어지다, 내리다)
matter(중요하다), arrive(도착하다), last(계속하다, 지속하다), expire(만료되다, 끝나다), progress(나아가다, 전진하다), deteriorate(악화되다), suffice(충분하다), recede(물어나다, 멀어지다)

2. 의미에 주의해야 할 1형식 동사

(1) will do 좋다, 충분하다
   ❶ Anything will do. 어떤 것이든 좋다.
(2) pay (off) 이익이 되다, 수지가 맞다.
   ❶ Farming doesn't pay these days. 요즘은 농사일이 수지가 안 맞는다
(3) matter, count 중요하다
   ❶ His opinion does not count. 그의 의견은 중요하지 않다.
(4) work 작동하다, 효과가 있다, 일하다
   ❶ The machine did not work. 기계가 작동하지 않았다.
   ❷ This medicine works well for colds. 이 약은 감기에 효과가 있다.

3. There V 주어 (존재구문 : 주어+동사 수일치)

(1) There be 동사+일반명사(= 주어)
(2) There seem(s) / appear(s) (to be) 일반명사(= 주어)
   ❶ There seems to be a meeting this afternoon. 오늘 오후에 회의가 있는 것 같다.
   ❷ There seem to be a lot of mistakes in her job. 그녀의 일에는 실수가 많은 것 같다.

4. 타동사로 잘 쓰이지만, 1형식 자동사로 쓰이면 수동의 의미로 쓰이는 동사

• clean 닦이다, sell 팔리다, read 읽히다
   ❶ This surface cleans easily. 이 표면은 쉽게 닦인다.
   ❷ This novel reads well. 이 소설은 잘 읽힌다.

02 2형식 문형 (S+V+S.C)

1. 주격 보어: 동사에 따라 명사상당어구나 형용사상당어구가 가능

2. 주격 보어: 주격 보어 자리에 명사가 온다면 주어와 동격 관계인지 확인
She became fame. (×)
→ She became famous. (○) 그녀는 유명해졌다.
주어인 she와 주격 보어 자리에 나온 명사 fame이 동격 관계가 될 수 없으므로 상태를 나타내는 형용사 주격 보어를 쓴다.

3. 대표 2형식 동사

감각[오감] 동사	sound, smell, taste, feel, look + 형용사 / like 명사	
상태 유지 동사	keep, remain, stay, stand, hold + 형용사 ~한 상태이다	
	• hold good 유효하다 • stand still 조용히 있다 • remain to be seen 두고 볼 일이다	
상태 변화 동사	go, get, grow run, turn, fall + 형용사 ~한 상태가 되다 come, become	
	• go bankrupt 파산하다 • go blind 눈이 멀다 • go bad 상하다 • turn sour 시다	
추측 동사	S seem / appear + 형용사 / to부정사	~인 것 같다
	It seems / appears that 주어 동사	
판명 동사	prove/turn out + 명사 / 형용사 / to부정사	~로 판명되다
to부정사 주격 보어를 취하는 동사	happen / chance to 부정사	우연히 ~하다
	get / come to부정사	~하게 되다

4. 유사보어

주로 1형식 동사 뒤에서 추가적으로 주어의 상태를 나타내는 표현을 명사를 유사보어라고 한다.

주어	live, die lie, sit, stand return	명사 주격 보어	주어와 동격 관계
		형용사 주격 보어	주어의 상태
		현재분사 주격 보어	주어와 능동
		과사분사 주격 보어	주어와 수동

❶ The man died young. 그 남자는 젊은 나이에 죽었다.
❷ The homeless lived begging everyday. 노숙자들은 매일 구걸하며 살았다.
❸ The old lady stood surrounded by boys. 그 노부인은 소년들에게 둘러싸여 서 있었다.

03 3형식 문형 (S+V+O)

1. 목적어의 종류

(1) 타동사는 전치사 없이 바로 명사 목적어를 가질 수 있다.
(2) 명사가 될 수 있는 표현에는 단어 명사, 명사구(to부정사구, 동명사구, 의문사구), 명사절(that절, what절, whether / if절, 의문사절, 복합관계대명사절) 등이 있다.

주어	타동사(구)	명사목적어
	타동사 (say, discuss, marry)	명사 대명사 to부정사구, 동명사구, 의문사구 that절 whether절 / if절 what절 의문사절(= 간접의문문)
	자동사+전치사 (laugh at)	
	자동사+부사+전치사 (look up to..)	
	타동사+명사+전치사 (make fun of..)	
	타동사+부사 (put off...)	

❶ Bad workman always blames his tools(명사 목적어).
  서투른 목수가 연장만 나무란다.
❷ I want to help them(대명사 목적어).
  나는 그들을 돕고 싶어.
❸ I forgot to turn all the lights off(부정사구 목적어).
  나는 모든 불을 끄는 것을 잊었다.
❹ I enjoy playing tennis and squash.(동명사구 목적어)
  나는 테니스와 스쿼시치는 걸 즐긴다.
❺ I know where to put this(의문사구 목적어).
  나는 이것을 어디에 두어야 하는지 잘 모른다.
❻ I know that the woman is honest(명사절 목적어).
  나는 그 여자가 정직하다는 것을 안다.
❼ I don't know if she will come back(명사절 목적어).
  그녀가 돌아올지 모르겠다.
❽ I don't know whether he will pass the exam this time or not(명사절 목적어).
  나는 그가 이번에 시험에 합격할지 안 할지 모르겠다.
❾ Nobody knows what will happen next(명사절 목적어).
  다음에 무슨 일이 일어날지는 아무도 모른다.
❿ I can't remember where she lives(명사절 목적어).
  나는 그녀가 어디에 사는지 기억할 수 없다.

2. 대표 3형식 타동사
(1) accompany ~와 동반하다, ~와 동행하다
(2) address ~에게 / ~에 관하여 연설하다
(3) announce ~에 관하여 발표하다
(4) affect(= influence) ~에 영향을 미치다
(5) answer ~에게 답하다
(6) approach ~에 접근하다
(7) await ~를 기다리다
(8) attend ~에 참석하다
(9) comprise ~로 구성되다
(10) call(= phone) ~에게 전화하다
(11) contact ~와 접촉하다, ~와 연락하다
(12) discuss ~에 대해 토론하다
(13) enter ~에 들어가다
(14) inhabit ~에 살다
(15) marry ~와 결혼하다
(16) mention ~에 대하여 언급하다
(17) obey ~에 복종하다 / 준수하다
(18) oppose ~에 반대하다
(19) reach ~에 도착하다
(20) resemble ~와 닮다
(21) survive ~에서 살아남다, ~보다 오래 살다
(22) leave ~를 떠나다
(23) fell 베어 넘어뜨리다

3. 3형식 타동사구
(1) account for 설명하다, ~을 차지하다
(2) allow for ~을 고려하다
(3) agree to 사물 ~에 동의하다
    agree with 사물 ~와 의견이 같다
    agree on(upon) 사안 ~에 대해 합의하다
(4) apologize to ~에게 사과하다
    apologize for ~에 관하여 사과하다
(5) complain of (about) ~에 대하여 불평하다
    complain to ~에게 불평하다.
(6) consist of ~로 구성되다
    consist in ~에 있다.
(7) deal with ~을 다루다
    deal in ~을 거래하다
(8) graduate from ~을 졸업하다

MEMO

- Our new system will <u>allow for</u> more efficient use of resources.
  우리의 새 시스템은 자원의 사용을 더 효율적으로 고려할 것이다.
- I <u>agree to</u> your proposal.
  너의 제안에 동의한다.
- I <u>agree with</u> you.
  너와 의견이 같다.
- I <u>agree on</u> the plan.
  그 계획에 대해 합의하다.
- You should <u>apologize to</u> your brother.
  너는 너의 남동생에게 사과해야 한다.
- He <u>apologized for</u> his behavior.
  그는 그의 행동에 관하여 사과했다.
- Several women have <u>complained of</u> sexual harassment.
  몇몇 여자들은 성희롱에 대해 불평한다.
- He <u>complained to</u> the manager of the service in that restaurant.
  그는 그 식당의 서비스에 대해 매니저에게 불평했다.
- My family <u>consists of</u> five people.
  우리 가족은 다섯명으로 구성된다.
- Happiness <u>consists in</u> contentment.
  행복은 만족에 있다.
- He <u>operated on</u> his knee.
  그는 그의 무릎을 수술했다.

MEMO

- You can <u>subscribe to</u> the magazine.
  너는 그 잡지를 정기구독할 수 있다.
- The girls all <u>belong to</u> the group.
  그 소녀들은 모두 그룹에 속한다.

provide / supply B for(to) A
B를 for(to) A에게 공급하다

Cf
He stolen money from a safe.
그는 돈을 금고에서 훔쳤다.

substitute butter by(with) margarine
버터 대신에 마가린을 쓰다
(= substitute margarine for butter)

---

(9) insist on[upon] ~을 주장하다
(10) interfere with ~을 방해하다
    interfere in ~을 간섭하다
(11) object to ~에 반대하다
(12) operate on ~를 수술하다
(13) participate in ~에 참가하다
(14) result in + 결과 ~을 초래하다
    result from + 원인 ~ 때문이다
(15) wait for ~을 기다리다
    wait on ~를 시중들다
(16) dispose of ~을 처분하다
(17) subscribe to ~을 정기구독하다
(18) do without = go without = dispense with ~없이 지내다
(19) belong to ~에 속하다
(20) arrive at[in] ~에 도착하다

4. 특정 전치사구를 수반하는 3형식 타동사

(1) provide / supply / furnish A with B A에게 with B를 공급하다
    endow A with B A에게 B를 부여하다
    equip A with B A에 B를 갖추다
    replenish A with B A에게 B를 보충하다
    fill A with B A에 B를 채우다
(2) rob / deprive A of B A에게 of B를 빼앗다
    rid A of B A에게 of B를 제거하다
    strip A of B A에게 of B를 벗기다 / 빼앗다
    relieve A of B A에게 of B를 덜어주다
    empty A of B A에게 of B를 비우다
(3) 통고 / 확신 동사
    inform / notify / remind / convince / assure / warn / accuse
    A of B / A to부정사 / A that S+V
(4) keep / stop / prevent / prohibit / inhibit / deter / dissuade / discourage
    A from ~ ing A가 ~하는 것을 막다 / 방해하다
(5) impose A on B A를 on B에게 부과하다
    confer / bestow A on B A를 on B에게 주다
    congratulate A on B A에게 on B를 축하해주다
(6) tell / know A from B A와 from B를 구분하다
(7) attribute / owe / scribe / impute A to B A를 to B탓으로 돌리다
(8) mistake(= take) A for B A를 for B로 잘못 알다
(9) substitute A with/by B A대신에 with / by B로 대체하다
    substitute B for A B로 for A를 대체하다

5. 4형식으로 착각하기 쉬운 3형식 타동사

> suggest, explain, say / mention,
> introduce, announce, describe, propose, confess

❶ He explained him his situation. (×)
❷ He explained his situation to him. (○) 그는 그 상황을 그에게 설명했다.

04 4형식 문형 (S+V+간목+직목)

1. 4형식→3형식전환 가능 동사

(1) give, send, lend, tell, show, teach, offer, hand, bring, promise, write
　　간목에게+직목을 → 직목을+to 간목에게

(2) make, buy, get, cook, build, find
　　간목에게+직목을 → 직목을+for 간목에게

(3) ask
　　간목에게+직목을 → 직목을+of 간목에게

☞
I gave him the leter.
→I gave the letter to him.
나는 그에게 그 편지를 주었다.

2. 4형식 (IO+DO)만 가능→DO+전치사 IO 패턴 불가능

> cost 비용이 들게 하다, save 덜어 주다, envy 부러워하다, forgive 용서하다

❶ I envy you your success (○)
❷ It costs me ten dollars. (○)
❸ This machine save you a lot of trouble.
❹ They forgave him his offences.

☞
I envy your success to you.
(×)
It costs ten dollars to me.
(×)

3. 관용구문처럼 쓰이는 4형식 표현

(1) do good to 사람　사람에게 이롭다
(2) do harm to 사람　사람에게 해를 끼치다
(3) do damage to 사람　사람에게 손해를 입히다
(4) do a favor for 사람　사람에게 호의를 베풀다
(5) play a trick on 사람　사람에게 장난을 치다
(6) bear a grudge against 사람　사람에게 원한을 품다

05 5형식 문형 (S+V+O+O.C)

1. 사역동사

make / have / let ┌ 목적어+R(능동) : 목적어가 행동을 하면 원형부정사
　　　　　　　　　└ 목적어+pp(수동) : 목적어가 행동을 당하면 과거분사

단, 목적어와 목적보어 관계가 수동이면 let은 목적보어 자리에 be pp를 쓴다.

2. 지각동사

see / watch / observe / notice / feel / hear ┌ 목적어+R / Ring(능동)
　　　　　　　　　　　　　　　　　　　　　　└ 목적어+pp(수동)

3. to부정사 목적격 보어

(1) 기대 — want, like, would like, expect, wish
(2) 요청 — ask, require, request
(3) 충고 — advise, urge
(4) 명령 — tell, order, command
(5) 강요 — force, oblige, compel, impel
(6) 유발 — cause, lead, get
(7) 설득 — persuade
(8) 격려 — encourage, enable
(9) 허가 — allow, permit

+ ┌ 목적어+toR(능동)
　└ 목적어+(to be)p.p(수동)

❶ I ask her to wait for a while. 나는 그녀에게 잠시 기다리라고 요청했다.
❷ I wanted this work (to be) finished. 나는 이 일이 끝나기를 원했다.

4. 분사 목적격 보어

find / leave / keep / catch ┌ 목적어+ing (능동) (목적어가 행동을 하면 현재분사)
　　　　　　　　　　　　　　├ 목적어+pp (수동) (목적어가 행동을 당하면 과거분사)
　　　　　　　　　　　　　　└ 목적어+순수형용사 (목적어의 상태를 나타내면 형용사)

❶ I found him standing at the door. 나는 문 앞에 서있는 그를 발견했다.
❷ I found the boy wounded. 나는 부상당한 소년을 발견했다.
❸ I found the book informative. 나는 유익한 책을 알게 됐다.

5. 명사 목적격 보어

call / name — 목적어+명사 목적격 보어
elect / appoint — 목적어+명사 / as 명사 목적격 보어

❶ They named the child John. 그들은 그 아이를 존이라고 이름지었다.
❷ They elected him (as) a mayor. 그들은 그를 시장으로 선출했다.

6. as 명사 / as 형용사 목적격 보어

see / view / take / regard / think of / speak of / refer to / look upon + 목적어 + as 명사 / as 형용사

❶ He took it <u>as a joke.</u> 그는 그것을 농담으로 받아들였다.
❷ They think of the idea <u>as absurd</u>. 그들은 그 생각이 터무니없다고 생각한다.

05 혼동하기 쉬운 동사

1. 말하다 동사의 구분

talk / speak of(about) talk / speak to talk / speak with	say 목적어 (to 사람) say (to 사람) that S+V	tell+특정 목적어 • tell a lie • tell the truth • tell a joke • tell the difference
		tell A에게 of / about B를
		tell 간목 직목 = tell 직목 to 간목
speak 언어명 ┌ talk A into B └ talk A out of B		tell 목적어 to부정사

2. 철자가 비슷하지만 그 쓰임이 다른 동사

• lie − lay − lain 눕다, 놓여 있다
• lie − lied − lied 거짓말 하다
• lay − laid − laid ~을 놓다, 두다

• rise − rose − risen 일어나다, 오르다
• raise − raised − raised ~을 올리다, ~을 일으키다

• arise − arose − arisen 생기다, 발생하다
• arouse − aroused − aroused ~을 일으키다, ~을 자극하다

• sit − sat − sat 앉다
• seat − seated − seated ~을 앉히다

• fall − fell − fallen 떨어지다, 내리다
• fell − felled − felled ~을 넘어뜨리다, ~을 쓰러뜨리다

• hang − hung − hung ~을 걸다
• hang − hanged − hanged ~을 교수형에 처하다

• find − found − found ~을 찾다, ~을 발견하다, ~을 알아내다
• found − founded − founded ~을 설립하다

- affect − affected − affected ~에 영향을 미치다
- effect − effected − effected ~을 초래하다

- see − saw − seen ~을 보다
- saw − sawed − sawn (sawed) 톱질하다
- sew − sewed − sewn (sewed) 바느질하다
- sow − sowed − sown (sowed) 씨를 뿌리다

CHAPTER 03 시제

01 영어의 12시제

1. 단순시제
 (1) 과거시제 Ved
 (2) 현재시제 R(s)
 (3) 미래시제 will R

2. 완료시제
 (1) 과거완료시제 had pp(대과거~과거)
 (2) 현재완료시제 have / has pp
 (3) 미래완료시제 will have pp(현재 or 과거~미래)

3. 진행시제(일시적 동작) - 무의지 동사는 진행 불가
 (1) 과거진행시제 was / were ~ing
 (2) 현재진행시제 am / are / is ~ing
 (3) 미래진행시제 will be ~ing

4. 완료 진행시제(일반 완료시제와 비슷)(하나도 안 중요함)
 (1) 과거완료 진행시제 had been ~ing
 (2) 현재완료 진행시제 have / has been ~ing
 (3) 미래완료 진행시제 will have been ~ing

꿀팁!
1. 시간 부사와 동사 형태 일치
2. 각 중요 시제가 나타내는 시간 내용 이해
3. 시제 일치와 불일치
4. 관용 구문

02 단순시제

1. 현재시제
 (1) 불변의 진리 (자연현상), 속담, 격언, 과학적 사실, 습관, 반복적인 일, 일반적인 사실
  ❶ Europe is separated from America by the Atlantic Ocean.
   유럽은 대서양에 의해 미국과 분리되어 있다.(일반적 사실)
  ❷ Light travels at a tremendous speed. 빛은 엄청난 속도로 이동한다.(불변의 진리)
  ❸ Water consists of hydrogen and oxygen.
   물은 이산화탄소와 산소를 포함한다.(불변의 진리)
 (2) 현재 상태
  ❶ I am hungry. 나는 배가 고프다.
  ❷ I feel sad. 나는 슬프다.
 (3) 시간, 조건 부사절 접속사 다음에는 미래시제 대신 현재 동사로 쓴다.

꿀팁!
1. 시간을 나타내는 시간 부사와 동사의 형태가 일치
2. 각 시제가 나타내는 시간 내용(해석)

현재 시간 부사
in general, generally, as a general rule

MEMO

📌 **과거 시간 부사**
- 시간 ago, last 시점, in 과거연도
- at that time, in those days,
- the other day, then
- yesterday

📌 **미래시제 대용 표현**
- be about to부정사
- be due to부정사
- be supposed to부정사
  (ed 빠지면 안 됨)
- be going to부정사
  be to 부정사

📌 **접속사 when의 여러 가지 기능**

부사절(해석: 주어 동사할 때),
형용사(해석: 주어 동사하는),
명사절 역할(해석:언제 주어 동사할지)

(1) 시간부사절 접속사+주어+will 동사원형 (미래시제 ×), 주절: S will R (주절에는 미래시제로 나와 있다)—시조부현미 구조

(2) 형용사절 접속사: the time / the day+when+주어+미래면 미래시제
I know the time when the flight will arrive.
the time will come when +주어+will 동사원형 (주어 동사하는 시간이 올 것이다)

(3) 명사절 접속사: I know when he will arrive. (타동사+when+S+미래면 미래시제)

3. When은 정확한 시점→ when+주어+완료시제 안 됨!

4. When+주어+과거 동사, 주어+과거 관련 시제만 쓰기(현재시제는 안 됨)

2. 과거시제

(1) 과거 동작이나 과거 상태
(2) 과거에 발생, 현재와 관련 없음
(3) 역사적 사실은 무조건 과거시제
   ❶ Christoper Columbus discovered the New World.
      크리스토퍼 콜롬버스는 신세계를 발견했다.
   ❷ The French Revolution broke out in 1789. 프랑스혁명은 1789년에 일어났다.
   ❸ The Korean War broke out in 1950. 한국전쟁은 1950년에 발발했다
   ❹ American Civil War was over in 1865. 미국의 남북전쟁은 1865년에 끝났다.
(4) when / before S 과거 동사, 주어 현재 관련 시제 (×)
   → 주어 과거시제, 과거 진행시제, 과거 완료시제 (○)
   ❶ When I entered the room, she has been playing(→was playing) the piano. 내가 방에 들어갔을 때, 그녀는 피아노를 치고 있는 중이었다.

3. 미래시제

(1) 단순미래 (2) 미래 추측 (3) 주어의 의지 (4) will 동사원형의 대용 표현
시간 조건 부사절에서 현재가 미래를 현재완료가 미래완료를 대신한다. 이때 주절은 일반적으로 미래시제로 나온다.

시간 부사절 접속사	
• when / before / after / until(till) / as soon as / by the time / the next time +주어+will 동사 (×)→현재 동사로 쓴다.	주절: 미래시제 will + 동사원형 미래내용을 담고 있는 표현 (①명령문 ② S can 동사원형)
조건 부사절 접속사	
• if / unless / in case / on condition that / provided +주어+will 동사 (×)→현재 동사로 쓴다.	

✏️ **시조부현미 주의 사항**

1. 주절에 미래시제나 미래 내용이 나와있는지 반드시 확인할 것
2. if 절이 타동사 다음에 오면 목적어 역할을 하는 명사절이고 시조부현미가 아니므로
   → 미래내용은 미래시제로
   • don't know, doubt, ask, wonder, be not sure +**if**+**주어**+**미래 동사** 가능
          타동사   목적어 자리 = 명사절
3. 타동사+when+주어+미래시제가능 (명사절)
   → 미래내용은 미래시제로 the time(day) will come **when 주어 will 동사** 가능
   이 구문에서 when은 형용사절이고 → 미래내용은 미래시제로
   the time(day) when 주어+미래시제가능 (형용사절)
   → 미래내용이면 미래시제로

❶ By the time the letter reaches you, I will have left this city. (○)
그 편지가 너에게 도착할 때 쯤이면, 나는 이 도시를 떠날 것이다.

❷ In case it rains, the picnic will be put off. (○)
비가 오는 경우에는, 소풍은 연기될 것이다.

❸ I don't know the time when he will come. (○) 나는 그가 언제 올 지 모른다.

❹ I am not sure if I will have time. (○) 내가 시간이 있을 지 확실하지 않다.

❺ I don't know if it will rain tomorrow. (○) 내일 비가 올 지 모르겠다.

❻ She know the day when he will come back. (○)
그녀는 그가 돌아올 날을 알고 있다.

03 완료시제

1. 현재완료 시제

(1) 과거에 발생한 일과 현재까지 이어지고 있을 때

(2) has died (×) → has been dead
    has rose (×) → has risen

(3) has been to 장소 (~에 가 본 적이 있다: 경험)
    has gone to 장소 (~에 가고 없다: 결과)
    I have gone to (×) / you have gone to (×)

❶ Jack had lived / has been living in a dormitory for the past two years.
잭은 과거 2년동안 기숙사에 살았다.

❷ The population of the city has nearly doubled / had nearly doubled since the Korean War. 한국전쟁 이래로 도시의 인구는 거의 두배이다.

❸ My wound has been aching ever since it started to rain / since it was starting to rain. 비가 오기 시작한 이래로 내 상처가 계속 아프다.

2. 과거완료 시제 / 대과거 (둘 다 had pp로 쓴다)

(1) 대과거란 과거보다 시간상으로 이전에 발생한 일을 의미한다.

(2) 과거완료란 대과거부터 과거까지 기간에 발생된 일을 의미한다.

(3) 현재시제는 과거완료랑 쓰이지 않는다.

❶ Learning a foreign language is especially difficult for those who had never learned one before. (×)

▷ 완료 시간 부사
- for 기간
- over 기간
- since 시점
- since 주어 과거 동사

▷ 과거완료 시간 부사
before / when 주어 과거 동사
before 과거 시점
by the times 주어 과거 동사

3. 미래완료 시제 – 과거 / 현재 / 미래에 시작한 일이 미래에 완료되는 내용

❶ I will have climbed Mt. Halla three times if I clime it again.
만약 내가 한라산을 다시 등반한다면 세 번째 등반하는 것이다.

❷ By 2020, scientists surely will have discovered a cure for the common cold. 2020년까지, 과학자들은 일반감기의 치료법을 확실하게 발견할 것이다.

❸ When I retire in three years, I will have been working here for over thirty years. 내가 3년 후에 은퇴한다면, 나는 여기서 30년 넘게 일하고 있는 것이다.

❹ By the time the letter reaches you, I will have left this city.
그 편지가 너에게 도착할 때 쯤이면, 나는 이 도시를 떠날 것이다.

04 진행시제 불가 동사 – 무의지 동사는 진행시제가 불가능하다.

진행시제가 가능한 동사가 있고 불가능한 동사가 있다. 진행이 가능한 동사는 중단도 가능한 동사이어야 하므로 중단할 수 없는 상태 동사는 진행시제가 불가능하다.

- resemble(닮다), know(알다), exist(존재하다)
  I am resembling my mother. (×)
- look(~처럼 보이다), taste (~한 맛이나다)
- have(가지다), belong to(~에 속하다), own(소유하다)
  When you are having credibility, you have customers. (×)

❶ She is having breakfast. 그녀는 아침을 먹고 있다. (have 먹다 – 진행 가능)

❷ I was having a terrific time.
나는 끔찍한 시간을 보내고 있는 중이었다. (시간을 보내다 – 진행 가능)

❸ I was having trouble understanding the meaning.
나는 그 의미를 이해하는 데 어려움을 겪고 있는 중이었다. (어려움을 겪다 – 진행 가능)

❹ The court is hearing evidence this afternoon.
법원은 오늘 오후에 증언을 듣고 있을 것이다. (증언을 듣다 – 진행시제 가능)

❺ I'm looking for something interesting to watch.
나는 보기에 흥미로운 무언가를 찾고 있는 중이다.(찾다 – 진행시제)

05 시제 관용 구문

1. ~하자마자(had 부정부사 pp) ~했다(과거)

주어 had hardly/scarcely pp when/before 주어 과거동사
= 주어 had no sooner pp than 주어 과거동사
= Hardly/Scarcely had 주어 pp when/before 주어 과거동사
= No sooner had 주어 pp than 주어 과거동사
= As soon as 주어 과거 동사, 주어 과거동사
= On(upon) ~ing, 주어 과거동사

MEMO

☞ '가다 / 오다 / 출발하다 / 도착하다'를 의미하는 왕래발착 동사가 현재진행형으로 쓰이면 미래시제를 표현할 수 있다.
go / come / leave / arrive / travel / migrate
- I am leaving for America tomorrow. (O)
  = I will leave for America tomorrow. (O)
  나는 내일 미국으로 떠난다.

❶ He had hardly / scarcely seen her when / before he begun to run away.
그는 그녀를 보자마자 도망치기 시작했다.
＝He had no sooner seen her than he begun to run away.
＝As soon as he saw her, he begun to run away.
＝On seeing her, he begun to run away.

❷ Hardly dis she enter the house when someone turned on the light. (×)

❸ I had hardly left home than it began to rain. (×)

❹ No sooner had we realized the value of our health when we lose it. (×)

2. ~하기도 전에(대과거) ~했다(과거)

주어+had not pp+when(before)+주어+과거 동사 → have pp로 쓰면 안 된다.

❶ I had (have 안 됨!) not walked a mile before it began to rain.
내가 1마일도 걷기도 전에 비가 내리기 시작했다.

❷ He had (have 안 됨!) not gone for a mile when / before he felt tired.
그는 1마일도 가지 않는데 피곤함을 느꼈다.

❸ They had (have 안 됨!) not spent an hour before they agreed to become friends. 그들은 1시간도 안 되어 친구가 되기로 동의했다.

3. ~한 지(시간이) ~가 지났다

(1) 주어+과거 동사+시간 ago

❶ He died ten years ago. 그가 죽은 지 10년이 지났다.

(2) 주어+have(has) pp+for 기간

❶ He has been dead for ten years. [has died (×)] 그가 죽은 지 10년이 지났다.

(3) 시간+have passed+since+주어+과거 동사

❶ Ten years have passed since he died. 그가 죽은 지 10년이 지났다.

(4) It+is (has been)+시간+since+주어+과거 동사

❶ It is (has been) ten years since he died. 그가 죽은 지 10년이 지났다.

❷ Ten years has passed (×) / Ten years have been passed (×)

4. **A하고 나서야 (비로소) B하다**

주어+동사 not ~ until 명사 또는 until 주어 동사
＝Not until 명사 / Not until 주어 동사 ~ 조동사 주어 ~
＝It be not until 명사 / not until 주어 동사 that 주어 동사

❶ I didn't know the fact until yesterday.   나는 어제까지 그 사실을 몰랐다.
＝Not until yesterday did I know the fact.
＝It was not until yesterday that I knew the fact.

❷ He didn't realize the value of health until he got sick.
그는 병에 걸리고 나서야 건강의 소중함을 깨달았다.
＝Not until he got sick did he realize the value of health.
＝It was not until he got sick that he realized the value of health.

06 시제 일치 법칙

문장에서 발생 시기가 같은 일들은 반드시 동일한 시제로 일치시켜야 하고, 반면 발생 시기가 다른 일들은 각 시간에 맞는 시제를 표현해야 한다.

주어＋동사＋that 주어＋동사
     (과거)   (과거/과거완료/과거 조동사)

❶ She thought that John is rich. (×)
  →She thought that John was rich. (○)
  She thought that John had been rich five years before. (○)

❷ She thought that John will be rich. (×)
  →She thought that John would be rich. (○)

- 불변의 진리, 과학적 사실, 현재의 규칙적인 행동, 습관 : 현재 시제
- 종속절(that절)의 내용이 변하지 않는 진리이거나 과학적 사실인 경우, 또는 현재의
- 규칙적인 습관이면 주절의 시제와 상관없이 항상 현재 시제를 사용한다.
- 종속절(that절)의 내용이 과거에 발생한 역사적 사실이라며 주절의 시제와는 상관 없이 항상 과거 시제를 사용한다.

CHAPTER 04 주어-동사 수 일치

01 주어와 동사 수 일치 이해하기

1. 문장의 주어가 3인칭 단수 주어가 나온 경우에 현재 시제 동사에는 -(e)s가 붙은 단수 동사로 수 일치한다.

2. 주어와 동사 사이에 수식어는 수 일치에 영향을 미치지 않는다. 따라서 수식어는 제외하고 앞에 나온 명사와 동사의 수 일치를 확인한다.
   ❶ They work as receptionists, traffic guides, and tour guides.
      그들은 접수원, 교통 안내원, 여행 안내원으로 일하고 있다.
   ❷ She works in public relations. 그녀는 홍보 관련 일을 한다.

02 주의해야 할 주어 동사 수 일치 구조

1. 부분을 나타내는 명사의 수 일치
   most / majority / minority / some / part / portion / rest / 분수 / percent of 명사 구조에서는 of 뒤에 나오는 명사에 수 일치를 시킨다.

2. **The number of 복수 명사 + 단수 동사 (해석: 명사의 수)**
   A number of 복수 명사 + 복수 동사 (해석: 많은 명사)

3. 원칙적으로 **A and B**는 복수 취급하지만 단일개념 의미를 갖는다면 단수 취급한다.
   (1) trial and error 시행착오
   (2) slow and steady 느리지만 꾸준히 하는 것
   (3) all work and no play 일만 하고 놀지 않는 것
   (4) early to bed and early to rise 일찍 자고 일찍 일어나는 것

4. (등위) 상관 접속사를 포함한 표현의 수 일치
   neither A nor B / either A or B / not only A but (also) B / B as well as / not A but B 구조가 주어 자리에 나온다면 B에 수 일치하고 both A and B는 항상 복수 취급한다.

5. There be ~ 구조는 be동사와 뒤에 나오는 명사 주어와 수 일치 확인

6. 집합명사와 군집명사를 겸하는 명사의 수 일치(team, committee, audience, family)
   (1) 집합명사로 쓰일 때 – 집합 전체 개념을 지칭하면 단수 동사
   (2) 군집명사로 쓰일 때 – 명사와 관련된 사람들을 지칭하면 복수 동사

03 주어 자리에서 단수 취급하는 특정 표현

1. 명사구인 동명사구, 부정사구, 의문사구는 단수 취급
2. 명사절은 단수 취급
3. 문장의 주어 자리에 either는 단수 취급
4. 문장의 주어 자리에 each는 단수 취급
5. One of 복수 명사는 단수 취급
6. many a 단수 명사는 단수 취급
7. 학문명과 병명은 단수 취급 (단, Statistics가 통계자료 / 통계 복수 취급)
8. 거리, 금액, 무게, 시간은 단수 취급

04 주어 자리에서 복수 취급하는 특정 표현

1. the police는 복수 취급
2. the 형용사는 복수 취급
3. a variety of 복수 명사

CHAPTER 05 수동태

01 수동에 대한 이해

1. 수동과 수동태

영어문장에서 수동(당하는 개념)의 구조는 동사에게 나타난다. 영어문장에서 동사는 정동사(동사 자리) 준동사(동사가 아닌 자리−주어 / 목적어 / 보어 / 수식어 자리)가 있고 이 두 가지 동사 모두 수동 구조를 가질 수 있다.

2. 수동태란 정동사가 be(시제 표시) + pp구조로 나타난 것을 의미한다.

He signed the contract. (능동태 문장) 그는 계약서에 서명했다.
The contract was signed by him. (수동태 문장) 그 계약은 그에 의해 서명되었다.

3. 일반적으로 준동사 (to부정사 동명사 분사가) 수동의 형태로 나타날 때 수동이라고 부른다.

❶ He seemed <u>to be taught</u>. 그는 교육을 받은 것 같았다.
 → 보어 자리에서 수동 구조
❷ He minded <u>being ignored</u>. 그는 무시당하는 것을 꺼렸다.
 → 목적어 자리에서 수동 구조
❸ <u>Wounded</u> in the legs, she could not walk. 다리를 다쳐서 그녀는 걸을 수 없었다.
 → 수식어 자리에서 수동 구조
❹ The <u>injured</u> boy went to the hospital. 그 부상당한 소년은 병원에 갔다.
 → 수식어 자리에서 수동 구조
❺ The boy <u>killed</u> in the war was the brother of my friends.
 전쟁에서 죽은 소년은 내 친구들의 형제였다.
 → 수식어 자리에서 수동 구조

4. 수동태 문장 (동사가 be pp)이 나올 경우 반드시 뒤에 목적어가 없어야 한다.

❶ The product was advertised TV (×).
 → 틀린 문장이다. 동사가 be pp로 나왔는데 뒤에 명사가 있어서 옳지 않다.
❷ They were taught English in the room. (○) 그들은 방에서 영어를 배웠다.
 → 맞는 문장이다. 그 이유는 teach는 4형식 동사로 간접목적어와 직접목적어 즉, 목적어가 두 개라서 사람에 해당하는 간접 목적어가 주어 자리로 이동하면 4형식 동사가 be pp가 된 이후에도 사물 목적어는 그대로 동사 뒤에 남아 있어야 한다.
❸ It is called dynamics. (○) 그것은 역학이라고 불린다.
 → 맞는 문장이다. 그 이유는 call이라는 동사는 명사 목적어와 명사 목적격 보어로 이루어져 있어서 목적어가 주어 자리로 이동해서 동사가 be pp로 이동해도 반드시 동사 뒤에 명사 목적격 보어는 남아 있어야 한다.

02 12시제에 따른 능동태 동사의 형태

1. **과거시제 [Ved]**
   The factory **produced** cotton goods. 그 공장은 면제품을 <u>생산했다</u>.

2. **현재시제 [R(s)]**
   The factory **produces** cotton goods. 그 공장은 면제품을 <u>생산한다</u>.

3. **미래시제 [will R]**
   The factory **will produce** cotton goods. 그 공장은 면제품을 <u>생산할 것이다</u>.

4. **과거 완료시제 [had pp]**
   The factory **had produce** cotton goods. 그 공장은 면제품을 <u>생산해왔었다</u>.

5. **현재 완료시제 [have/has pp]**
   The factory **has produced** cotton goods. 그 공장은 면제품을 <u>생산해왔다</u>.

6. **미래 완료시제 [will have pp]**
   The factory **will have produced** cotton goods. 그 공장은 면제품을 <u>생산할 것이다</u>.

7. **과거 진행시제 [was/were ~ing]**
   The factory **was producing** cotton goods. 그 공장은 면제품을 <u>생산하고 있었다</u>.

8. **현재 진행시제 [am/are/is ~ing]**
   The factory **is producing** cotton goods. 그 공장은 면제품을 <u>생산하고 있다</u>.

9. **미래 진행시제 [will be ~ing]**
   The factory **will be producing** cotton goods. 그 공장은 면제품을 <u>생산하고 있을 것이다</u>.

10. **과거 완료 진행시제 [had been ~ing]**
    The factory **had been producing** cotton goods.
    그 공장은 면제품을 <u>생산해 오고 있었다</u>.

11. **현재 완료 진행시제 [have/has been ~ing]**
    The factory **has been producing** cotton goods.
    그 공장은 면화 제품을 <u>생산해 오고 있다</u>.

12. **미래 완료 진행시제 [will have been ~ing]**
    The factory **will have been producing** cotton goods.
    그 공장은 면화 제품을 <u>생산하고 있게 될 것이다</u>.

03 12시제에 따른 수동태 동사의 형태

1. 과거(Ved) 수동태 [was/were pp]
   Cotton goods **were produced**. 면제품이 생산되었다.

2. 현재[R(s)] 수동태 [am/are/is pp]
   Cotton goods **are produced**. 면제품이 생산된다.

3. 미래시제(will R) [will be pp]
   Cotton goods **will be produced**. 면제품이 생산될 것이다.

4. 과거완료(had pp) 수동태 [had been pp]
   Cotton goods **had been produced**. 면제품이 생산되었다.

5. 현재완료(have/has pp) 수동태 [have/has been pp]
   Cotton goods **have been produced**. 면제품이 생산되었다.

6. 미래완료(will have pp) 수동태 [will have been pp]
   Cotton goods **will have been produced**. 면제품이 생산될 것이다.

7. 과거진행(was/were ~ing) [was/were being pp]
   Cotton goods **were being produced**. 면제품이 생산되는 중이었다.

8. 현재진행(am/are/is ~ing) [am/are/is being pp]
   Cotton goods **are being produced**. 면제품이 생산되고 있다.

9. 미래진행(will be ~ing) [will be being pp]
   Cotton goods **will be being produced**. 면제품이 생산될 것이다.

MEMO

☞ 목적어를 취할 수 있는 3형식, 4형식, 그리고 5형식 타동사는 수동태가 가능하다.

04 동사에 따른 수동태 구조

1. 수동태 불가 동사

(1) 1형식과 2형식 자동사는 (주어 동사 / 주어 동사 보어) 수동태가 불가능하다.

• 1형식 자동사 수동태 불가능

be occurred (×)   be happened (×)   be taken place (×)
be appeared (×)   be disappeared (×)   be risen (×)   be died (×)
be existed (×)   be sufficed (×)   be emerged (×)

• 2형식 자동사 수동태 불가능

be looked 형용사 (×)   be tasted 형용사 (×)   be seemed (×)
be remained (×)   be turned out (×)

(2) 수동태 문장은 동작을 당한 목적어가 주어 자리로 이동했을 경우 나타나는 구문이 므로 동작 동사가 아닌 소유나 상태의 의미를 갖는 동사들은 타동사일지라도 수동 태가 불가능하다.

❶ He resembled his mother. 그는 어머니를 닮았다.
→ His mother was resembled by him. (×)
resemble은 동작을 나타내는 게 아니라 상태를 나타내므로 수동태가 불가능하다. 따라서 무조건 능동태로만 써야 한다.

• 3형식 타동사 수동태 불가능

have(가지다)   consist of(~로 구성되다)   belong to(~에 속하다)
resemble(~을 닮다)   result in(~을 초래하다 / 야기하다)   result from(~로 부터 초래되다)
→ be had (×)   be consisted of (×)   be belonged to (×)
be resembled (×)   be resulted in (×)   be resulted from (×)

2. 3형식 구조의 수동태

(1) 주어+3형식 타동사 be pp+목적어 없음

❶ A week's holiday **has been promised** to all the office workers.
모든 직장인들에게 일주일의 휴가가 약속되었다.

(2) 동사구의 수동태
수동태로 쓰여도 반드시 전치사는 남아 있어야 한다.

① 자동사+짝꿍 전치사 = 하나의 타동사구

- laugh at ~을 비웃다
- rely on, depend on ~에 의지하다
- dispose of ~을 없애다[처리하다]
- speak to ~에게 말을 걸다
- deal with ~을 처리하다
- run over (사람·동물을) 치다

❶ He **was laughed at** by his colleagues for telling a lie.
그는 거짓말로 동료들의 웃음을 샀다.
❷ They **were disposed of** in diverse ways. 그것들은 온갖 방법으로 처분되었다.
❸ Various topics **were dealt with** at the meeting. 회의에서 여러 의제가 다뤄졌다.
❹ A child **was run over** by a car and killed on the spot.
어린애가 자동차에 치어 즉사했다.

② 타동사+명사+전치사 = 하나의 타동사구

- make use of ~을 이용하다
- take care of ~을 돌보다, ~에 주의하다
- look up to ~을 존경하다
- look down on ~을 경시하다
- pay attention to ~에 주목하다
- speak ill / well of 남을 좋게[나쁘게] 말하다

❶ I made use of the book.
→ The book **was made use of** by me.
❷ I take care of the boys.
→ The boys **are taken care of**.
❸ They looked up to her.
→ She **was looked up to**.
❹ They looked down on the boy.
→ The boy **was looked down on**.
❺ I paid attention to the issue.
→ The issue **was paid attention to** by me
❻ I speak ill / well of the friend.
→ The friend **is spoken ill / well of**.

(3) that절 목적어를 취하는 3형식 타동사의 수동태

❶ I know **that he is honest**. 나는 그가 정직하다는 것을 안다.
   s v   that절이 목적어

→ **That he is honest** is known (by me). (수동태로 전환)

→ It is known **that he is honest**. (It가주어 that진주어 구문으로 전환)

→ **He** is known **to be honest**. 그는 정직하다고 알려져 있다. (that절의 s가 문장의 s자리로 이동 가능, that절 주어가 상승하면 동사는 to부정사로 바뀜.)

- It be believed that절 → That절 주어 be believed to 부정사
- It be said that절 → That절 주어 be said to부정사
- It be known that절 → That절 주어 be known to부정사
- It be thought that절 → That절 주어 be thought to부정사

(4) 주의해야 할 3형식 타동사의 수동태 - 통고·확신 동사의 수동태

능동태 구조 3가지 패턴 기억			수동태 구조 3가지 패턴 기억
inform			be informed of 명사
			be informed to 동사
			be informed that 주어 동사
notify		of 명사	be remined of 명사
	A	to 동사	be remined to 동사
remind	(사람에게)	that sv	be remined that 주어 동사
			be notified of 명사
convince			be notified to 동사
			be notified that 주어 동사
assure			be convinced of 명사
			be convinced to 동사
			be convinced that 주어 동사

3. 4형식구조의 수동태

(1) 수동태 구조가 2개인 경우

주어＋동사＋간목(생물)＋직목(사물)

① **간목(생물)＋be pp＋직목은 그대로**

② **직목＋be pp＋특정전치사간목 (to사람 / for사람 / of사람)**

❶ I gave **him a book**.

→He **was given** a book. (직목은 그대로)

→**A book** was given **to him**. (전간목)

- bring 간목 직목 → 직목 **be brought to** 간목
- show 간목 직목 → 직목 **be shown to** 간목
- give 간목 직목 → 직목 **be given to** 간목
- teach 간목 직목 → 직목 **be taught to** 간목
- offer 간목 직목 → 직목 **be offered to** 간목
- tell 간목 직목 → 직목 **be told to** 간목
- buy / make / 간목 직목 → 직목 **be bought / made for** 간목
- ask 간목 직목 → 직목 **be asked of** 간목

(2) 수동태 구조가 1개인 경우

→ 직접목적어(사물)에 해당하는 주어만 수동태의 주어로 가능

buy, get, send가 동사인 경우 간목은 수동태의 주어로 가지 못한다.

❶ I bought you a cake.

→You **was bought** a cake. (×)

→A cake **was bought for** me. (○)

4. 5형식 구조의 수동태

주어＋동사＋목적어＋목적격 보어

→ 목적어(주어)＋be pp＋**목적격 보어(주격보어)** by 주어의 목적격

(1) 지각동사의 수동태－주어 see / hear / feel＋목적어＋목보(동사원형) 구조는

목적어＋be seen / be heard / be felt＋**동사원형** (×)

목적어＋be seen / be heard / be felt＋**to부정사** (○)

❶ I saw him **enter the room**. →He was seen **to enter the room**.

❷ I saw him **entering the room**. →He was seen **entering the room**.

(2) 사역동사의 수동태－주어 make 목적어 목보(동사원형) 구조는

목적어＋be made＋**동사원형 (×)**

목적어＋be made＋**to부정사 (○)**

  ✐ 사역동사 let과 have는 수동형이 불가 하다. be let (×) be had (×)

(3) to 부정사를 목적격 보어로 취하는 5형식 동사

S+기대 요청 충고 / 명령 강요 유발 / 설득 격려 허가+목적어+to부정사

→ 목적어 be pp to부정사 목적격 보어

- 목적어 be expected to 부정사
- 목적어 be asked to 부정사
- 목적어 be told to 부정사
- 목적어 be caused to 부정사
- 목적어 be encouraged to 부정사
- 목적어 be allowed to 부정사
- 목적어 be required to 부정사
- 목적어 be advised to 부정사
- 목적어 be forced to 부정사
- 목적어 be persuaded to 부정사
- 목적어 be enabled to 부정사
- 목적어 be forbid to부정사

(4) 명사 목적격 보어를 취하는 5형식 동사의 수동태

5형식 동사[call, name, elect, appoint] 뒤 명사가 두 개이면 능동이고, 명사가 한 개이면 수동이다.

❶ We called **him Jim**. → **He** was called **Jim**.

❷ They named **the child John**. → **The child** was named **John**.

❸ We elected **him captain of the team**. → **He** was elected **captain of the team**.

❹ We appointed **him** (as) **President**. → **He** was appointed (as) **President**.

(5) 분사를 목적격 보어로 취하는 5형식 동사의 수동태

S **find / leave / keep / catch**+O+O.C (형용사 / Ring / PP)

→ 목적어+be found / be left / be kept / be caught / +O.C (형용사 / Ring / PP)

❶ I found the dog dead. → The dog was found dead.

❷ I keep her waiting. → She is kept waiting.

(6) 5형식 간주동사의 수동태

S+(see / view / take / regard) 목적어+as 목적격 보어

S+(think of / speak of / look upon / refer to) 목적어+as 목적격 보어

❶ They thought of the idea as absurd.

❷ The idea was thought of as absurd.

- be seen as 명사 / 형용사
- be taken as 명사 / 형용사
- be thought of as 명사 / 형용사
- be referred to as 명사 / 형용사
- be viewed as 명사 / 형용사
- be regarded as 명사 / 형용사
- be spoken of as 명사 / 형용사
- be looked upon as 명사 / 형용사

(7) 형용사 목적격 보어를 취하는 5형식 동사의 수동태

5형식 동사 be made / be considered 형용사 목적격 보어

❶ I made **her** happy. → She was made **happy**.

❷ He considers Mary smart. → Mary is considered **smart**.

5. 수동의 의미가 있는 능동태 동사

(1) write 써지다
  ❶ The pen writes pretty smoothly. 그 펜은 꽤 부드럽게 써진다.

(2) wash 세탁되다
  ❶ This cloth washed well. 이 천은 잘 세탁되어졌다.

(3) cut 날이 들다, 잘리다
  ❶ This knife will not cut. 이 칼은 잘 들지 않는다.

(4) sell 팔리다
  ❶ The new design just didn't sell. 그 새 디자인은 단지 잘 팔리지 않았다.

(5) read 읽히다
  ❶ The book reads easily. 그 책은 쉽게 읽힌다.

6. by 이외의 전치사를 동반하는 수동태 구조

be dedicated to ~에 헌신하다	be devoted to ~에 헌신하다
be committed to ~에 전념하다	be addicted to ~에 중독되다
be exposed to ~에 노출되다	be married to ~와 결혼하다
be opposed to ~에 반대하다	be attributed to ~ 덕분이다
be engaged to ~와 약혼중이다	be satisfied with ~에 만족하다
be gratified with ~에 만족하다	be faced with ~에 직면하다
be pleased with ~에 기뻐하다	be delighted with ~에 기뻐하다
be crowded with ~으로 붐비다	be filled with ~으로 가득 차다
be covered with ~로 뒤덮이다	be acquainted with ~을 잘 알다
be concerned with ~과 관련이 있다	be equipped with ~를 갖춰져 있다
be endowed with ~를 부여 받다	be concerned about ~을 걱정하다
be worried about ~을 걱정하다	be based on ~에 근거하다
be concentrated on ~에 집중하다	be focused on ~에 집중하다
be surprised at ~에 놀라다	be amazed at ~에 놀라다
be dressed in ~을 입고 있다	be involved in ~에 연루되다
be engaged in ~에 종사하다	be engrossed in ~에 몰두하다
be absorbed in ~에 몰두하다	be immersed in ~에 몰두하다
be lost in ~에 몰두 하다	be caught in ~에 붙잡히다
be stuck in ~에 꼼짝 못하다	be located in ~에 위치하다
be situated in ~에 위치하다	be surprised at ~에 놀라다
be amazed at ~에 놀라다	be concerned about ~에 대해 걱정하다
be worried about ~에 대해 걱정하다	be anxious about ~에 대해 걱정하다
be known for ~로 알려져 있다	be known to ~에게 알려져 있다
be known as ~로서 알려져 있다	be known by ~에 의해서 판단되다

- He is known for his book.
  그는 그의 책으로 유명하다.
- He is known to everybody.
  그는 모두에게 알려져 있다.
- He is known as a movie star.
  그는 영화배우로서 알려져 있다.
- He is known by the company that he keeps.
  He is known by his friends.
  그는 그의 친구에 의해서 판단된다.

CHAPTER 06 동명사

01 동명사

동명사는 동사원형+ing의 형태로, 동사 본래의 성질 (①주어가 있고 ② 자동사면 수동이 안되고 ③ 타동사면 반드시 뒤에 목적어가 있고 ④ 시제를 표시한다)을 유지한 채로 문장의 주어, 타동사나 전치사의 목적어, 보어 등의 자리에 쓴다.

1. 동명사의 주어 역할: 동명사가 주어로 쓰일 때는 단수 주어로 취급

2. 타동사의 목적어 역할

주로 일반적·반복적·과거성을 함의하는 타동사들은 동명사를 목적어로 취하고, 미래성을 함의하는 타동사들은 to부정사를 목적어로 취한다.

> 📝 **동명사만을 목적어로 취하는 3형식 타동사**
>
> | | | | |
> |---|---|---|---|
> | suggest | appreciate | practice | involve |
> | include | delay | put off | postpone |
> | give up | abandon | stop | quit |
> | avoid | regret | deny | keep (on) |
> | go on | complete | finish | enjoy |
> | reject | miss | risk | consider |
> | contemplate | anticipate | favor | mind |

3. 전치사의 목적어 역할

전치사는 목적어로 명사 또는 동명사형을 취하고 to부정사는 취하지 않는다.

❶ She is fond of <u>playing</u> the piano. 그녀는 피아노 치는 것을 좋아한다.
❷ He went away without <u>saying</u> good bye. 그는 안녕이라는 말도 없이 가버렸다.

4. 보어 역할

주어와 동격 관계를 이루는 주격 보어로 쓰여서 '~하는 것이다'라고 해석된다.

❶ Her hobby is <u>collecting stamps</u>. (her hobby = collecting stamps 동격 구조)
그녀의 취미는 우표를 모으는 것이다.
❷ She <u>is collecting</u> stamps. (she는 collecting stamps가 아니므로 현재분사를 동반하는 진행시제)
그녀는 우표를 모으고 있다.

5. 전치사 to 명사 / 동명사

(1) look forward to ~ ing ~하기를 기대하다
I look forward to hearing from you. 답장을 기다리고 있겠습니다.

(2) 사람 주어 be used to ~ ing ~하는 데 익숙하다
= 사람 주어 be accustomed to ~ ing

(3) object to ~ing ~하는 것을 반대하다

(4) what do you say to ~ing ~하는 게 어때?

(5) when it comes to ~ ing ~에 관하여

(6) with a view to ~ ing ~하기 위해서 / ~할 목적으로

(7) contribute to ~ ing ~에 기여하다

(8) be dedicated / committed / devoted to ~ing ~ing ~에 전념하다

(9) resort to / look to / turn to ~ ing ~에 의지하다

(10) take to ~ ing 좋아하다

(11) fall to ~ing ~시작하다

(12) be equal to ~ ing ~할 능력이 있다

(13) be tied to ~ing ~에 묶여 있다, ~에 얽매이다

(14) pay attention to ~ing ~에 주의하다, 주목하다

(15) the key to ~ing ~에 비밀

6. 능동형 동명사의 수동 의미

need, want, deserve + 능동형 동명사(Ring)는 수동의 의미로 해석된다. 주의할 점은 being pp로 써서 안 된다는 것이다.

❶ This house needs to be painted. (○) 이 집은 페인트칠을 해야 한다.
= This house needs painting. (○)
This house needs being painted. (×)

7. 동명사의 동사적 특징

(1) 동명사의 부정형 : '~하지 않는 것'으로 해석
• not (never)+ing
❶ He insisted on <u>not going</u> there alone.
그는 거기에 혼자 가지 않았다고 주장한다.
❷ He apologized for <u>not coming</u> early. 그는 일찍 가지 않는 것을 사과했다.

(2) 동명사의 의미상의 주어
① 사람 : 소유격 → 동명사의 의미상의 주어가 사람이면 일반적으로 소유격
❶ <u>Her</u> being honest is known to everybody.
그녀가 정직하다는 것은 모두에게 알려져 있다.
❷ <u>Tom's</u> calling John made him angry.
톰이 존에게 전화한 것이 그를 화나게 만들었다.

MEMO

• I object to marrying her.
나는 그녀와 결혼하는 것을 반대한다.

• What do you say to going for a drive?
드라이브 가는 게 어때?

• When it comes to teaching English, she is second to none.
영어를 가르치는 일에 관하여는, 그녀는 누구에게도 뒤지지 않는다.

• He's decorating the house with a view to selling it for a good price.
그는 좋은 가격에 팔기 위해서 집을 꾸미고 있다.

• I wasn't committed to discussing the problem.
나는 그 문제를 토론하는 데 전념하지 않았다.

• I fell to drinking.
나는 마시기 시작했다.

• He is quite equal to running the office.
그는 사무실을 운영하는 데 꽤 능숙하다.

• He was so tied to working that he neglected his family.
그는 일에 너무 묶여 그의 가족을 소홀히 했다.

❸ Rose was upset about Andrew's using her car.
로즈는 앤드류가 그녀의 차를 사용한 것에 화가 났다.
❹ I would appreciate your letting me know what has happened.
무슨 일이 있었는지 저에게 알려주시면 감사하겠습니다.
❺ It is no use your running away. 너가 도망쳐도 소용없다.

② 무생물 : 목적격 (사물명사 그대로 쓴다) → 동명사의 의미상의 주어가 무생물 (사물) 인 경우에는 목적격을 사용한다.
❶ He complained of the room being small. 그는 방이 작다고 불평했다.
❷ He was conscious of the matter being important.
그는 그 일이 중요하다는 것을 깨달았다.
❸ I never dreamed of there being a river in the deep forest.
깊숙한 숲에 강이 있을 줄을 꿈에도 몰랐다.

8. 동명사의 시제

시제/태	능동	수동
단순시제 문장 동사 시제 동명사 시제 일치	(자동사)~ing (타동사)~ing+목	자동사는 수동 불가 타동사는 Being pp ∅ (타동사 뒤 목적어 없음)
완료시제 문장 동사 시제 동명사 시제 불일치	(자동사)Having pp (타동사)Having pp+목	자동사는 수동 불가 타동사는 Having been pp ∅ (타동사 뒤 목적어 없음)

⑴ 정동사(문장의 동사)의 시제보다 동명사가 나타내는 시제가 한 시제 앞선 경우에는 반드시 완료 동명사 (having pp)를 쓴다.
❶ I'm sure that she was honest when young.
나는 그녀가 젊었을 때 정직했다고 확신한다.
→ I'm sure of her being honest when young. (×)
→ I'm sure of her having been honest when young. (○)

⑵ 동명사는 능동인지 수동인지를 표시할 수 있고, 타동사가 목적어가 없으면 수동형 동명사를, 타동사가 목적어가 있으면 능동형 동명사를 / 자동사는 수동이 없으므로 능동형 동명사로만 쓴다.
❶ I don't enjoy being laughed at by my friends. (○)
나는 친구들에게 비웃음 당하는 것을 즐기지 않는다.

9. 동명사 관용구문

⑴ It is no use ~ing (~해도 소용없다)
= It is no good ~ing
= It is useless to 부정사

⑵ There is no ~ing ~ 하는 것은 불가능하다.
= It is impossible to 부정사

MEMO

• It is no use trying to persuade her.
그녀를 설득하려고 해도 소용없다.
• There is no knowing what may happened tomorrow.
내일 무슨 일이 일어날지 아는 것은 불가능하다.
• I cannot help accepting her proposal.
그녀의 제안을 수락하지 않을 수 없다.
= I cannot but accept her proposal.
• It goes without saying that health is above wealth.
건강이 재산보다 더 중요하다는 것은 말할 필요도 없다.
= It is needless to say that health is above wealth.
• They were busy preparing for the activities on Saturday.
그들은 토요일에 있을 활동을 준비하느라 바빴다.

(3) cannot help ~ing ~하지 않을 수 없다
　　= cannot (choose / help) but 동사원형
　　= have no (choice / option / alternative) but to부정사
(4) It goes without saying that S V (~은 말할 필요도 없이)
　　= It is needless to say that S V
(5) be on the verge(edge, point, brink) of ~ing
　　= be about to 부정사 (막 ~하려고 하다)
(6) make a point of ~ing 꼭 ~하기로 되어있다.
　　= make it a rule to 부정사
(7) be busy ~ing 하느라 바쁘다
(8) On ~ing / upon ~ing ~하자마자
(9) worth ~ing / worthy of ~ing ~할 가치가 있는
(10) spend 시간/돈 ~ ing ~하는 데 시간/돈을 쓰다
(11) have difficulty / trouble / a hard time ~ing ~하는 데 어려움을 겪다
(12) (not) never ~ without ~ing ~할 때마다 ~하다
　　= (not) never ~ but S+V
(13) go~ing ~ 하러 가다
(14) be far from ~ing ~하지 않다, ~할 사람이 아니다
　　= be above ~ing
　　= be the last man to 부정사
　　= know better than to 부정사
(15) in ~ing ~할 때
(16) feel like ~ing ~하고 싶은 생각이 들다
　　= feel inclined to 부정사
(17) come(go) near ~ing 하마터면 ~할 뻔하다.
　　= nearly / narrowly escape ~ing

MEMO

- On coming home, John started to cook dinner.
  집에 오자마자, 존은 저녁을 요리하기 시작했다.
- This idea is well worth considering.
  이 생각은 충분히 고려할 가치가 있다.
- I spend too much time watching television.
  나는 텔레비전 보는 데 매우 많은 시간을 쓴다.
- They have difficulty getting to know others.
  그들은 다른 사람들을 알아가는 데 어려움을 겪는다.
- I never see this movie without being reminded of her.
  나는 이 영화를 볼 때마다 그녀 생각이 난다.
- I never see this movie but I am reminded of her.
  I never see her without thinking of my sister.
  나는 그녀를 볼 때마다 내 여동생을 생각한다.
  = I never see her but I think of my sister.
- He went hunting. 그는 사냥을 하러 갔다.
- He is far from telling a lie.
  그는 결코 거짓말을 하지 않는다.
  = He is above telling a lie.
  = He is the last man to tell a lie.
- In driving a car, do not fall sleep. 차를 운전할 때, 잠들지 말아라.
- I feel like crying at the sight.
  나는 그 광경을 보고 울고 싶다.
  = I feel inclined to cry at the sight.
- He came near being drowned.
  그는 하마터면 익사할 뻔했다.
  = He nearly escaped being drowned.

CHAPTER 07 분사

01 분사란?

동사가 동사의 성질은 유지한 채 동사원형에 ing나 ed를 붙여 형용사나 부사역할을 하는 경우에 그 Ving 또는 Ved를 분사라고 부른다.

분사는 두 가지로 즉, 현재분사 과거분사로 나눠지고 둘 중에 하나를 문법에 맞게 선택하는 것이 가장 중요한 출제 포인트!

02 분사 문제 구별

분사는 절대 동사자리에 나올 수 없으므로 문장에 주어와 진짜 동사가 존재하는지 확인을 반드시 하고, 형용사나 부사 자리에 ing나 pp의 모습이 나온다면 분사를 물어보는 문제이므로 분사 풀이법에 맞게 접근

03 분사의 종류 / 의미 / 역할

1. 현재분사 – 능동의 의미 (형용사나 부사자리)

(1) 현재분사가 형용사 자리에서 명사 앞이나 명사 뒤에서 명사를 수식 해주는 경우, 분사의 수식을 받는 명사는 행동이나 상태의 주체로 해석 된다.

❶ The man **living in town** is unhealthy. 마을에 사는 그 남자는 건강하지 않다.
  → (형용사–후치 수식) 분사 living in town의 수식을 받는 the man은 living 하는 주체로 해석

❷ John **repairing the car** is my father. 그 차를 수리하고 있는 존은 내 아버지이다.
  → (형용사–후치 수식) 분사 repairing the car의 수식을 받는 John은 repairing하는 주체로 해석

❸ Due to the **deteriorating** weather condition, all flights will be cancelled.
  기상악화로 인해, 모든 항공편은 취소될 것이다.
  → (형용사–전치 수식) 분사 deteriorating이 단독으로 와서 weather condition을 수식하고, 수식받는 명사는 deteriorate(악화되다)의 주체로 해석

(2) 현재분사가 형용사 자리에서 주격 보어 자리에 오면 주어의 행동이나 상태를, 목적격 보어 자리에 오면 목적어의 행동이나 상태를 나타낸다.

① The students sat **surrounding their teacher**.
   학생들은 그들의 선생님을 둘러싸고 앉아 있다.
   → (주격 보어 자리) 분사 surroungding이 주어인 the students를 설명

② The story sounds **interesting**. 그 이야기는 흥미롭게 들린다.
   → (주격 보어 자리) 분사 interesting이 주어인 the stroy를 설명

③ I caught the boy **stealing money from the room**.
   나는 그 방에서 돈을 훔친 그 소년을 잡았다.
   → (목적격 보어 자리) 분사 stealing이 목적어 the boy를 설명

(3) 현재분사가 부사자리에 오고 분사 앞에 명사가 없다면 분사는 문장 주어의 동작이나 상태로 해석된다.

① Arriving at home, I found her dead.
   집에 도착했을 때, 나는 그녀가 죽은 것을 알았다.
   → 분사 Arriving 앞에 명사가 없으므로 분사를 행동하는 주체는 문장의 주어인 I로 해석

2. 과거분사 – 수동의 의미(형용사나 부사자리)

(1) 과거분사가 형용사 자리에서 명사 앞이나 명사 뒤에서 명사를 수식 해주는 경우, 분사의 수식을 받는 명사는 **분사의 행동을 당한다.**

① The letter **written by James** was posted.
   제임스에 의해 쓰여진 그 편지는 부쳐졌다.
   → (형용사–후치 수식) The letter는 분사 written by James의 수식을 받고 있으므로 행동을 당함.

② The **wounded** soldiers were taken to the hospital.
   그 부상당한 군인들은 병원으로 이송되어졌다.
   → (형용사–전치 수식) The soldiers는 분사 wounded의 수식을 받고 있으므로 행동을 당함.

(2) 과거분사가 형용사 자리에서 주격 보어 자리에 오면 주어가 행동을 당하고, 목적격 보어 자리에 오면 목적어가 **행동을 당한다**.

① He looked **satisfied**. 그는 만족스러워 보였다.
   → (주격 보어 자리) 분사 satisfied는 주어 He를 설명

② The teacher sat **surrounded by his pupils**.
   그 선생님은 그의 학생들에게 둘러싸여 앉아 있었다.
   → (주격 보어 자리) 분사 surrounded는 주어 The teacher를 설명

③ I found the handkerchiefs **stained with blood**.
   나는 피로 얼룩진 손수건을 발견했다.
   → (목적격 보어 자리) 분사 stained가 목적어 the handkerchiefs를 설명

(3) 과거분사가 부사 자리에 오고 분사 앞에 명사가 없다면 과거분사는 문장 주어가 당한 동작으로 해석된다.
  ❶ Left alone, she began to cry. 홀로 남겨진 채, 그녀는 울기 시작했다.
    → 분사 Left 앞에 명사가 없으므로 분사의 행동을 당한 주체는 She로 해석
  ❷ The job done, they are packing up to leave.
    그 일은 끝났고, 그들은 떠나기 위해 짐을 꾸리고 있다.
    → 분사 done 앞에 명사 job이 있으므로 분사의 행동을 당한 주체는 job으로 해석
  ❸ Built over several years, the building has a strong foundation.
    몇 년에 거쳐 지어진, 그 건물은 기초가 튼튼하다.
    → 분사 Built 앞에 명사가 없으므로 분사의 행동을 당한 주체는 the building으로 해석

✎ **본동사의 역할을 하는 분사**

현재분사가 be동사 다음에 나오면 진행의 의미를 과거분사가 be동사 다음에 나오면 수동을, 과거분사가 have / has / had 뒤에 나오면 완료의미를 지닌다. 사실 이때 분사는 본동사의 역할을 하고 있다. 동사자리에서 현재 분사 과거분사는 일반적인 동사라고 생각하고 문제를 풀면 된다.

She is taking care of the baby. 그녀는 아기를 돌보고 있다.
→ 현재 분사는 be동사와 결합하면 진행의 의미를 지님(타동사 take care of 다음에 목적어가 나왔으므로 현재분사가 올바르게 쓰였다).

She was killed in the war. 그녀는 전쟁에서 죽었다.
→ 과거 분사는 be동사와 결합하면 수동의 의미를 지님(타동사 kill 다음에 목적어가 없으므로 수동태 구조로 과거분사가 올바르게 쓰였다).

She has read the book since the last month. 그녀는 지난달부터 그 책을 읽고 있다.
→ 과거 분사는 have / has / had동사와 결합하면 완료의 의미를 지닌다.

04 분사 문제 풀이법 4가지

1. 일반적인 경우[분사가 명사 후치 수식 / 부사자리 / 보어자리]

The machine invented by him is useful to us. 그가 발명한 기계는 우리에게 유용하다.
(1) 문장에 주어 동사가 있는지 확인 : 주어 **the machine**, 동사 **is**
(2) 분사가 자동사인지 타동사인지 확인 : **invent**는 타동사
(3) 자동사면 능동 ing만 가능
(4) 타동사면 목적어 유무 확인
  ① (명사) 목적어 있으면 능동 ing
  ② (명사) 목적어 없으면 수동 pp
  → 타동사 뒤에 목적어가 없으므로 과거분사인 **invented**로 쓴다.

2. 분사의 전치수식[관사(a / the)+(형용사 자리-뒤에 나오는 명사수식)+명사]

관사(a / the) 소유격 지시형용사 수량형용사	대부분 자동사면 ing 타동사면 수식 받는 명사가 행동 함 ing 타동사면 수식 받는 명사가 행동 당함 pp	명사
the	remaining (자) 남아있는	staff 직원들
a	rolling 구르는	stone 돌
the	existing 기존의	customers
the	disappearing (자) 사라진	reports 보고서들
a	recommended (타) 권고된	manner 방식
certain	established (타) 확립된	procedure 절차
my	spoken (타) / written (타)	English
the	broken (타)	television

3. 감정 분사[감정을 나타내는 형용사]

감정을 나타내는 동사의 분사 형은 **목적어 유무나 자리에 관계없이** 감정분사가 사람 명사를 수식해 주는지 사물명사를 수식해 주는지에 따라 다르다.

> • 감정을 나타내는 동사+ing : 사물 수식 (감정을 불러일으키는)
> • 감정을 나타내는 동사+ed : 사람 수식 (감정을 느끼는)

❶ He imagined he was playing an **exciting** game.
  그는 자신이 신나는 게임을 하고 있다고 상상했다.
❷ I heard of the **irritating** news. 나는 짜증나는 소식을 들었다.
❸ The man saw the **irritated** girl. 그 남자는 짜증나는 소녀를 보았다.
❹ We were **bored** with listening to his **boring** address.
  우리는 그의 지루한 연설을 듣는 것이 지루했다.
❺ After a very **exhausting** day it was finally time for bed.
  매우 피곤한 하루를 보낸 후 마침내 잘 시간이 되었다.
❻ He arrived with Owen, who was **exhausted**. 그는 지친 오웬과 함께 도착했다.
❼ Lack of food left him **exhausted**. 식량 부족으로 그는 지쳤다.
❽ He found the business trip very **exciting**. 그는 그 출장이 매우 흥미로운 것을 알았다.

4. 암기 분사[본래 동사의 의미가 없이 완전 새롭게 쓰이는 형용사]

이 분사형 형용사들은 **특히 명사 앞에서 출제** 되는데 이때 반드시 정해진 형태에 맞게 그 의미 그대로 쓰이게 되어있으므로 형태와 의미를 각각 외우자.

- their missing child 그들의 실종된 아이
- a drowning man 물에 빠진 사람
- a drowned body 익사체
- a developing country 개발도상국
- a developed country 선진국
- a challenging duty 어려운 임무
- a mentally challenged child 정신지체가 있는 아이
- a rewarding experience 보람찬 경험
- worsening situation 악화되는 상황
- some pressing matters 긴급한 문제
- an informing address 유익한 연설
- a leading cause 주요 원인
- a demanding task 힘든 임무
- the inviting book 매력적인 책
- a striking difference 현저한 차이

05 분사 구문(= 분사의 부사적 용법)

1. 분사구문이란?

긴 부사절(접+주+동)을 분사 즉, ing나 pp를 사용해 부사구로 바뀐 경우이다.

After we finished our homework, we went to the park.	Since the job is done, she is packing up to leave.
① 부사절에 접속사를 생략한다. After we finished our homework, we went to the park. ② 부사절 주어 = 주절의 주어 → 부사절 주어 생략 After we finished our homework, we went to the park. ③ 부사절 주어 ≠ 주절의 주어 → 부사절 주어 생략 × ④ 부사절 동사를 원형ing로 바꾼다. After we **Finishing** our homework, we went to the park.	① 부사절에 접속사를 생략한다. Since the job is done, she is packing up to leave. ② 부사절 주어 = 주절의 주어 → 부사절 주어 생략. ③ 부사절 주어 ≠ 주절의 주어 → 부사절 주어 생략 × The job is done, she is packing up to leave. ④ 부사절 동사를 원형ing로 바꾼다. The job (being) done, she is packing up to leave.
Being 이나 Having been은 생략 가능하다. 그 이후에는 pp, 형용사 전명구 등이 남는다.	

2. 분사구문의 자리

(1) 문두

❶ **Seeing me,** he ran away. 그는 나를 보고 도망쳤다.
❷ **Exhausted,** Tom went out to play with friends.
  지친 상태로 톰은 친구들과 놀러 갔다.

(2) 문미

❶ I approached her, **walking on tiptoe.** 나는 발끝으로 그녀에게 다가갔다.
❷ Jane sat down, **exhausted by the work.** 제인은 그 일로 지쳐서 자리에 앉았다.

(3) 문중

❶ She, **smiling brightly**, helped me. 그녀는 밝게 웃으며 나를 도와줬다.
❷ The child, **putting down the toy**, went to bed.
  그 아이는 장난감을 내려놓고 잠자리에 들었다.
❸ Some books, **read carelessly**, will do more harm than good.
  어떤 책들은 부주의하게 읽으면 유익하기 보다 더 유해하다.

3. 독립분사구문 : 부사절의 주어가 주절의 주어와 같지 않으면 부사절의 주어를 생략하지 않고 남겨 두는데 이를 독립분사구문이라고 한다.

❶ When night came on, We started for home. 밤이 왔을 때, 우리는 집으로 출발했다.
  →**Night coming on, we started for home.**
❷ As there was no seat in the bus, I kept standing all the way.
  버스에 앉을 자리가 없어서 나는 계속 서 있었다.
  →**There being no seat in the bus, I kept standing all the way.**
❸ If it is fine tomorrow, we will go on a picnic.
  내일 날씨가 좋으면, 우리는 소풍을 갈 것이다.
  →**It being fine tomorrow, we will go on a picnic.**

4. 시간 / 조건 / 양보 접속사 분사구문

시간 (When, While)	(S+be 동사) 생략	ing	S+V (완전한 주절)
조건 (if, unless)		pp	
양보 (though, although)		형용사 전명구	

❶ **When young,** I was often sick. 어릴 때, 나는 종종 아팠다.
❷ **Though in hospital,** he studied hard. 비록 병원에 있었지만, 그는 열심히 공부했다.
❸ **While staying in London,** I happened to meet her.
  런던에서 머무는 동안, 나는 그녀를 우연히 만났다.
❹ **If turning to the right**, you will find the building.
  오른쪽으로 돌면, 너는 건물을 찾을 것이다.

S+V (완전한 주절)	시간 (When, While)	(S+be 동사) 생략	ing
	조건 (if, unless)		pp
			형용사
	양보 (though , although)		전명구

❺ The worms reproduce well in captivity **if handled properly.**
벌레는 적절히 다루어지면 사육상태에서도 잘 번식한다.

❻ Maria made a choice of a movable table she extends **when needed.**
마리아는 필요할 때 확장할 수 있는 이동식 식탁을 골랐다.

06 With 분사구문

with+목적어	ing	• With little wind blowing 바람이 거의 불지 않은 채
	pp	• With one's dog following behind 개가 뒤따르게 한 채
	형용사	• With one's eyes closed 눈을 감은 채
	전명구	• With one's arms folded 팔짱을 낀 채
	on, off	• With one's mouth open 입을 벌린 채 opened(×)
해석 : O 가 O.C한 채로		• With one's boots on 장화를 신은 채

07 분사 구문 관용 구문

- generally speaking 일반적으로 말하면
- strictly speaking 엄밀히 말하면
- frankly speaking 솔직히 말하면
- briefly speaking 간단히 말하면
- roughly speaking 대충 말하면
- regarding ~에 관하여
- concerning ~에 관하여
- considering(= given) ~을 고려해 볼 때
- including ~을 포함하여
- following ~이후에
- judging from ~로 판단해 보면
- other things being equal 다른 것들이 같다면
- all things considered 모든 것을 고려하면
- all things taken into consideration 모든 것을 고려하면
- taking all things into consideration 모든 것을 고려하면

08 유사분사 (형-명사ed : ~을 가진)

- a warm-hearted lady 따뜻한 마음을 가진 여자
- a red-haired girl 빨간 머리를 가진 소녀
- a cold-blooded animal 냉혈 동물
- a warm-blooded animal 온혈 동물
- a middle-aged woman 중년 여성
- a one-eyed fish 외눈박이 물고기
- a red-colored rose 붉은 장미
- a snow-capped heights 눈 덮인 높은 곳

09 분사의 강조

1. 현재 분사의 강조
① Standing, **as it does**, on a hill, the villa commands a fine view.
언덕 위에 서 있는 그 별장은 전망이 좋은 위치에 있다.

2. 과거 분사의 강조
① Written, **as it is**, in plain English, the book is fit for beginners.
쉬운 영어로 쓰여진 그 책은 초보자에게 알맞다.

10 다른 단어와 결합해서 쓰이는 다양한 분사의 형태

- the good-looking man 잘생긴 남자
- the hard-working woman 근면한 여자
- English-speaking people 영어권 사람들
- the guilt-ridden man 죄책감에 시달리는 사람
- the newly-built house 새로 지은 집

CHAPTER 08 부정사

01 원형부정사(동사가 아닌 자리에 나오는 동사원형)

1. 지각동사와 사역동사의 목적격 보어 자리에 쓰이는 원형부정사

❶ I **made** him **clean** the room. 나는 그에게 방을 청소하게 했다.
❷ I **saw** him **enter** the room. 나는 그가 방으로 들어가는 것을 보았다.
❸ We **noticed** them **come in**. 우리는 그들이 들어오는 것을 알아챘다.

다만, 사역동사와 지각동사가 수동태 형태로 바뀌면 목적격 보어 자리의 원형부정사는 to부정사로 바뀐다.

❹ They **were made try** again. (×)
❺ He **was seen to** enter the room. (○)

2. 원형부정사 관용 구문

(1) do nothing but 동사원형 (동사원형) 하기만 하다
(2) make believe ~인 체하다 (make it believe 틀린 표현)
(3) make do with 임시변통하다
(4) let go of ~을 놓아주다
(5) let slip 누설하다, 놓치다
  ❶ She tried not to **let slip** what she knew.
    그녀는 자기가 아는 것을 누설하지 않으려 애썼다.

02 to부정사

1. to부정사의 5가지 동사적 성질 이해하기

(1) 의미상 주어를 가지고 있고
   (I want to study English with Chloe. / It is important for you to study English.)
(2) 자동사면 수동이 안되고 능동으로만 쓰며 (to be happened ×)(to happen)
(3) 타동사 뒤에 목적어가 있으면 능동으로 쓰고 (I want to do it.)
(4) 타동사 뒤에 목적어가 없으면 수동으로 쓰며 (This house needs to be painted.)
(5) 시제를 표시한다. (단순형 부정사 / 완료형 부정사)

MEMO

☞ help는 원형부정사와 to부정사 모두 가능
(1) help(v3)＋원형부정사 / to부정사 모두 가능 (Ring ×)
(2) help(v5)＋목적어＋원형부정사 / to부정사 모두 가능 (Ring ×)

2. to부정사의 3가지 용법 구분하기

(1) 명사적 용법(to부정사 하는 것 / to부정사 하기)
① 주어, ② 목적어, ③ 보어자리에서 to부정사가 쓰일 때

(2) 형용사적 용법
① 명사 뒤에서 to부정사가 나와서 명사 수식(to부정사 하는 명사), ② be+to부정사 용법(예정, 운명, 의도, 의무, 가능)

(3) 부사적 용법
to부정사가 ① 목적(to부정사 하기 위해서), ② 정도(to부정사 하기에), ③ 결과, ④ 감정의 원인(to부정사 해서), ⑤ 판단의 근거(to부정사 하다니) 등의 의미로 쓰일 때

3. 관용 구문

(1) too 형/부 to부정사
너무 **형용사/부사** 해서 **to부정사할 수 없다**

(2) 형/부 enough to 부정사 = **so** 형/부 **as to**부정사
매우 형용사/부사 해서 to부정사하다 (*주의: so 형/부 to 부정사 구문은 없음)

(3) 난이형용사 구문

(4) know better than to부정사 = the last man to 부정사
~할 사람이 아니다

(5) have no choice but to 부정사 ~하지 않을 수 없다

(6) be about to부정사 = be on the verge/edge/point/brink of ~ing
막 ~하려고 하다

(7) be to blame(= be to be blamed) 책임을 져야 하다, 비난받아야 한다
❶ If anyone is to blame, it's me. 누구라도 비난받아야 한다면, 그건 나다.

(8) not to mention 명사 = not to speak of 명사 = to say nothing of 명사 = without mentioning 명사
명사는 말할 것도 없이

(9) so to speak 말하자면

(10) to begin with 우선

(11) strange to say 이상한 말이지만,

(12) make it a rule to 부정사 ~하는 것을 규칙으로 삼다

(13) It takes 사람 시간 to 부정사 = It takes **시간 for 사람** to 부정사
사람이 to부정사 하는 데 시간이 걸리다

03 to부정사의 동사적 성질

1. 의미상(해석상) 주어 – ⑴ 표시하지 않는 경우 ⑵ 표시하는 경우

⑴ 표시하지 않는 경우 : ① 의미상(해석상)의 주어가 문장의 주어와 일치하거나 ② 의미상 주어가 문장의 목적어와 일치하는 경우에는 의미상의 주어를 따로 표시하지 않는다.

I want to study English. → 문장에서 want의 주어는 'I' 이고 to study english의 주체도 해석상 'I'이다(문장의 주어 = to 부정사의 주어 → 표시 안 함).

I persuaded **him** to study English. → 문장에서 persuade의 주어는 'I' 이고 to study English의 주체는 해석상 목적어 'him'이다(문장의 목적어 = to 부정사의 주어 → 표시 안 함).

⑵ 표시하는 경우 : ① 원칙은 for 목적격 ② 인성 형용사가 있으면 of 목적격

① 원칙은 **for** 목적격 (~온 / 는 / 이 / 가)

❶ This stone is **too** heavy **for me** to lift.
이 돌은 내가 들기에 너무 무겁다.

② 인성 형용사는 **of** 목적격(~은 / 는 / 이 / 가)
It be 동사+인성(사람의 성격 특성을 나타내는) 형용사+**of** 목적격+to V

❶ It was kind of you to help me.

❷ It would have been foolish of him to go unarmed.

☞ 인성 형용사
kind / nice / good
careful / sensible / wise
silly / stupid / foolish
cruel / rude / bad

2. to부정사의 시제와 태

⑴ 단순형 부정사(문장동사시제 = to부정사시제)

① 능동형 : 자동사는 능동형만 가능(to R), 타동사는 능동형일 경우 뒤에 목적어가 있음 (to R+목적어).

② 수동형(자동사는 수동형 ×) : 타동사 다음에 목적어가 없고, to부정사의 시제와 문장동상의 시제가 일치(to be pp)

⑵ 완료형 부정사(문장동사시제 ≠ to부정사시제)

① 능동형 : 자동사는 능동형만 가능(to have pp), 타동사는 능동형일 경우 뒤에 목적어가 있음(to have pp+목적어).

② 수동형(자동사는 수동형 ×) : 타동사 다음에 목적어가 없고, to부정사의 시제와 문장 동사의 시제가 불일치(**to have been pp**)

❶ He claims to be robbed yesterday. (×)

❷ He claims to have been robbed yesterday (○)

동사의 시제는 현재, to부정사의 시제가 과거이므로 완료부정사를 쓰고, rob은 타동사이므로 뒤에 목적어가 있어야 하는데, 뒤에 없으므로 수동형 부정사를 쓴다.

❶ She was reported to have shot during the arrest. (×)

❷ She was reported to have been shot during the arrested. (○)

문장 동사의 시제와 to부정사의 시제가 다르므로 완료부정사를 쓰고, shoot은 타동사이므로 뒤에 목적어가 있어야 하는데, 목적어가 없으므로 수동형을 쓴다.

04 to부정사의 3가지 용법 구분하기

1. **명사적 용법** – to부정사가 주어자리, 보어자리, 목적어 자리에 나올 때 '~ 하는 것', '~ 하기'로 해석

   (1) 주어 자리

   ① to부정사 주어는 단수 취급

   ❶ To speak English fluently requires much practice.
      영어를 유창하게 말하는 것은 많은 연습을 요구한다.

   ② 대게 it ~ to부정사 구문으로 쓰임.

   ❶ To learn a foreign language is difficult. 외국어를 배우는 것은 어렵다.
      = It is difficult to learn a foreign language.

   (2) 보어 자리 – 주격 보어 자리에 나온 to부정사와 문장의 주어가 같으면 이때는 to부정사가 명사적 용법으로 쓰인 것이다.

   S+be+to부정사 : 주어와 to부정사는 동격 관계에 있다.

   ❶ My hobby is to listen to music.
      (My hobby = to listen to music)
      나의 취미는 음악듣기이다.

   ❷ A main duty of fireman is to put out fires.
      (A main duty of fireman = to put out fires)
      소방관의 주요 의무는 불을 끄는 것이다.

   (3) 목적어 자리

   ① 3형식 타동사+to부정사 목적어

   ② 가목적어 진목적어 구문

   make / believe / consider / find / think + **형용사** + to부정사 / that 절 구조 (×)

   make / believe / consider / find / think + **가목적어** it + **형용사** + to부정사 / that 절 구조

   📝 M / B / C / F / T 동사는 타동사이기 때문에 바로 뒤에 형용사가 아닌 명사가 와야 하므로 바로 뒤에 형용사만 쓰는 것은 안 된다.

   ❶ He made it possible for the American Pathfinder to land on Mars.

   ❷ I think it necessary that you should do it at once.

   ❸ They considered it impossible for us to climb the mountain.

   ❹ She found it very hard to make out exactly what they were saying.

📎 자동사+to부정사 구조
seem / appear to부정사 :
to 부정사처럼 보이다
prove / turn out to부정사 :
to 부정사로 판명되다
happen / chance to부정사 :
우연히 to부정사 하다
come / get to부정사 :
to 부정사 하게 되다

2. to부정사의 형용사적 용법

(1) 명사 후치 수식

명사 후치 수식 to부정사가 명사를 수식할 경우 명사 뒤에서 반드시 후치 수식하게 되어있다. 이때, to부정사가 명사를 수식하기 위해서는 **수식을 받는 명사가 반드시 to부정사의 주어로 해석**되거나 **to부정사의 목적어로 해석**된다.

① to 부정사의 수식을 받는 명사가 to부정사의 의미상 주어로 해석되는 경우

<u>The woman</u> **to cook in the kitchen** is my sister.

부엌에서 요리하고 있는 여자는 내 여동생이다.

→ the woman은 주방에서 요리하는 사람 즉, to cook in the kitchen의 주어로 해석

② to 부정사의 수식을 받는 명사가 to부정사의 의미상 목적어로 해석되는 경우

The only person **to depend on** is my English teacher.

의지할 수 있는 단 한사람은 나의 영어 선생님이다.

→ to부정사의 목적어와 수식받는 명사가 일치하면 반드시 to부정사의 목적어 자리는 비어있다.

③ 전치사에 주의해야 할 to부정사 표현
- a house to live in 살 집
- a chair to sit on 앉을 의자
- a paper to write on 쓸 종이
- a pen to write with 쓸 펜
- a garden to play in 놀 정원
- a toy to play with 놀 장난감
- a friend to rely on 의지할 친구, 이야기할 친구
- nothing to be afraid of 두려워할 것이 없는
- nothing to complain of 불평할 게 없는

(2) be to용법 – 예정 / 의무 / 의도 / 가능 / 운명

① 예정

❶ President Obama is to visit Korea next week.

오바마 대통령은 다음주 서울을 방문할 예정이다.

② 의무

❶ You're to be back as soon as possible. 우리는 가능한 일찍 들어와야 한다.

❷ You're not to go somewhere without my permission.

내 허락 없이, 어디 가면 안됩니다.

③ 의도

❶ If we are to catch the train, we have to leave now.

기차를 잡으려면, 우리는 지금 떠나야 한다.

❷ If you are to be rich, you have to be more diligent.

부자가 되려면, 너는 더 부지런해야 한다.

④ 가능
- ❶ No one is to be seen in the street. 어느 사람도 거리에 보이지 않는다.
- ❷ Nothing is to be accomplished without effort.
  어떤 것도 노력없이는 이루어질 수 없다.

⑤ 운명
- ❶ He was never to see his wife again.
  그는 자기 아내를 다시 보지 못할 운명이었다.

3. to부정사의 부사적 용법 (해석이 중요-목적, 정도, 결과, 감정의 원인, 판단의 근거)

(1) 목적

① 긍정목적

to부정사

= in order to부정사

= so as to부정사

② 부정목적

not to부정사 (~하지 않기 위해서)

= in order not to부정사

= so as not to부정사

(2) 형용사+to부정사 : to 부정사 하기에 형용사 한(정도로 해석)
- ❶ This river is dangerous to swim. 이 강은 수영하기에 위험하다.
- ❷ The water is good to drink. 그 물은 마시기에 좋다.

(3) 무의지 동사 + to부정사 (결과적 해석)

무의지 동사 다음에는 동명사로는 결과적 의미가 없으므로 반드시 to 부정사를 써야 한다.

① grow up to부정사 : 자라서 ~하다
- ❶ She grew up to be a famous star. 그녀는 자라서 유명한 스타가 되었다.

② live to부정사 : 살다 보니 ~하다

③ awake to부정사 : 깨어보니 ~하다
- ❶ He awoke to fine himself famous.
  그는 깨어나보니 자신이 유명해진 것을 알게 됐다.

④ only to부정사 : 그러나 to부정사하다
- ❶ He worked hard only to fail. 그는 열심히 일했지만 실패했다.

⑤ never to부정사 : ~하지 못하다
- ❶ He left his country never to return. 그는 고국을떠나서 돌아오지 못했다.

(4) 감정의 원인 : to부정사 해서, to부정사 하다니 (be 감정 형용사 + to부정사)
- ❶ Visitors were **disappointed** to find the museum closed.
  방문객은 박물관이 닫혀있는 것을 발견해서 실망했다.

(5) 이유, 판단의 근거(to부정사 하다니)
  ① 추측을 뜻하는 조동사 (must 동사원형 / cannot 동사원형) + to부정사
    ❶ He **must be** out of his head **to say so.**
      그가 그렇게 말하다니 제정신이 아닌 게 틀림없다.
    ❷ He **cannot be** a good student **to do such a thing.**
      그는 그런 일을 할 만한 좋은 학생이 될 수 없다.
  ② 감탄문 (How 형 / 부사 주어 동사) + to 부정사
    ❶ **How foolish** I was **to trust him.** 그를 믿다니 나는 얼마나 어리석었나.

05 to부정사 구문

1. too 형용사 / 부사 to부정사 : 너무 형용사 / 부사해서 to부정사 할 수 없다(to부정사의 목적어가 문장의 주어와 일치하면 to부정사 뒤의 목적어는 반드시 삭제)
= so 형용사 / 부사 that 주어 can't 동사원형 : 너무 **형용사 / 부사** 해서 that절 할 수 없다 (that절 뒤에는 반드시 완전 구조)
  ❶ This house is **too** small **to** live in. (o) 이 집은 너무 작아서 살 수 없다.
  ❷ This house is **too** small **to** live in it. (x)
    → to부정사의 목적어(it)가 문장의 주어(this house)와 같으면 생략해야 한다.
  ❸ This house is **so** small **that** I cannot live in it.
    → too ~ to부정사 구문을 so ~ that 구문으로 바꾼다면 it을 생략하지 않고 완전한 구조로 쓴다.

2. 형용사(부사) enough to부정사 - 어순 주의

3. be the last man to부정사

4. make it a rule to부정사

5. 과거에 이루지 못한 소망
과거에 이루지 못했거나 실현되지 않은 일을 나타낸다.
hope / wish / expect / intend / want to have pp
= had hoped / wished / expected / intended / wanted to부정사
  ❶ I hoped to meet them at the conference, but I couldn't.
    나는 그들을 컨퍼런스에서 만나길 원했지만, 그럴 수 없었다.
    = I hoped to have met them at the conference.
    = I had hoped to meet them at the conference.

6. to부정사에서 to의 생략
등위접속사 and, or, but, than으로 연속될 때, 접속사 다음의 to부정사에서는 to를 생략할 수 있다.
- ❶ I prefer to study English than (to) doze off.
  나는 조는 것보다 영어 공부하는 것을 더 좋아한다.

7. 대부정사
to부정사의 동사원형의 반복을 피하기 위해 to+동사원형에서 동사원형을 생략하고 to만 사용할 수 있다.
A : Would you like to come with me? 나랑 함께 갈래?
B : Yes, I'd love to (come). 응, (가는 거) 너무 좋아.

8. 의문사구
'의문사 + to부정사'는 명사구(동명사구, to부정사구, 의문사구) 중 하나로 문장에서 주어, 목적어, 보어 자리에 나온다.
- 종류 : whom to부정사 / what to부정사 / which to부정사 / when to부정사 / where to부정사 / how to부정사 / whether to부정사 or (to)부정사

9. 해석에 주의할 to부정사
(1) regret to부정사 : to부정사 하게 되어 유감이다
    regret Ring : Ring을 후회하다
(2) stop to부정사 : to부정사 하기 위해서 멈추다
    stop Ring : Ring하는 것을 멈추다
(3) remember to부정사 : ~ 해야할 것을 기억하다
    remember Ring : Ring하는 것을 기억하다
(4) forget to부정사 : ~해야할 것을 기억하다
    forget Ring : Ring하는 것을 기억하다
(5) be 형용사 to부정사 구문 / be ready to부정사 / be likely to부정사 / be willing to부정사 / be able to부정사

10. 숙어적 표현의 to부정사
(1) be about to부정사   막~하려고 하다
(2) be supposed to부정사   ~하기로 되어있다
(3) be anxious to부정사   ~할 것을 갈망하다
(4) be eligible to부정사   ~할 자격이 있다
(5) be apt to부정사   ~하기 쉽다, ~할 것 같다
(6) be due to부정사   ~할 예정이다

CHAPTER 09 조동사

01 조동사의 종류

1. 문법(기능) 조동사
  (1) be 동사
  (2) have 동사
  (3) do 동사

2. 화법 조동사 – 의미 초점
조동사 가운데서 특히 가능, 허가, 의무, 개연성과 가능성 등 문장의 명제에 반영되는 화자의 태도와 판단을 나타내는 조동사이다.

> should, shall, must, may, might, can, could, will, would, need not, dare not

3. 준 조동사
조동사의 의미가 있지만, 동사적 속성을 가지고 있는 조동사이다.

> - have to 동사원형
> - be about to 동사원형
> - be due to 동사원형
> - be supposed to 동사원형
> - be able to 동사원형
> - be bound to 동사원형
> - be going to 동사원형

4. 조동사 관용어

> - had better
> - would rather

02 화법(서법) 조동사의 특징

1. 뒤에 반드시 동사원형을 쓴다.

2. 부정어는 첫 번째 조동사 바로 다음에 위치한다.

3. 문장의 동사 부분을 대신하는 대용형으로 쓰인다.

4. 일반적으로 조동사는 겹쳐 쓰지 않는다.

03 화법 조동사의 종류 및 주요 의미

1. **can** ① 능력 ② 허가 ③ 가능성 ④ 강한의문과 부정
2. **could** ① can의 과거형 ② 허가 또는 요청 ③ 추측
3. **may** ① 허가 ② 불확실한 추측과 사실상 가능성 ③ 소망 / 희망(격식) ④ 양보절
4. **might** ① may의 과거형 ② 추측
5. **must** ① 의무 ② 확실한 추측 ③ **must not** 금지
6. **will** ① 단순미래 ② 주어 의지 ③ 추측
7. **would** ① will의 과거 ② 정중한 부탁 ③ 과거의 반복된 동작 ④ 추측
8. **shall** ① 1인칭(I / We) 단순미래 ② 상대방의 의사와 의견을 물음
9. **should** ① shall의 과거형 ② 의무 ③ 가능성 ④ 가정 ⑤ 감정 ⑥ 주관적 판단
   ⑦ 주장 / 요구 / 명령 / 제안 / 충고 동사 다음 ⑧ lest(for fear) 접속사 다음
10. **ought to** ① 의무 ② 추측, 가능성

04 Should 용법

1. **should** – 의무, 당위, 추측, 감정
   (1) 주장, 요구, 명령, 제안, 충고 동사 / 명사
       insist, demand, urge, order, require, request, recommend, ask
       +that 주어 (should) R
   (2) 이성적 판단 형용사
       imperative, vital, natural, necessary, of importance(= important)
       +that 주어 (should) R
   (3) 감정적 판단(유감, 놀람) : ~하다니
       odd, surprising, a pity, regrettable
       +that 주어 should R / +that 주어 일반시제
   (4) 부정 목적 접속사
       lest(that) S+(should)+v ~ 하지 않도록, ~하지 않기 위해서
       for fear (that) S+(should)+v ~ 하지 않도록, ~하지 않기 위해서
   (5) ~할 시간이다 가정법
       It is (high / about) time (that) S 과거형 동사
       = It is high time (that) S should 동사원형

Take your coat lest you should not get a cold.
감기에 걸리지 않도록 코트를 입어라.

05 주의할 조동사 용법

1. need, dare
need와 dare은 본동사와 조동사 기능 둘 다 있으며, 특히 부정문에서 조동사 역할이 가능하다.

don't need to 부정사	need not 동사원형
don't dare to 부정사	dare not 동사원형

2. 조동사 have pp = 과거의 유감, 후회, 추측
(1) may have pp : 했을지도 모른다
(2) must have pp : 했음에 틀림없다
(3) cannot have pp : 했을 리가 없다
(4) could have pp : ~할 수 있었는데
(5) should have pp : ~했어야 했는데 (하지 않았다)
(6) should not have pp : 하지 말았어야 했는데 (했다)
(7) need not have pp : 할 필요가 없었는데 (했다)

3. 조동사 관용표현
(1) cannot too 형용사 부사 : 아무리 ~해도 지나치지 않다
　　= cannot ~ enough
　　= cannot over 관련동사
　　❶ We **cannot** praise him **too** much. 우리가 그를 아무리 칭찬해도 지나치치 않다.
　　　　= We **cannot** praise him **enough** [=to excess]
　　　　= We **cannot over**praise him.
(2) cannot **help** ~ **ing** ~하지 않을 수 없다
　　= cannot **but R**
　　= cannot **choose but R**
　　= cannot **help but R**
　　= have no **choice but to** 부정사
　　= have no **alternative but to** 부정사
(3) can(not) afford+to 부정사 : 시간적/금전적으로 ~할 여유가 있다(없다)
(4) may well 동사원형 : ~ 하는 것도 당연하다
(5) may as well 동사원형 : ~하는 편이 낫다

CHAPTER 10 도치구문

01 도치

1. 부정부사 + 도치 형태

부정부사가 **문장 처음** 또는 **절 처음**에 나오면 뒤에 주어 동사 어순은 도치된다.

> 도치의 4가지 구조
> → 다음과 같은 순서로 문장이 쓰여진 경우 도치라고 부른다.

- be + 주어 + <u>명사 / 형용사 / 전명구 / 부사 / to부정사 / pp / ing</u> (동사원형 ×)
- do / does / did + 주어 + <u>동사원형</u>
- have[has / had] + 주어 + <u>pp</u>
- 화법 조동사(can, may, might, will, should ~) + 주어 + <u>동사원형</u>

❶ Not only does she speak Spanish, she's also good with computers.
그녀는 스페인어를 할 뿐만 아니라 컴퓨터도 잘한다.

❷ Not only is he a good rapper, he's also talented behind the boards.
그는 좋은 랩퍼일 뿐만 아니라 프로듀싱에도 재능이 있다.

❸ Nowhere could they find the things the king wanted.
그들은 어디에서도 왕이 원하는 것을 찾을 수 없었다.

❹ No longer is the factory economically viable.
그 공장은 더 이상 경제적으로 성공 가능성이 없다.

❺ Not until yesterday did I know the fact.
어제야 비로소 그 사실을 알았다.

❻ Under no circumstances should you lend Paul any money.
무슨 일이 있어도 폴에게는 돈을 한 푼도 빌려 주어서는 안 된다.

❼ Under no circumstances must you open the door.
어떤 일이 있어도 그 문을 열어서는 안 된다.

❽ Rarely has a debate attracted so much media attention.
어떤 토론이 그처럼 많은 언론의 관심을 끈 경우는 드물다.

❾ Little did I dream of meeting her.
그녀를 만날 줄은 꿈에도 생각지 못했다.

❿ Hardly had we arrived than the problems started.
우리가 도착하자마자 그 문제들이 발생했다.

2. 구문상의 도치

(1) 양보 부사절 as 도치 구문

부사절 접속사 as는 **시간(~할 때), 이유(~ 때문에), 양태(~처럼), 비례(~함에 따라)**의 의미에서는 주어 동사의 정상어순으로 쓰고, **양보(비록 ~일지라도)**의 의미로 쓰려면 반드시 도치 어순으로 써야 한다.

- ❶ Happy as they were, there was something missing.
  그들은 행복하긴 했지만 뭔가가 부족했다.
- ❷ Young as he was, he was able. 젊기는 했지만 유능했다.
- ❸ Try as he might, he couldn't open the door.
  무리 애를 써도 그는 그 문을 열 수가 없었다.
- ❹ Woman as she was, she was brave. 여자이면서도 용감했다.

(2) 하자마자 ~ 했다 (시제편 참고)

① No sooner had S p.p ~ than 주어 과거 동사
  - ❶ No sooner had he fixed than he broke it against.
    그가 고치자마자 그것을 다시 깨뜨렸다.

② Hardly(Scarcely) had S p,p ~ when(before) 주어+과거 동사
  - ❶ Hardly(Scarcely) had he seen me when(before) he ran away.
    그는 나를 보자마자 도망갔다.

(3) Only 부사(구) / 부사절

① Only later 나중에서야
  - ❶ Only later did we realize. 나중에야 우리는 깨달았다.

② Only recently 최근에서야
  - ❶ Only recently has she started. 최근에서야 그는 시작했다.

③ Only when 주어 동사 (~ 때 만이)
  - ❶ Only through this way can you solve this problem.
    이 방법을 통해서만이 이 문제를 해결할 수 있다.

④ Only after 명사 / ing / 주어 동사 (~후에야)
  - ❶ Only after eating a big meal do we wish to take it back.
    밥을 많이 먹은 후에야 우리는 다시 바란다.

(4) Not until 도치 구조

(5) so와 neither를 이용한 도치 구조

① 긍정 동의(긍정문 and so 조동사+S) : 앞 문장이 긍정문일 경우에는 앞 문장에 대한 긍정 동의는 **and so 조동사 S**를 사용한다. so는 부사이므로 반드시 절과 절을 이어주는 and가 필요하고, **일반동사는 do / does / did를 조동사로 사용한다.**
  - ❶ He **likes** dancing **and so do** I.
    그는 춤추는 걸 좋아하고 나도 춤추는 걸 좋아한다.

② 부정 동의(부정문 and neither 조동사+S / 부정문 nor 조동사+S) : 앞 문장이 부정문일 경우에는 앞 문장에 대한 부정 동의는 and neither 조동사 S를 사용한다. neither은 부사이므로 반드시 절과 절을 이어주는 and가 필요하고, 일반동사는 do / does / did를 사용한다.

❶ He didn't have money, <u>and nether</u> **did I.** 그는 돈이 없고 나도 돈이 없다.
= He didn't have money, <u>nor</u> did I

(6) 장소와 방향부사구와 도치 구조
도치되었을 경우 반드시 자동사와 주어의 수 일치를 확인해야 한다.

❶ On a hill in front of them **stands** <u>a castle.</u>
그들 앞에 있는 언덕 위에 성이 있다.

❷ On the doorstep **was** <u>a bunch of flowers</u>
문간에는 꽃다발이 있었다.

❸ Among the guests invited to the party **were** <u>some popular singers</u>.
파티에 초대된 손님들 중에는 인기있는 가수들도 있었다.

☞ 장소나 방향 부사구+자동사+일반명사주어(주어가 대명사인 경우에는 도치시키지 않는다.)

(7) so 형용사와 such를 활용한 도치

❶ <u>So great</u> was her joy <u>that</u> she burst into tears.
그녀는 너무 기뻐서 눈물을 터뜨렸다.
→ Her joy was **so great that** she burst into tears.

❷ <u>Such</u> was the success of the business <u>that</u> they have opened ten branches. 사업이 너무 성공해서 그들은 열 개의 지점을 열었다.
→ The success of the business was **such that** they have opened ten branches.

☞ so 형용사 be 동사 주어 that s v = such (관사 + 명사) be 동사 주어 that s v 너무 ~해서 …하다

(8) 선택적 도치 - 동등비교에서 사용되는 as와 비교급 than 뒤의 절은 도치될 수 있다.

❶ Noise pollution cannot be measured as easily **as can other forms of pollution.** 소음 공해는 다른 형태의 오연만큼 쉽게 측정될 수 없다.

❷ I spend more time reading books **than does my brother.**
나는 내 남동생보다 책을 읽는 데 더 많은 시간을 보낸다.

CHAPTER 11 가정법

01 서법(mood)

서법이란 문장의 내용에 대한 화자의 심적 태도를 나타내는 동사의 어형 변화이다.

1. 직설법[S＋V(12시제동사)]
 화자가 그 이야기의 내용을 사실로 인정하고 서술 - 평서문, 의문문, 감탄문

2. 명령법(R～ / Don't 동사원형)
 화자가 청자에게 무엇을 시키거나 행동을 요구 - 명령, 충고 금지를 나타냄.

3. 가정법[－if절＋주절 (would / should / could / might)]
 말하는 내용이 가정 또는 요망, 원망임을 나타냄
 • 가정 : 사실이 아니거나 사실인지 아닌지 분명하지 않은 것을 임시로 인정함
 • 요망 : 어떤 희망이나 기대가 꼭 이루어지기를 간절히 바람
 • 원망 : 원하고 바람. 또는 그런 것

02 가정법

1. 가정법 구문의 구조 = If절＋주절

2. 가정법 구문 4가지 공식
 (1) 가정법 미래
  ① 앞으로 일어날 가능성이 극히 희박 또는 불가능한 경우
   If 주어 were to 동사원형, 주어＋would＋동사원형
   ＝Were 주어 to 동사원형, 주어＋would＋동사원형
   ❶ If the sun were to rise west in the west, I would marry you.
    만약 해가 서쪽에서 뜬다면, 나는 너와 결혼할 것이다.
  ② 강한 의혹이나 미래에 대한 가능성이 희박할 때 (주절에 will / can 동사원형 / 명령문 가능)
   If 주어 should 동사원형, 주어＋would＋동사원형
   ＝Should 주어 동사원형, 주어＋would＋동사원형
   ❶ If it should rain tomorrow, I would cancel my trip.
    혹시라도 내일 비가 온다면, 나는 여행을 취소할 것이다.

(2) 가정법 과거 : 현재 사실과 반대로 가정＋현재 결과에 반대로 예측
　　If 주어 과거동사 / (was는 안됨), 주어＋w／s／c／m＋동사원형
　　❶ If I had enough money, I would buy a car.
　　　　내가 돈이 충분했다면, 나는 차를 샀었을 텐데.
(3) 가정법 과거 완료 : 과거 사실과 반대로 가정＋과거 결과에 반대로 예측
　　If 주어 had pp, 주어＋w／s／c／m＋have pp
　　＝If 주어 had pp, 주어＋w／s／c／m＋have pp
　　❶ If he had done so, it had been better for him.
　　　　그가 그렇게 하였더라면 그에게 더 좋았을 텐데.
(4) 혼합가정법 : 과거 사실과 반대로 가정＋현재 결과에 반대로 예측
　　If 주어 had pp, 주어＋w／s／c／m＋동사원형 (now / by not / today)
　　＝Had 주어 pp, 주어＋w／s／c／m＋동사원형 (now / by not / today)
　　❶ If you had followed my advice, you would be happier now.
　　　　너가 내 충고를 들었다면, 너는 지금 더 행복했을 것이다.

3. If 생략과 도치 구조[Should / Were / Had 주어 ~]

if절	주절
Should＋주어＋동사원형	① 주어 would / should / could / must 동사원형 ② 주어＋will / may / must ~＋동사원형 ③ (Please) 명령문(동사원형, Don't 동사원형)
Were＋주어＋형용사 / 명사 / 전명구(동사원형×)	주어＋would / should / could / might＋동사원형
Had＋주어＋과거분사	주어＋would / should / could / might＋have pp

❶ Were he to do so, I should be angry.
　＝If he were to do so, I should be angry.
　그가 그렇게 한다면 나는 화낼 거야.
❷ Were he to go to such a place, he wouldn't be able to return alive.
　＝If he were to go to such a place, he wouldn't be able to return alive.
　만일 그가 그런 곳에 가게라도 된다면 살아 돌아올 수는 없을 것이다.
❸ Should he injure me, I would still love him.
　＝If he should injure me, I would still love him.
　그가 나를 해칠지라도 나는 그를 사랑할 것이다.
❹ Should I be there, it would be talked about.
　＝If I should be there, it would be talked about.
　만일 내가 거기 있으면 그 이야기가 나올 것이다.
❺ Had I known that, I would never have come.
　＝if I had known that, I would never have come.
　내가 그것을 알았다면 난 절대 오지 않았을 것이다.

❻ Had he arrived just a little bit later, he would have surely died.
= If he had arrived just a little bit later, he would have surely died.
조금만 늦게 도착했다면 그는 영락없이 죽었을 것이다.

4. 기타 가정법

(1) I wish 가정법 구문 : 현재 이루지 못하거나 과거에 이루지 못했던 것에 대해 아쉬움을 표현하기 위해 I wish 가정법을 사용한다.

① I wish (that)+주어+과거동사 ~ 라면 좋을 텐데 / ~다면 얼마나 좋을까?
❶ I wish that I were in Florida now. 내가 지금 플로리다에 있으면 좋을 텐데.

② I wish (that)+주어+과거완료 ~ 였다면 좋을 텐데 / ~했더라면 얼마나 좋을까?
❶ I wish I had been in college in those years. 그때 대학에 있었다면 좋을 텐데.

(2) It be 동사 (about / high) time (that) ~해야 할 때이다
① 주어+과거 동사
② 주어 should 동사원형
③ (for 목적격) to부정사 구조
④ 동사원형, 현재 동사 쓰는 것은 안 됨.

(3) Without 명사 / But for 명사
① 명사는 두 가지 의미 - ~이 없다면 (현재 반대) / ~이 없었더라면 (과거 반대)
② 해석 결정은 주절(w / s / c / m가 있는 부분)을 확인
Without 명사 / But for 명사 [= if it were not for 명사 = were it not for 명사]. 주어 w / s / c / m 동사원형
Without 명사 / But for 명사 [= if it had not been for 명사 = had it not been for 명사]. 주어 w / s / c / m have pp

CHAPTER 12 접속사

01 접속사의 기본 개념

1. 등위접속사

접속사의 기본 기능은 동사 추가이지만, 등위접속사에 해당하는 접속사는 같은 문법적인 기능을 해주는 1. 단어와 단어, 2. 구와 구, 3. 절과 절을 연결하는 병치 구조를 이룬다.

(1) 일반 등위접속사 : and, but, or → 출제포인트 병치 구조 확인

(2) 등위상관 접속사
　① both A and B
　② either A or B
　③ neither A nor B
　④ not A but B = B, not A
　⑤ not only A but (also) B = B as well as A
　　not only 에서 only = merely, just
　　not only 에서 only 생략(×), also 생략(○)

▶ 출제포인트
1. 짝꿍
2. 병치
3. 주어 자리에서 수 일치

2. 종속접속사

주절을 도와주는 절로써 문장 안에서 명사(주어·목적어·보어 자리), 형용사(명사 뒤), 부사(주절 앞이나 뒤에 쓰여서 문장을 꾸며 준다)로 쓰이는 절을 이끄는 접속사를 종속접속사라고 부른다. 종속접속사 뒤에는 반드시 동사가 있다. (단, 시간, 조건, 양보부사절 접속사는 주어 + 동사뿐만 아니라 분사구문인 ing, pp, 형용사, 전명구도 가능하다.)

명사절 접속사	what, that, whether / if, 의문사(when, where, why, how 등), 복합관계대명사(whoever, whomever 등)
형용사절 접속사	관계대명사(who, whom, whose, which, that), 관계부사(when, where, why, how)
부사절 접속사	시간, 조건, 양보, 양태, 복석, 결과 등

(1) 시간부사절 접속사 + 주어 + 동사(완전 구조)
- when, while
- before, after
- till, until
- as soon as
- whenever / every time / each time
- by the time
- as
- the moment
- since(완료)

- the first time

(2) 조건 부사절 접속사 + 주어 + 동사(완전 구조)
- if = suppose, supposing, providing, provided
- once
- in case
- on condition that
- as long as / so long as
- unless(부정어 ×)

(3) 양보 부사절 접속사 + 주어 + 동사(완전 구조)
- though, although, even though, even if
- while, whereas
- whether ~ or not
- 형(용사) / 무명(무관사명사) as 주 동 (도치구문에서 as)

(4) 이유 부사절 접속사 + 주어 + 동사(완전 구조)
- because, since, as(in as much as), 중간 for
- now that
- seeing that = on the ground that
- in that

(5) 양태 : (Just) as 주 + 동 / like 주 + 동

(6) 목적 : 긍정(so that / in order that + S may / can / will)
부정(lest / for fear (that) S + (should) 동사원형(부정어 ×)

(7) 결과
- so (that)
- so / such ~ that
- that's why 결과

CHAPTER 13 관계사

01 관계사

1. 관계사란?

명사 뒤에서 명사를 수식하는 (S)+V을 이끄는 접속사(v추가)를 의미한다. 의문사와 똑같이 생겼지만, 의문사 앞에는 명사가 없고 관계사 앞에는 반드시 명사가 있다. 즉, 의문사가 이끄는 절은 명사절로 쓰이고 관계사가 이끄는 절은 명사 위에서 명사 수식하는 형용사 자리에 나오므로 완전 역할과 해석이 다르므로 주의한다. 관계사는 의문사와 달리 절대로 의문의 의미로 해석되지 않는다. 그래서 관계사는 빈번히 that으로 대체된다.

> **꿀팁!**
> 관계사는 종속접속사에 해당하므로 반드시 관계사 뒤에는 주어 동사 구조 또는 동사를 포함한 절의 구조가 나타나므로 관계사와 뒤에 나오는 동사 구조를 한 단위로 묶어서 해석.

2. 선행사란?

관계사절 앞에 있는 명사는 '선행사'라고 부른다.

관계사	
사람 / 사물 명사 ＋관계대명사(접속사＋대명사)	장소 / 시간 / 이유 / 방법 명사＋관계부사(접속사＋부사)
• 종류 who / whom / whose / which (that) － 관계대명사 ＋ 불완전 구조 － 단, whose는 완전 구조 － 의문의 의미로 해석 × － V하는 명사 / S V하는 명사	• 종류 : when / where / why / how － 관계부사 ＋ 완전 구조 － 의문의 의미로 해석 × － S V하는 명사 － the way(방법 명사) ＋ how(관계부사)는 같이 쓰지 않고 항상 how가 생략된다.
사람 명사 ＋ who(＝that) ＋ V (주어 없음) 사람 명사 ＋ whom(＝that) ＋ S ＋ V (목적어 없음) 사람 명사 ＋ whose ＋ 명사(＝s) ＋ V (완전구조) 사람 명사 ＋ whose ＋ 명사(＝o) ＋ S ＋ V (완전구조) 사물 명사 ＋ whose ＋ 명사(＝s) ＋ V (완전구조) 사물 명사 ＋ whose ＋ 명사(＝o) ＋ S ＋ V (완전구조) 사물 명사 ＋ which(＝that) ＋ V (주어 없음) 사물 명사 ＋ which(＝that) ＋ S ＋ V (목적어 없음)	시간 명사 (the time) ＋ when S ＋ V 완전 구조 장소 명사 (the place) ＋ where S ＋ V 완전 구조 이유 명사 (the reason) ＋ why S ＋ V 완전 구조 방법 명사 the way ＋ (how 반드시 생략) ＋ S ＋ V 완전 구조

3. 관계사의 특징

(1) 관계대명사는 선행사에 따라 달라지므로 관계대명사가 나오면 먼저 선행사에 따른 관계대명사를 선택해야 한다.

(2) 관계대명사는 접속사 + 대명사 구조이므로 반드시 뒤에 동사를 추가한다.

(3) 관계대명사 뒤에 주어가 없고 동사만 나오는 경우는 반드시 선행사와 수 일치에 주의한다.

(4) 관계대명사 다음에 주어 + 생각 동사 + 동사 구조(주 + 동 + 동 구조)가 나온다면 주어 + 생각 동사는 삽입절로 간주된다.

> 삽입절
> → 주어 think / know / believe / say / suppose / imagine / guess 등

(5) 사람, 사물 + whose 뒤에는 완전 구조

(6) 사물 + whose 명사는 사물 of which the 명사 / 사물 the 명사 of which 구조도 가능하다.

(7) 관계대명사 which의 특별 용법

which는 사물 명사뿐 아니라 앞 문장 내용의 일부 또는 앞 문장 전체를 받을 수 있다.

(8) 전치사(in / on / for / with / at / ...) + 관계대명사(which / whom)
   ① 완전구조
   ② 관계대명사는 앞에 선행사로 해석
   ③ 전치사 선택 문제(ⓐ 타동사구 확인 ⓑ 특정 명사와 결합)

(9) 수량명사주어(one, each, two, some, most, none, all, many, much, both) + of + 관계대명사(whom / which) + 동사 수 일치

She has five sons, two of whom are unmarried yet.
그녀는 다섯명의 아들이 있고, 그중 2명은 아직 미혼이다.

(10) 관계대명사 that

that이 선호되는 경우와 that을 사용하면 안 되는 경우를 구분한다.
   ① that 선호
      • 특정성을 나타내는 only, the first, the last, the same
      • 전부나 무를 의미하는 all, any, every, no
      • little, few, much, the very
      • who로 시작하는 의문문
      • 사람과 사물 또는 사람과 동물이 함께 선행사가 사용되는 경우
   ② that 사용 불가
      • 전치사 뒤, 콤마(,) 뒤 (that 앞에서는 전치사와 (,)를 쓸 수 없다.)

(11) 유사 관계대명사 but
   ① 문장이 There be 동사로 시작
   ② 선행사에 부정어 포함
   ③ but 뒤에 불완전 구조
   ④ but은 that not의 의미
   ⑤ 해석은 ~않는 명사는 없다

⑿ 유사관계대명사 as
　① such 명사 as 불완전 / as 명사 as 불완전 / the same 명사 as 불완전
　② 관용구문 : as is often the case with 명사 명사에게는 흔한 경우이듯이
⒀ 유사관계대명사 than
　① 비교급을 포함한 선행사
　② than 뒤에 동사가 있는 불완전 구조
⒁ 관계부사는 관계 대명사와 달리 반드시 뒤에 완전한 구조가 나온다.

시간 명사+when 장소 명사+where 이유 명사+why the way+θ	① S+V 완전구조 ② whose와 달리 뒤에 a / the 또는 대명사도 올 수 있다. ③ 전치사 관계대명사로 바뀔 수 있다.

⒂ 명사절 what
　① what+(s)+v 구조가 명사자리(s,o,c)인지 확인
　② 명사절 what 뒤에 불완전 구조 환인(명사절 that은 완전)
　③ what은 which와 다음과 같은 차이를 지니므로 표를 기억
　④ what 관용구문

what은 명사절 자리만 가능 what은 절대 명사 수식 불가능 what은 '것' 또는 '무엇'이라고 해석	－ which가 의문사절로서 명사 자리(＝s,o,c자리)에 쓰이면 한정된 것에서 선택할 때 쓰이므로 대부분은 선택 사항 (A or B) 있는 경우에만 which가 답이 된다. － which 는 what과 달리 수식어 자리도 나올 수 있으므로 명사 뒤에서나 쉼표 뒤에서

⒃ 관계대명사에 ever를 복합하면 선행사를 포함한 복합관계대명사 whoever / whomever / whichever / whatever＋불완전 구조 [(s)+v]가 된다.
　① 복합관계대명사는 관계대명사절(형용사절)과 달리 명사절이나 부사절 자리에 온다. 단, 부사절 자리에 복합관계대명사절이 온다면 쉼표가 있다.
　② 복합관계대명사절과 의문사절의 차이는 의미 차이 - 복합관계대명사절은 사람이 필요한 자리에 들어가고 의문사절은 궁금한 내용을 나타낸다.

02 의문사

1. 의문사란?

(1) 의문의 중요한 대상이 되는 사물이나 사태를 지시하는 말들을 통틀어 이르는 말
(2) 상대방에게 구체적인 설명을 요구하는 의문문을 만든다.
(3) '누가(who), 무엇(what), 어느 것(which), 언제(when), 어디(where), 어떻게(how), 왜(why)' 따위가 있다.

2. 의문문의 종류 – 직접의문문 만들기 (상대방에게 직접 물어보는 문장)

(1) Yes–No questions = 의문사가 없는 의문문 yes나 no로 대답 가능 질문
  ① He is a policeman. (be동사가 있는 평서문 : S+be 동사 ~)
    → Is he a policeman? (be동사가 있는 의문문 : Be동사+S ~)
  ② She could finish it. (조동사가 있는 평서문 : S+조동사+동사원형 ~)
    → Could she finish it? (조동사가 있는 의문문 : 조동사+S+동사원형 ~)
  ③ The boss has read the report. (완료시제 동사가 있는 평서문 : S+have / has / had pp ~)
    → Has the boss read the report? (완료시제 동사가 있는 의문문 : Have / has / had s pp)
  ④ He runs every day. (일반동사가 있는 평서문 : 주어+일반동사)
    → Does he run every day? (일반동사가 있는 의문문 : Do / Does / Did+주어+동사원형)

(2) wh–questions = 의문사가 있는 의문문 : 의문사 동사 순서 ~
  (who, whom, whose / what, which / when, where, why, how)
  ① You are watching (무엇을).
    → 궁금한 내 확인, 이 문장에서는 목적어가 궁금함.
    → 묻는 내용에 맞게 적절한 의문사로 대치 (사물 = what)
    → 직접의문문에 경우 목적어역할을 하는 의문사가 문장 처음으로 가서 의문문을 만들게 되면 반드시 문장 변형이 일어난다.
    → 의문사 조동사 주어 순서로 쓰고 맨 뒤에 물음표를 붙인다.
      What are you watching? (의문사+be 동사+주어 ~)
  ② (무엇이) makes you happy.
    → 궁금한 내용 확인, 이 문장에서는 주어가 궁금함.
    → 묻는 내용에 맞게 적절한 의문사로 대치 (사물 = what)
    → 물어보는 대상(의문사)이 주어이면 문장을 변형하지 않는다.
    → 의문사(= 주어) 본동사 ~ ? 순서로 쓴다.
      What makes you happy? (의문사 = S+본동사 ~)

③ wh-questions 예시

The boy lost his bicycle. (평서문)

→Who lost his bicycle? (의문사 who = 문장의 S / 문장 변형 없음)

→What did the boy lose? (의문사 what = 의문사가 문장의 목적어)

You went to the concert with someone. (평서문)

→Whom did you go to the concert with? (격식체)

→With whom did you go to the concert? (격식체)

→Who did you go to the concert with? (일상체)

✏️ 일상체에서는 목적어 whom 대신에 보통 who가 쓰인다, 다만 전치사 다음에는 whom이 알맞다.

④ 중요 직접의문문

→How(의문부사: 어떻게 = 수식어) are you getting there? (문장변형 ○)

→What(의문대명사: 무엇 = S) brought you here? (문장변형 ×)

→What(의문대명사: 얼마나 = SC) is the population of Seoul? (문장변형 ○)

= How large is the population of Seoul? (문장변형 ○)

  서울의 인구는 얼마나 됩니까?

→What(의문대명사: 얼마나 = O) do you think of him?

=What(의문대명사: 얼마나 = O) do you think about him?

  그 사람을 어떻게 생각해요?

→What is the weather like? 오늘은 날씨가 어때요?

→What is he like? 그 사람은 어떻게 생겼어요? 어떤 사람인가요?

(3) tag-questions : 평서문 끝에 부가하여 상대방에게 자신의 의견에 동의구함.

① 평서문의 내용이 긍정 → 부정의 부가의문문
                부정 → 긍정의 부가의문문

② 만드는 방법

I am going to see you, am I not? (aren't I / ain't I)

He isn't vegetarian, is he? (be동사면 be동사로 부가의문문)

He likes her, doesn't he? (일반동사면 do / does / did로 부가의문문)

She doesn't like James, does she? (일반동사면 do / does / did로 부가의문문)

Betty can come, can't she? (조동사면 조동사로 부가의문문)

They have done it, haven't they? (have pp면 have로 부가의문문)

There has been a boy, hasn't there (has pp면 has로 부가의문문)

Close the door, will you? (명령)

Have a cup of coffee, won't you? (권유)

Let's talk about that later, shall we? (제안)

3. 간접의문문(= 의문사절) – 명사절 5가지중 하나에 속함.

의문사(who, whom, whose, which, what, when, where, why, how)로 시작하는 (S) + V 구조가 문장에서 S, O, C 자리에 오면 <u>의문사 (S) V 구조</u> 전체를 간접의문문 또는 의문사절이라고 부른다.

❶ <u>What she said</u> turned out true. 그녀의 말이 사실로 밝혀졌다.
❷ She asked me <u>what made me decide to become a doctor</u>.
    그녀는 내가 의사가 되기로 결심하게 된 계기를 물었다.
❸ I know <u>who stole the car</u>. 나는 누가 차를 훔쳤는지 안다.
❹ I told her <u>whom you like</u>. 나는 네가 좋아하는 사람을 그녀에게 말했다.
❺ I know <u>whose names are on the list</u>. 나는 그 명단에 누구 이름이 있는지 안다.
❻ I don't know <u>whose name he referred to</u>. 나는 그가 누구 이름을 언급했는지 모른다.
❼ I explained <u>how I did it</u>. 나는 내가 어떻게 했는지 설명했다.
❽ I want to know <u>when she will leave</u>. 나는 그녀가 언제 떠날지 알고 싶다.
❾ She asked me <u>why I was absent</u>. 그녀는 나에게 왜 결석했는지 물었다.
❿ I know <u>where she lives</u>. 나는 그녀가 어디에 사는지 안다.

03 의문사와 관계사와 복합관계사(모두 접속사, V 추가)

의문사절 (= 간접의문문)	관계사절	복합관계사절
• 명사절 5가지 중 하나 = S,O,C자리에 쓰임 • 앞에 명사 없음 • 반드시 의문의 의미로 해석 가능 • 의문 대명사 + 불완전 구조 　의문 형용사 + 완전 구조 　의문 부사 + 완전 구조 • 의문사 동사 할지 / 하는지 　의문사 주어 동사 할지 / 하는지	• 형용사절 = 앞에 있는 명사를 수식해주는 절 • 관계사절의 종류 　관계대명사 + 불완전 구조 　(단, whose는 완전) 　관계부사 + 완전 구조 • 의문의 의미로 해석 × • V하는 명사 / S V하는 명사	• 복합관계사절 종류 － 복합관계 대명사 : 명사절, 부사절(쉼표 있음)로 쓰임 － 복합관계 부사 : 부사절만 가능 • 앞에 명사 없음 • 관계사 + ever 구조
① who + V (주어 없음) ② whom + S + V (목적어 없음) ③ whose + 명사(=s) + V (완전 구조) ④ whose + 명사(=o) + S + V (완전 구조) ⑤ which + V (주어 없음) ⑥ which + S + V (목적어 없음)	① 사람 명사 + who(=that) + V (주어 없음) ② 사람 명사 + whom(=that) + S + V (목적어 없음) ③ 사람 명사 + whose + 명사(=s) + V (완전 구조) ④ 사람 명사 + whose + 명사(=o) + S + V (완전 구조) ⑤ 사물 명사 + whose + 명사(=s) + V (완전 구조) ⑥ 사물 명사 + whose + 명사(=o) + S + V (완전 구조) ⑦ 사물 명사 + which(=that) + V (주어 없음) ⑧ 사물 명사+which(=that) + S + V (목적어 없음) ⑨ 장소 명사 + where S + V 완전 구조 ⑩ 시간 명사 + when S + V 완전 구조 ⑪ 이유 명사 + why S + V 완전 구조 ⑫ 방법 명사 (the way) S + V 완전 구조	① whoever + V (주어 없음) ② whomever + S + V (목적어 없음) ③ whichever / whatever + V (주어 없음) ④ whichever / whatever + S + V (목적어 없음) ⑤ whenever / wherever + S + V (완전 구조) ⑥ however 형/부 S + V (완전 구조)

CHAPTER 14 전치사

01 전치사

1. 전치사의 기본 성질
- 전치사 + 명사(목적격) / 동명사 vs 전치사 + 형용사 / 동사(×)
- 전치사 다음에는 명사나 동명사 또는 the 형용사는 가능하지만, 형용사만 오는 것은 안 된다.

2. 주의할 전치사
- beside + 명사(명사 옆에) vs. besides + 명사(명사 이외에) 의미 차이
- after / before + 명사 / 동명사 / 주어 + 동사(모두 가능)
- from A to B : A부터 B까지
- be familiar with 사물, be familiar to 사람
- for + 숫자 기간
- during + 행사명

3. 의미에 주의할 전치사 표현

out of the blue 뜻밖에, 불시에	to the point 적절하게	out of the question 불가능한
out of question 틀림없이, 확실히	at a loss 당황한	behind the times 시대에 뒤진
behind time 늦게	at stake 위태로운	around the clock 24시간 내내
out of sorts 몸이 불편한	by a narrow margin 가까스로	around the corner 임박하여

(1) 시간 전치사

시간	① at – 시각, 시점 • at dawn(새벽에), at noon(정오에), at midnight(한밤중에), at sunset (해질 무렵에) ② on – 날짜, 요일, 특정한 날 • on Sunday, on one's birthday, on Christmas Day ③ in – 월, 년, 계절, 세기 등 길거나 일정한 기간 • in March, in 1999, in the past, in those days **Cf** in the morning / afternoon / evening ④ <u>for+수사+명사</u> ⑤ <u>during+기간 명사</u> ⑥ throughout – 시간(시간 내내) • throughout the whole week(일주일 내내)

⑦ in+기간(~이후에)
  • in an hour, in a month, in four hours
⑧ within 기간(기간 이내에)
  • within today, within a week
⑨ over 기간(기간에 걸쳐, 기간 동안에)
  • over the years, over the next three months
⑩ by 시간(동작의 완료, ~까지) : finish, complete, submit, hand in
⑪ until / till(상태의 계속, ~까지) : keep, remain, stay, wait, last(접속사 가능)
⑫ since 시점(~이후로) : since last week, since Tuesday(접속사 가능)
⑬ before / after 명사 / 동명사(접속사 가능)

(2) 기타 전치사

장소	① in - 넓은 장소(도시, 국가) / 장소 내부 　• in Korea, in Seoul, in the box ② on - 선과 면이 접촉 장소(거리, 해변, 강 등) 　• on the street, on the coast, on the river ③ at - 좁은 장소 　• at home, at the hotel, at the airport
이유	because of, owing to, due to, on account of **Cf** thanks to : ~덕분에
양보	despite, in spite of, with all, for all, notwithstanding regardless of, irrespective of : ~에 관계없이
관계	regarding, concerning, when it comes to, with regard to, as to, as for, in respect of, with reference to : ~에 관하여
제외	except, except for, excepting, apart from, aside from, but • except one(단 한 가지만 빼고), except for banks(은행을 제외하고), apart from the last question(마지막 문제는 제쳐두고) ❶ <u>All but five</u> were foreigners from places including the United States, Germany and the United Kingdom. 5명을 제외하고 모두 미국, 독일, 영국 등지에서 온 외국인들이었다.

(3) 숙어형 암기 전치사

behind schedule 일정보다 늦게 **Cf** ahead of schedule 일정보다 빠르게 behind the times 시대에 뒤떨어진 behind time 늦게	at random 무작위로, 임의로 at risk, at stake 위험한, 위태로운 at the expense of ~을 희생하여 at all costs 어떤 희생을 해서라도 at will 마음대로
beyond criticism 비난의 여지가 없는 beyond doubt 의심의 여지 없이 beyond question 의심할 여지가 없는 = out of question, without question beyond description 형용(설명)할 수 없는 beyond expression 말로 다 표현할 수 없는	at a loss 당황한 at ease 편안한, 걱정 없이 at times 때때로 at no charge 무료로 = free of charge, without charge, on the house at a full speed (속도) at 10 percent (비율) at a reasonable price (가격)

out of date 구식의, 시대에 뒤떨어진 out of fashion 유행이 지난 out of order 고장난, 정리가 안 된 out of season 제철이 아닌, 한물간 out of sorts 기분이 언짢은 out of stock 품절된 out of the question 불가능한	against ① the fight <u>against</u> terrorism 　~에 반대하여 ② The evidence is <u>against</u> him. 　~에 불리한 ③ Put the piano there, <u>against</u> the wall. ~에 기대어 ④ save money <u>against</u> retirement 　대비하여
in need 곤궁한 in no time 곧, 즉시 in time 시간 안에, 늦지 않게 **Cf** on time 정각에 in light of ~관점에서 in charge of ~을 책임지고 있는	off, away, from 떨어진, 벗어난 toward(s) ~쪽으로, ~향하여 along 따라서, ~을 끼고 across 가로질러, 횡단하여 through 통과(관통)하여, 지나서 near 가까이 around 주위에

CHAPTER 15 비교

01 비교

비교란 둘 이상의 사물이나 현상을 견주어 서로 간의 유사점과 차이점을 밝히는 일을 의미하며 특시 형용사, 부사를 사용하여 비슷한 성질을 가진 것들의 정도를 비교해 구체화하려는 표현방식을 나타낸다.

1. 원급(positive degree)

둘 사이의 비슷한 성질과 상태 → as(부사) 형용사 / 부사 원급 as(접속사)

① He is as tall as my brother. 그는 내 남동생만큼 키가 크다.
② My dog runs as fast as yours. 내 강아지는 너의 강아지만큼 빨리 달린다.

> John is as tall as Bill is tall.
> = John is as tall as Bill is.
> = John is as tall as Bill.
> 존은 빌만큼 키가 크다.

2. 비교급(comparative degree)

(1) 우등 비교: 주어가 비교 대상보다 우월하다는 것을 나타냄.
→ 형용사 / 부사 er than(접속사)
  more 형용사 / 부사 than(접속사)

① He is taller than my brother. 그는 내 남동생보다 키가 크다.

(2) 열등 비교: 주어가 비교 대상보다 열등하다는 것을 나타냄.
→ less 형용사 / 부사 원급 than

① He is less tall than she is tall. 그는 그녀보다 키가 작다.
→ He is less tall than she is.

> John exercises more than Bill exercises.
> = John exercises more than Bill does.
> = John exercises more than Bill.
> 존은 빌보다 더 많이 운동한다.

3. 최상급(Superlative degree)

(1) 셋 또는 그 이상의 수를 가진 장소나 집단에서의 비교 표현방식이다.
(2) 최상급 표현 뒤에는 **in** 이하의 명사는 셋 이상이 모인 집합명사이므로 **대부분 단수 명사**로 쓰고, **of** 이하의 명사는 셋 이상을 언급하므로 대부분 **복수 명사**를 쓴다. 또는 관계대명사 that 절로 범위 안의 범위에서 최고가 되는지를 표현한다.

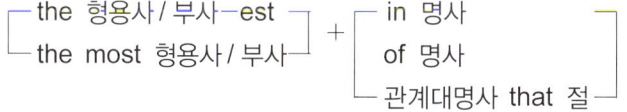

① He is the tallest boy **in our class.** 그는 우리 반에서 가장 키가 큰 소년이다.
② He is the tallest boy **of the boys.** 그는 소년들 중에서 가장 키가 크다.

02 동등비교 구문

1. 동등비교

(1) 동등비교는 두 개의 비교 대상이 우열을 가릴 수 없이 동등하다는 것을 보여주는 비교이다.

(2) **as와 as 사이에는 반드시 형용사나 부사의 원급만 사용하고 명사가 출현하는 경우엔 어순**에 주의해야 한다.

> as+형용사/부사의 원급+as
> as+형용사+a(n)+명사 as
> as+many/few 복수 가산명사+as
> as+much/little 불가산명사+as

❶ My computer was **as** slow **as** a snail. 내 컴퓨터는 달팽이만큼 느리다.
❷ We need **as** many people **as** possible. 우리는 가능한 한 많은 사람들이 필요하다.
❸ Business has never seem **as** good **as** it is now.
    사업이 지금처럼 좋아진 적이 없다.
❹ I was **as good a swimmer as** he was. 나는 그만큼 좋은 수영선수이다.
❺ The lungfish can breathe in air as well as in water.
    폐어는 물속에서처럼 공기를 마실 수 있다.
❻ He speaks **as** clearly **as** you. 그는 너만큼 정확하게 말한다.
❼ He is not **so(as)** tall **as** Tom. 그는 톰만큼 크지 않다.
❽ Jane is not **as** young **as** she looks. 제인은 그녀의 외모만큼 어리지 않다.

2. 배수 구문에서 순서에 주의한다!

배수사	as 형용사/부사 원급 as
	비교급 than
	the 해당 명사 number, amount, size, are, height of 비교대상

❶ My house is twice as large as yours. 우리집은 너희집보다 두 배는 크다.
    = My house is twice larger than yours.
    = My house is twice the size of yours.
❷ The plane is three times as fast as the train. 비행기는 기차보다 세 배는 빠르다.
    = The plane is three times faster than the train

3. 관용 구문
   (1) **not so much A as B** A라기보다는 B인
      = **not A so much as B**
      = **B rather than A**
      ❶ Eric is **not so much** a singer **as** an actor. 에릭은 가수라기보다는 배우이다.
         = Eric is **not** a singer **so much as** an actor.
         = Eric is an actor **rather than** a singer.
   (2) **as ~ as possible** 가능한 한~
      = **as 형용사/부사 as S can(could)**
      = **as 수량형용사+명사 as possible**
      ❶ He ran **as** fast **as** he could. 그는 그가 할 수 있는 한 가장 빨리 달렸다.
         = He ran **as** fast **as** possible.
         = We wanted to get much money **as possible**.
   (3) **as good as** ~와 다를 바 없는
      ❶ He is **as good as** his words. 그는 언행이 일치한다.
         = He is reliable.
      ❷ He is **as good as** a beggar. 그는 거지와 다름없다.
         = He is no better than a beggar.
   (4) **as 형용사 원급 as can be** 더할 나위 없이 ~한
      ❶ He is **as** happy **as** can be. 그는 더할 나위 없이 행복하다.
         = He is as happy as (he) can be (happy)
   (5) 기타표현
      as far as S be concerned ~에 관한 한
      ❶ **As far as** I'm concerned, she didn't get the message.
         내가 아는 한, 그녀는 메시지를 받지 못했다.

03 비교급 구문

1. **비교급과 원급을 혼용해서 사용하면 절대 안 된다!**
   (1) 우등 비교: A는 B보다 더 형용사/부사하다.

   | A 형/부 er than B |
   | A more 형/부 than B |

   ❶ She runs faster than you. 그녀는 너보다 더 빠르다
   ❷ This book is more interesting than that one. 이 책은 저 책보다 더 흥미롭다.

(2) 열등 비교: A가 B보다 덜 형용사 / 부사하다

> A less 형용사(부사) than B : A는 B보다 덜 형용사 / 부사하다
> A less 불가산명사 than B : B보다 더 적은 명사
> A less than B : B보다 더 적은

① My brother is **less** tall **than** my father. 내 남동생은 아빠보다 더 크다.
② I've got **less** energy than I used to have. 나는 예전보다 에너지가 적다.
③ In a house with **less than** 1,500 square feet of dining room, every furniture need to pull its weight.
식당의 면적이 1500평방 피트도 안되는 집에서는 모든 가구가 제 몫을 해야 한다.

(3) 원급을 이용한 열등 비교: A not as(so) 원급 as B
→ 동등비교의 부정문은 'B만큼 형용사 / 부사하지 않다'로 해석
① She is not so(as) tall as Tom. 그녀는 톰만큼 크지 않다
= She is less tall than Tom.

2. 비교급 관용 구문

(1) 어휘처럼 암기

no more than	겨우, 단지 (= only)
no less than	~만큼이나 많은 (= as much as)
not more than	기껏해야 (= at most)
not less than	적어도, 최소한 (= at least)
more or less	다소간, 어느 정도
sooner or later	조만간, 머지않아
no longer(= not any longer)	더 이상 ~하지 않다
no better than(= as good as)	~와 다름없는

A is no more B than C is D (A도 B가 아니다 C가 D가 아니듯)
= A whale is no more a fish than a horse is (a fish).

① He has **no more than** 10,000 won. (**겨우 = only**)
그는 만 원밖에 가지고 있지 않다. (겨우 만 원이 있다.)

(2) 양자 부정과 양자 긍정
① 양자 부정(A no more 형용사/부사 than B)
→ A는 B가 형용사/부사가 아니듯 형용사/부사가 아니다
① She is no more beautiful than her sister.
그녀는 그녀의 여동생이 예쁘지 않듯이 그녀도 예쁘지 않다.
② 양자 긍정(A no less 형용사/부사 than B = A be as 원급 as)
→ A는 B만큼 형용사/부사하다.
① She is no less beautiful than her sister. 그녀는 그녀의 여동생만큼 예쁘다.
= She is as beautiful as her sister.

04 the 비교급 표현

원칙적으로 비교급 앞에는 the를 붙이지 않고 다음 3가지 경우에만 the를 쓴다!

1. The 형용사 / 부사 비교급 주어 동사~, the 형용사 / 부사 비교급 주어 동사 ~.
- the 형용사 비교급 – 문장에 보어가 빠져 있음.
- the 부사 비교급 – 완전한 문장
- the 비교급 the 비교급 문장에서 be동사는 생략 가능함.

❶ The more expensive the hotel (is), the better the service (is).
비싼 호텔일수록 서비스가 더 좋다.

2. the 형용사 / 부사 비교급 of the two = 둘 중에 더 형용사 / 부사 한

❶ Tom is the taller of the two. 톰은 둘 중에 키가 더 크다.

05 최상급 구문

1. 최상급 기본 구문

the 최상급 (명사)	of 명사
	in 명사
	관계대명사절 (that S have ever pp)

❶ He is the tallest boy in our class. 그는 우리반에서 가장 큰 소년이다.
= He is the tallest boy of all his classmates.
= He is the tallest boy that I have ever seen.

2. 원급과 비교급을 이용한 최상급 구문

(1) 부정어 비교급 than
❶ No (other) boy is taller than Tom in his class.
그의 반에서 톰보다 큰 소년은 없다.

(2) 부정어 as 원급 as
❶ No (other) boy is as tall as Tom in his class. 그의 반에서 톰만큼 큰 사람은 없다.

(3) 비교급 than any other 단수명사
❶ Tom is taller than any other boy in his class.
그의 반에서 톰은 어떤 소년들보다 더 크다.

(4) 비교급 than all the other 복수명사
❶ Tom is taller than all the other boys in his class.
그의 반에서 톰은 모든 다른 소년들보다 더 크다.

(5) 비교급 than anyone else / 비교급 than anything else.
❶ Tom is taller than anyone else. 톰은 그 누구보다 더 크다.
Cf He is as great a statesman as ever lived.
그는 지금까지 살았던 어떤 정치가 못지않게 위대한 정치인이다

06 최상급 관용 구문

1. one of the 최상급 복수 명사＋단수 동사
① **One of the most crowded cities** in the world **is** Seoul.
세계에서 가장 붐비는 도시 중 하나는 서울이다.

2. the 서수 최상급 몇 번째로 가장 ~한
① Busan is **the second largest city** in Korea. 한국에서 부산이 두 번째로 크다.

3. not in the least 전혀 ~이 아니다
① She was **not in the least** interested in me. 그녀는 나에게 관심이 전혀 없다.

4. at most 많아 봐야, 기껏해야
① He's twenty **at most**. 그는 많아 봐야 스무 살이다.

5. at best 잘해봐야, 기껏해야
① **At best**, our team may win five matches.
기껏해야 우리 팀은 5승을 거둘지도 모른다.

6. at least 적어도
① It takes **at least** two years to build a large man-of-war.
대형 군함을 만드는 데 적어도 2년이 걸린다.

7. at the latest 늦어도
① You have to be here at one o'clock **at the latest**.
너는 늦어도 1시까지는 여기에 와야 한다.

07 라틴어 비교급

- superior to 명사
- inferior to 명사
- prefer A(~ing) to B(~ing)

08 비교급 강조부사

even, much, a lot, far, still, by far, significantly, considerably
✎ very(x), many(x), more(x)

09 비교 대상 일치

1. **비교되는 두 개의 대상은 반드시 일치해야 한다.**
   ① **My mother's eyes** are larger than **I**. (×)
      → **My mother's eyes** are larger than **mine** (my eyes). (○)
      우리 엄마의 눈은 내 눈보다 크다.
   ② It is easier **to make a phone call** than **to write a letter**. (○)
      → It is easier **to make a phone call** than **writing a letter**. (×)
      편지를 쓰는 것보다 전화를 거는 것이 더 쉽다.

2. **비교급에서 비교 대상 일치의 <u>that과 those</u>**
   ① **The weather of London** is warmer than that of Seoul.
      런던의 날씨는 서울보다 더 따뜻하다.
   ② **The temperature of lava** is as high as that of boiling water.
      용암의 온도는 끓는 물만큼 높다.
   ③ **The population in the United states** speak the same language as that in Great Britain. 미국의 인구는 영국과 같은 언어를 사용한다.
   ④ **The people in the United States** speak the same language as those in Great. 미국인들은 영국인과 같은 언어를 사용한다.

CHAPTER 16 형용사와 부사

01 형용사

1. 형용사의 개념과 종류

(1) 정의 : 명사를 수식하거나 보어 자리에서 명사를 보충 설명해 주는 단어
(2) 역할 : 한정적(명사 수식 - 수식어 자리), 서술적(주격 보어, 목적격 보어 자리)
(3) 형용사의 종류 및 순서 : 여러 형용사를 사용해야 하는 경우 형용사 내에 정해진 순서대로 작성해야 한다.

전치 한정사	중앙 한정사	후치한정사 [서수+기수]		의견	크기
all both 배수사	a/the 소유격 지시사 (this, that)	first second third	one two three	expensive charming beautiful	big small

형태	나이	색상	출처	재료
(나이+형태로 순서 바꿀 수 있음)				
round square	new old young	red black	Chinese Italian	wooden leather

❶ He is wearing an <u>expensive long old blue leather</u> jacket.
   그는 비싸고 길고 오래된 파란색의 가죽 재킷을 입고 있다.
   Cf 다만 같은 범주에 속해 있는 두 개 이상의 형용사를 사용할 때에는 쉼표나 and와 같은 접속사를 형용사 사이에 쓴다.
❷ She has a <u>beautiful and expensive</u> car. 그녀는 아름답고 비싼 차를 가지고 있다.
❸ There was a <u>cold, hungry</u> look in his eyes.
   그의 눈은 차갑고 배고픈 표정을 짓고 있었다.
❹ He want to be financially independent. 그는 재정적으로 독립하기를 원했다.

2. 혼동하기 쉬운 형용사와 뜻

(1) classic 전형적인 / classical 고전적인
   • a <u>classic</u> example = a typical example 전형적인 예
   • <u>classical</u> music 고전 음악

(2) considerable 상당한 / considerate 사려깊은 / considering ~에 관해서
   ❶ She has a considerable income. 그녀는 상당한 수입이 있다.
   ❷ It is very <u>considerate</u> of you to buy this book for my brother.
      네가 내 동생을 위해 이 책을 사주다니 정말 사려가 깊다.
   ❸ You look young <u>considering</u> your age. 나이에 비해 젊어 보여요.

(3) desirable 바람직한 / desirous 원하는
- ❶ It is most desirable that he should attend the conference.
  그가 회의에 참석하는 것이 가장 바람직하다.
- ❷ He is a desirable man; I am desirous of employing him.
  그는 바람직한 사람이다. 나는 그를 고용하고 싶다.

(4) economic 경제의 / economical 절약되는
- ❶ The economic situation has improved greatly in the last few years.
  경제 상황이 지난 몇 년간 크게 개선되었다.
- ❷ His wife is a most economical housewife. 그의 아내는 가장 알뜰한 주부이다.

(5) historic 중대한 / historical 역사에 관련된
- ❶ The American Declaration of Independence is probably the most historic event in modern times.
  미국 독립 선언문은 아마도 현대에서 가장 역사적인 사건일 것이다.
- ❷ Obviously the historical background to the crisis is important.
  분명히 위기에 대한 역사적 배경은 중요하다.

(6) credible 믿을 수 있는 / credulous 남의 말을 잘 믿는, 잘 속는
- a credible story = a believable story 믿을 수 있는 이야기
- a credulous person 잘 속는 사람

(7) healthy 건강한 / healthful 건강에 좋은
- ❶ She looks very healthy. 그녀는 매우 건강해 보인다.
- ❷ Jogging is a very healthful exercise. 달리기는 매우 건강에 좋은 운동이다.

(8) industrious 근면한 / industrial 산업의, 공업의
- ❶ Your father was an industrious farmer. 당신의 아버지는 근면한 농부이다.
- ❷ The Industrial Revolution 산업혁명

(9) ingenuous 순진한 / ingenious 독창적인, 영리한 / indigenous 토착의, 원산의
- an ingenuous person 순진한 사람
- the ingenious ideas 독창적인 생각
- the indigenous language 토착 언어

(10) literal 글자 그대로의 / literary 문학의 / literate 학식 있는
- a literal error 오사
- the literary theory 문학 이론
- a literate person 글을 읽고 쓸 줄 아는 사람

(11) sensible 분별 있는 / sensitive 민감한 / sensuous 감각적인
- a sensible man 분별 있는 사람
- a sensitive skin 민감한 피부
- a sensuous description 감각적인 묘사

(12) successful 성공적인 / successive 연속적인
- a highly successful man 매우 성공한 남자
- five successive victories 5번의 연속적인 성공

(13) respectable 존경할 만한 / respectful 공손한 / respective 각각의
- a <u>respectable</u> man 존경할 만한 남자
- a <u>respectful</u> bow 공손한 인사
- <u>respective</u> merits 각각의 장점

(14) beneficial 유익한, 이로운 / beneficent 인정 많은
- <u>beneficial</u> insects 이로운 곤충들
- a <u>beneficent</u> old man 인정 많은 나이든 남자

(15) confident 자신 있는 / confidential 은밀한
- <u>confident</u> of success 성공에 자신 있는
- a <u>confidential</u> government report 은밀한 정부 보고서

3. 형용사의 한정적 용법 vs 서술적 용법

한정적 용법	서술적 용법
sleeping	asleep
-	alike
living(살아있는) / live(생중계의)	alive
frighten	afraid
lone	alone

(1) 한정적 용법(명사 앞에서 명사를 수식하는 역할)만 가능한 형용사
  ❶ He is a <u>drunken</u> man. 그는 술꾼이다.
  ❷ She is their <u>only</u> child. 그녀는 그들의 외동딸이다.
  ❸ was a <u>lone</u> house. 집이 있었다.
  ❹ is my <u>elder</u> brother. 나의 형이다.

(2) 서술적 용법(보어 자리)만 가능한 형용사
- alive / alike / alone / afraid / awake / aware

  ❶ looked at the <u>sleeping</u> baby. 자는 아기를 바라봤다.
  ❷ of their songs sound <u>alike</u>. 모든 노래는 똑같이 들린다.
  ❸ felt terribly <u>alone</u>. 몹시 외로움을 느꼈다.
  ❹ are <u>living</u> animals. 살아있는 동물이다.

4. 한정사의 순서
순서가 중요 명사 앞에 놓이는 기능어 → 한정사

전치 한정사	중앙 한정사	후치 한정사	
all both double 배수사	소유격 관사 지시형용사(this, these, that, those)	서수 first second third	기수 one two three

(1) all the 명사 / both the 명사 / half the 명사
= all of the 명사 / both of the 명사 / half of the 명사
- all the students / both the students / half the price
- all of the students / both of the students / half of the price

5. high / low vs large / small 특별 용법
(1) price, cost, temperature, level, speed, rate, demand, supply, sale
→ high / low
❶ The price of meat is high / low. 고기의 가격이 비싸다 / 싸다.
❷ The speed of the plane is high / low. 그 비행기의 속도는 빠르다 / 느리다.
(2) number, amount, quantity, population, audience
→ large / small
❶ The number of cars is large / small. 차의 대수가 많다 / 적다.
❷ The population of the village is large / small. 그 마을의 인구는 많다 / 적다.

6. 형용사의 다양한 구조

형태	예문
be 형용사 전치사	I am sure of his honesty.
be 형용사 to부정사	He is sure to come.
be 형용사 ing	She is busy doing the job.
be 형용사 that절	I am sure that he is honest.

02 부사

1. 부사의 개념과 순서
(1) 부사 : 명사 빼고 다 수식, 문장에서 동사, 형용사, 다른 부사 등을 수식하는 단어
(2) 역할 : 수식어 자리
(3) 부사의 종류
  ① 단순 부사(장소부사, 시간부사, 방법부사, 빈도부사, 정도부사)
  ② 부정부사
  ③ 접속부사
(4) 부사의 순서 : 부사에 따라 여러 위치에 놓이지만, 부사가 놓이는 순서는 다음과 같다.
  ① 부사 + 주어 + 동사 : Perhaps the weather will get better.
  ② 주어 + 동사 + 부사 : They were walking fast.
  ③ 주어 + 부사 + 동사 : He perfectly understood it.
  ④ be + 부사 + ~ing : I am really enjoying the online novel.
  ⑤ be + 부사 + pp : I was badly wounded.
  ⑥ has + 부사 + pp : I have long been waiting.

⑦ ad + 형용사 / ad + 부사 : <u>very</u> happy, <u>very</u> slowly
⑧ 조동사 + 부사 + 본동사 : I can <u>hardly</u> believe his words.
⑨ 자동사 + 부사 + 전치사 : I rely <u>heavily</u> on her.
⑩ 타동사 + 부사 + 목적어 : I remember <u>clearly</u> what happened.

2. 부정부사의 종류와 이중 부정 금지

부정부사가 문장 처음 또는 절 처음에 나오면 뒤에 주어 동사의 어순은 도치된다.

(1) not / never ~않는 / 절대 ~않는
(2) hardly, scarcely, merely, barely 거의 ~않는
(3) seldom, little 거의 ~않는
(4) by no means, in no way, on no account 결코 ~않는
(5) under no circumstance 어떤 상황에서도 ~ 않는
(6) not until 주어 동사 / not until 명사
(7) not only 그뿐만 아니라 ~
(8) No longer 더 이상 ~하지 않는
(9) No sooner had 주어 pp than 주어 과거 동사 ~하자마자 ~했다

not	hardly, scarcely, barely, seldom, little(거의 ~않는)	(×)
	by no means, in no way, on no account, under no circumstances	

3. 부분부정과 전체부정은 의미 차이가 중요

부분부정	전체부정
not all(모두가 ~한 것은 아니다)	not ~ any = none(모두 ~이 아니다)
<u>not both</u>(둘 다 ~한 것은 아니다)	neither(둘 다 ~이 아니다)
	not ~ either(둘 다 ~이 아니다)
not every(모두 다 ~하는 것은 아니다)	never(결코 ~이 아니다)
<u>not always</u>(항상 ~하는 것은 아니다)	not at all(결코 ~이 아니다)
<u>not necessarily</u>(반드시 꼭 ~한 것은 아니다)	not in the least(결코 ~이 아니다)

4. 혼동 부사와 특징

① further 그 이상의, 심화의 ② farther 거리상 더 먼	③ hard 어려운, 딱딱한, 열심히 ④ hardly 거의 ~않는
⑤ high (형) 높은, (부) 높게 ⑥ highly 매우	⑦ late (형) 늦은, 고인이 된 ⑧ lately 최근에
⑨ near (전치사) 가까이 ⑩ nearby (형용사) 가까운 ⑪ nearly (부사) 거의, 대략	⑫ close (형용사) 가까운 ⑬ closely (부사) 밀접하게, 자세히
⑭ deep 깊은 깊게 ⑮ deeply 매우 철저히, 깊게	⑯ most (형) 대부분, (부) 가장 ⑰ mostly (부) 주로 ⑱ almost 거의

❶ Most classical music sends me to sleep.
대부분의 고전 음악은 나를 졸리게 한다.

⑲ ago → 수사를 주로 동반하고 항상 과거시제와 사용한다.
❶ I met him four years ago. 나는 그를 4년 전에 만났다.

⑳ before → 완료시제(현재완료, 과거완료) 과거시제 둘 다 같이 쓸 수 있다.
❶ I've never been to this shop before. 나는 전에 이 가게에 와 본 적이 없다.

㉑ still → 부정문에서 still은 부정어 앞에 사용한다.
❶ I still cannot finish the homework. 나는 아직도 그 숙제를 끝낼 수 없다.

㉒ yet → 부정어 뒤에 사용한다.
❶ He has not arrived yet. 그는 아직 도착하지 않았다.

'또한'을 의미하는 부사 구분

㉓ also → 처음이나 중간에 쓴다.
❶ They also read the novel. 그들 또한 그 소설을 읽었다.

㉔ too as well → 문장 끝에 쓴다.
❶ Mary can speak English, too(= as well). 마리 또한 영어를 구사할 수 있다.

㉕ either → 문장이 부정일 때 쓴다.
❶ Mary can't speak English, either. 마리 역시 영어를 구사할 수 없다.

5. 의미에 주의해야 할 부사

(1) high 높은, 높이   highly 매우
(2) deep 깊은, 깊게   deeply 대단히, 몹시
(3) wide 넓은, 활짝   widely 널리
(4) short 짧은, 짧게   shortly 곧
(5) most 대부분의, 가장   mostly 주로
(6) late 늦은, 늦게   lately 최근에(= recently)
(7) hard 어려운, 부지런한, 열심히   hardly 거의 ~않다
(8) rare 보기 드문, 희귀한   rarely 거의 ~않다
(9) scarce 부족한   scarcely 거의 ~않다
(10) latter 후자의, 후자   later 더 늦은, 나중에
(11) last 지난, 마지막의, 마지막으로   latest 최신의

❶ The number of employees who come late has lately increased.
최근 지각하는 직원의 수가 증가했다.

6. 부사, 명사 동일 형태

한정사 + 명사 / 한정사 없이 단독으로 있으면 부사

❶ I will go home. (부사) 나는 집으로 갈 것이다.
❷ She went upstairs. (부사 - 위층으로) 그녀는 위층으로 갔다.
❸ The houses faces east. (동쪽으로) 그 집은 동쪽으로 향해있다.
❹ He will go to his home. (명사) 그는 집으로 갈 것이다.
❺ It went from the east. (명사) 그것은 동쪽에서 왔다.

CHAPTER 17 명사와 대명사

01 명사

1. 대표적인 불가산 명사와 특징

(1) 대표적인 불가산 명사

> information(정보), advice(충고), evidence(증거), news(뉴스), clothing(의류), equipment(장비), machinery(기계류), furniture(가구), money(돈), homework(숙제), merchandise(상품), luggage(수화물), baggage(수화물), jewelry(보석류), scenery(풍경), poetry(시)

> 가산 명사의 특징
> ① 부정관사(a, an)와 수사(one, two...) 등과 함께 쓰일 수 있고 복수형을 만들 수 있다.
> ② How many로 시작하는 의문문을 만든다.
> • How many ticket do you have left?
>   표가 몇 장이나 남았니?

> 현실 세계에서 가산성과 영문법에서 가산성이 일치하지 않을 수 있다.

(2) 불가산 명사의 특징
① 불가산 명사는 단수를 나타내는 부정관사 a(an)와 복수를 의미하는 -s를 쓰지 않는다.
   → an information (×)
② 정관사 the는 불가산 명사 앞에 쓸 수 있다. → the information (○)
③ 불가산 명사는 many나 few의 수식을 받을 수 없다. → many informations (×)
④ 불가산 명사를 수식할 수 있는 표현은 다음과 같다. → little information (○)
⑤ little, much, a good deal of, a large amount of, a large quantity of

2. 주의해야 할 명사의 수

(1) 명사 - 가산명사(단수명사, 복수명사), 불가산명사(단수 취급)
(2) 가산명사의 복수형 ─ 규칙 : 명사+(e)s
   ├ 단수, 복수형이 같은 경우
   ├ 항상 복수형
   └ 불규칙 복수명사

① 단수 복수형이 같은 명사
   → sheep(양) / deer(사슴) / means(수단) / species(종) / percent(백분율)
② 항상 복수형으로 쓰고 복수 취급하는 명사
   → glasses(안경) / stockings(스타킹) / pants(바지) / trousers(바지) / shorts(반바지) / slacks(헐거운 바지)
③ 불규칙 복수형

tooth(단수) → teeth(복수)	foot(단수) → feet(복수)
woman(단수) → women(복수)	man(단수) → men(복수)
phenomenon(단수) → phenomena(복수)	datum(단수) → data(복수)
stimulus(단수) → stimuli(복수)	fungus(단수) → fungi(복수)
child(단수) → children(복수)	ox(단수) → oxen(복수)

3. 상호 복수명사

change trains / cars / buses 기차 / 자동차 / 버스를 갈아타다	have words with ~와 언쟁하다
take turns ~ing 교대로 ~ 하다	shake hands with ~와 악수하다
make friends with ~와 친해지다	be on good terms with ~와 좋은 관계로 지내다
exchange seats(places) with ~와 자리를 바꾸다	be on bad terms with ~와 나쁜 관계로 지내다
change hands 주인이 바뀌다	come to terms with ~와 타협하다

✎ 상호 복수명사 – 의미를 이루기 위해서는 반드시 복수가 되어야 하는 표현

02 대명사

1. 대명사의 종류 및 특징

(1) 인칭대명사
  ① 주어와 주격 보어 자리에는 주격을, 목적어와 목적격 보어 자리에는 목적격을 쓴다.
  ② 소유격 + 반복 명사 = 소유대명사를 쓴다.
  ③ 인칭 주어 it : 어떤 대상을 지칭하는 것이 아니라 문장의 구성을 위해 쓰이는 대명사로 특히 날씨, 계절, 시간, 요일, 거리, 명암, 막연한 상황에 쓰인다.

주격 (주어 자리)	소유격 (형용사 자리)	목적격 (목적어 자리)	소유대명사 (명사 자리 : ~것)
I	my	me	mine
you	your	you	yours
he	his	him	his
she	her	her	hers
it	its	it	-
we	our	us	ours
they	their	them	theirs

(2) 재귀대명사
  ① 주어의 동작이 다시 주어로 되돌아가는 관계를 나타내는 대명사
  ② 재귀 용법과 강조 용법
    – 재귀 용법 : 주어와 동일한 목적어가 나올 경우 인칭대명사가 아니라 재귀대명사를 쓴다.
    – 강조 용법 : 문장의 주어, 목적어, 보어 바로 다음이나 문장 끝에 재귀대명사를 써서 강조할 수 있다.

(3) 지시대명사
  ① 특정한 사람·동물·장소·사물 등을 가리키는 대명사
  ② this(단수), these(복수)
  ③ that(단수), those(복수)
    → 비교표현이 있을 때 앞에서 언급된 대상을 대신 받을 때 쓸 수 있다.
(4) 선택에서 사용되는 대명사 표현
  ① 둘 중에서 하나 one, 나머지 하나 the other
  ② 셋 중에서 하나 one, 다른 하나 another, 마지막 하나 the other / the third
  ③ 정해진 것들을 둘로 나눌 때 - some(일부), the others(나머지 모두)
  ④ 두 개 이상의 것과 두 개 이상의 나머지를 가리킬 때 - some(일부), others (다른 일부)
  ⑤ 관용 표현: A is one thing, and B is another A와 B는 별개의 것이다

MEMO

진가영 영어문법
이론적용 200제

박문각 공무원

PART

02

단원별 필수 100제

02 단원별 필수 100제

CHAPTER 01 동사

01 다음 중 어법상 옳지 않은 것은?

① We noticed them coming in.
② They should practice playing the guitar whenever they can.
③ I successfully completed writing the book three weeks ago.
④ My parents kept on encouraging me studying.

02 다음 중 어법상 옳은 것은?

① They wouldn't let me attend the anniversary.
② Brad has known the story long before he received the book.
③ The instructions require that we not used a red pen.
④ Tim, one of my best friends, were born in October 4th, 1987.

03 다음 중 우리말로 가장 잘 옮긴 것은?

① 나는 학생들이 수업시간에 지각하도록 내버려두지 않겠다.
  ➡ I won't have my students arrived late for class.
② 그녀가 그렇게 어리석은 짓을 했을 리가 없다.
  ➡ She could have done such a stupid thing.
③ 두 명의 가수 모두 넓은 음역의 풍부한 목소리를 가지고 있다.
  ➡ Both of the singers have a rich voice with great range.
④ 아프면 운전을 하지 말아야 한다.
  ➡ You not ought to drive if you're sick.

04 밑줄 친 부분 중 어법상 옳지 않은 것은?

The ideals ① <u>upon which</u> American society ② <u>is based</u> ③ <u>is primarily those</u> of Europe and not ones ④ <u>derived from</u> the native Indian culture.

05 다음 문장 중 어법상 옳지 않은 것은?

① Not only is she modest, but she is also polite.
② I find myself enjoying classical music as I get older.
③ The number of crimes in the cities are steadily decreasing.
④ The car insurance rates in urban areas are higher than those in rural areas.

06 빈칸에 들어갈 알맞은 표현을 고르시오.

In the mid 1990s, it was estimated that 9 million Americans were planning a summer vacation alone Since then, the number of solo travelers _____.

① increased
② increasing
③ has increased
④ have increased

07 다음 문장 중 어법상 옳지 않은 것은?

① I was so sleepy that I couldn't keep my eyes open.
② The pens lying on the table are belonging to her.
③ I saw her entering the office this morning.
④ In case it rains tomorrow, the game will be called off.

08 다음 중 우리말로 잘못 옮긴 것은?

① 나는 그 파티에 가지 말았어야 했다.
  ➡ I should not have gone to the party.
② 대학은 학생들이 수강신청을 좀 더 쉽게 할 수 있도록 해줘야 한다.
  ➡ The university should make it easier for students to register for classes.
③ 내 기억에는 그가 나에게 그런 뻔뻔스러운 거짓말을 한 적이 없다.
  ➡ I don't remember for him telling me such a direct lie.
④ 우리는 더 많은 지식을 얻음으로써 의심을 없앨 수 있다.
  ➡ We can rid ourselves to our suspiciousness only by procuring more knowledge.

09 다음 빈칸에 어법상 적절한 것은?

In Rome, Italy, a store burglary suspect, when caught in a store after closing hours, _____ a desire to sleep constantly and had fallen asleep inside the store. To prove his point, he kept falling asleep during police questioning.

① explained the police that he suffered from
② explained to the police that he suffered from
③ explained to the police that he is suffered from
④ explained the police that he is suffered from

10 다음 중 어법상 옳지 않은 것은?

① Su-jin likes to lie down for a short nap every afternoon.
② She objects to being asked out by people at work.
③ The lab test helps identifying problems that might otherwise go unnoticed.
④ Undergraduates are not allowed to use equipments in the laboratory.

11 밑줄 친 부분 중 어법이 바르지 않은 것은?

① Having spent his last penny ② for the cheese, he ③ was determined to eat it all, even if it ④ tasted bitterly to him.

12 다음 우리말을 바르게 영작 한 것은?

나는 그녀의 피아노 연주를 들으며 즐거웠다.

① I enjoyed to listen her play the piano.
② I enjoyed listening to her play the piano.
③ I enjoyed listening to her to play the piano.
④ I enjoyed to listen her playing the piano.

13 밑줄 친 부분 중 어법상 옳지 않은 것은?

Death sentences have not ① mitigated the crises of ② teeming prison and a society of victims. Even the phrase death by ③ electrocution and death by injection sound ④ absurdly and incongruous with modern society.

14 다음 밑줄 친 표현 중 옳지 않은 것은?

Advanced medical science ① has made possible for human beings ② to lead a ③ much longer life and ④ suffer less from different kinds of disease.

15 다음 중 어법상 옳은 것은?

① There goes the last piece of cake and the last spoonful of ice cream.
② That wonderful thought was suddenly occurred after I came to Jeju.
③ Even before Mr. Smith announced his movement to another company, the manager insisted that we began advertising for a new accountant.
④ Such were the country's solutions that they drew international attention to the issue.

16 다음 중 어법상 옳지 않은 것은?

① She brought food to those who were working in the woods.
② We're now approaching the Tower of London.
③ Paul briefly explained to them the situation.
④ The actress married with a police officer in 2017.

17 다음 중 어법상 옳지 않은 것은?

① The committee consists of scientists and engineers.
② In some households, the man was referred to the master.
③ No one wants to buy a watch that often needs repairing.
④ She mightn't have known what the bottle contained.

18 우리말을 영어로 가장 올바르게 옮긴 것은?

① 그가 조만간 승진할 것이란 소문이 있다.
   ➡ The rumor says he will be promoted sooner or later.
② 우리는 폭풍우 때문에 야구를 하지 못했다.
   ➡ The heavy rain prevented us to playing baseball.
③ 그는 혼자 사는 데 익숙하다.
   ➡ He is used to live alone.
④ 추운 날씨와 의사의 충고에도 굴하지 않고 할머니는 산에 올랐다.
   ➡ The cold weather and the doctor's advice couldn't deter the grandmother to climbing up the mountain.

19 다음 빈칸에 어법상 적절한 것은?

We can all avoid _____ things that we know damage the body, such as smocking cigarettes, drinking too much alcohol or taking harmful drugs.

① to do
② do
③ doing
④ to doing

20 다음 중 어법상 옳지 않은 것은?

① Lock the stable door after the horse has been stolen.
② We had had that car for ten years before it broke down.
③ He worked for the government since he graduated from Harvard University.
④ How long have you lived in this city?

21 다음 밑줄 친 표현 중 옳지 않은 것은?

His survival ① <u>over</u> the years since independence in 1961 does not alter the fact that the discussion of real policy choices in a public manner has ② <u>hardly</u> occurred. In fact, there ③ <u>has</u> always been a number of important policy issues ④ <u>which</u> Nyerere has had to argue through the NEC.

22 다음 중 어법상 옳은 것은?

① You'd better attend to your study.
② She explained me the meaning of the sentence.
③ If you are free now, I want to discuss about it with you.
④ He resembles to her mother very closely.

23 다음 빈칸에 어법상 적절한 것은?

> This difference is of great importance in explaining how the English language _____ over time.

① has changed
② have changed
③ had changed
④ is changed

24 우리말을 영어로 가장 올바르게 옮긴 것은?

① 나는 뉴욕에 가본 적이 없어서 그곳에 가기를 고대하고 있다.
　➡ I have never gone to New York, so I am looking forward to going there.
② 나의 삼촌은 파티에서 그녀를 만난 것을 기억하지 못했다.
　➡ My uncle didn't remember to meet her at the party.
③ 나는 이 집으로 이사 온 지 3년이 되었다.
　➡ It is three years since I moved to this house.
④ 우리가 도착했을 때 영화는 이미 시작했었다.
　➡ The movie has already started when we arrived.

25 다음 중 어법상 옳은 것은?

① James became great by allowing himself learning from mistakes.
② Sharks have looked more or less the same for hundreds of millions of years.
③ The poor woman couldn't afford getting a smartphone.
④ We suggest you to take a copy of the final invoice along with your travel documents.

CHAPTER 02 준동사

26 다음 빈칸 (A), (B)에 들어갈 표현으로 어법상 가장 적절한 것은?

- The flight proved highly ___(A)___ to the U.S. government, which through the army had given seed money to a similar program under the direction of Samuel P. Langley.
- Most of the art ___(B)___ in the museum is from Italy in the 19th century.

    (A)   (B)
① embarrassed   displaying
② embarrassed   displayed
③ embarrassing   displaying
④ embarrassing   displayed

27 다음 중 어법상 옳지 않은 것은?

① She arrived with Jin, who was weak and exhausted.
② While working at a hospital, she saw her first air show.
③ Tim got his license taking away for driving too fast.
④ The failure is reminiscent of the problems surrounding the causes of the fatal space shuttle disasters.

28 빈칸에 들어갈 표현으로 어법상 적절한 것은?

Jenny worked as a feature writer in the Post's "Accent" section; I was a news reporter at the _____ paper in the area, the South Florida Sun-Sentinel, based an hour south in Fort Lauderdale.

① competing
② competed
③ is competed
④ is competing

29 밑줄 친 부분 중 어법상 옳지 않은 것은?

The number of people ① taken cruises ② continues to rise and ③ so does the number of complaints about cruise lines. Sufficient ④ information is still missing.

30 다음 우리말을 영어로 가장 잘 옮긴 것은?

① 부모는 자녀들에게 낯선 사람과 이야기하지 말라고 항상 가르쳐 왔다.
   ➡ Parents have always taught their children to not talk to strangers.

② 제비들은 둥지를 만들기 위하여 자신들의 부리를 바늘처럼 사용한다.
   ➡ To build their nests, swallows use their bills as needles.

③ 그 가방은 너무 무거워서 내가 들어 올릴 수 없었다.
   ➡ The bag was too heavy for me to lift it.

④ 지갑에 돈이 없었기 때문에 그는 10 킬로미터 이상을 걸어가지 않을 수 없었다.
   ➡ Having no money in his wallet, he had no choice but to walking more than ten kilometers.

31 다음 중 어법상 옳은 것은?

① Tom made so firm a decision that it was no good try to persuade him.
② Surrounding by great people, I felt proud.
③ Sleeping has long been tied to improving memory among humans.
④ Returned to my apartment, I found my watch missing.

32 다음 글의 밑줄 친 부분이 어법상 적절하지 않은 것은?

Code talkers was a term used to describe people ① who talk using a coded language. It is frequently used to describe Native Americans who served in the United States Marine Corps ② whose primary job was the transmission of secret tactical messages. Code talkers transmitted these messages over military telephone or radio communications nets ③ used formal or informally developed codes built upon their native languages. Their service was very valuable because it enhanced the communications security of vital front line operations ④ during World War II.

33 밑줄 친 부분 중 어법상 옳지 않은 것은?

When the Dalai Lama fled across ① the Himalayas into exile in the face of ② advanced Chinese troops, ③ little did the youthful spiritual leader know ④ that he might never see his Tibetan homeland again.

34 다음 중 어법상 옳지 않은 것은?

① He found his favorite jar broken.
② Last night, she nearly escaped from being run over by a car.
③ They were on the verge to leave the summer resort.
④ We used to go swimming in the lake.

35 다음 빈칸에 들어갈 표현으로 어법상 가장 적절한 것은?

> Animal conservationists argue that removing some endangered species from environments where they are at risk is necessary if they _____ in the long term.

① are surviving
② are to survive
③ survive
④ are to be survived

36 다음 우리말을 영어로 잘못 옮긴 것은?

① 내가 처음 결혼했을 때를 돌이켜 보면, 정말 많은 실수를 했다고 생각해.
 ➡ Thinking back to when I was first married, I realize that I made a lot of mistakes.
② 나는 아직 오늘 신문을 못 읽었어. 뭐 재미있는 것 있니?
 ➡ I have not read today's newspaper yet. Is there anything interesting in it?
③ 따분한 연설에 지루해져서 청중들이 빠져나갔다.
 ➡ Boring by the tedious speech, the people in the audience drifted away.
④ 협회를 대표하도록 선정된 후, 그녀는 짧은 수락 연설을 했다.
 ➡ Selected to represent the Association, she gave a short acceptance speech.

37 다음 우리말을 영작한 것 중 옳지 않은 것은?

> 나는 매일 아침 7시에 일어나는 것을 규칙으로 삼았다.

① I made a point of getting up at seven every morning.
② I made it a rule to get up at seven every morning.
③ I was in the habit of getting up at seven every morning.
④ I made it a rule to getting up at seven every morning.

38 다음 중 어법상 옳지 않은 것은?

① Police find his car parking about halfway to the lake.
② Compared with his sister, she is not so pretty.
③ This is a picture of a couple walking together.
④ Not having met him before, I don't know him.

39 우리말을 영어로 잘못 옮긴 것은?

① 손을 흔들면서 그는 기차에 올랐다.
　➡ Waving goodbye, he got on the train.
② 그녀가 혼란에 빠진 채로 회의실을 떠났다.
　➡ Covering with confusion, she left the conference room.
③ 길을 따라 걷다가 그녀는 나무뿌리에 걸려 넘어졌다.
　➡ Walking along the road, she tripped over the root of a tree.
④ 눈을 크게 뜬 채로 그녀는 그 남자를 응시했다.
　➡ With her eyes wide open, she stared at the man.

40 다음 중 어법상 옳은 것은?

① The movie was so bored that I fell asleep after half an hour.
② A survey conducting for the journal American Demographics by the research from Market Facts found some surprising results.
③ Many New Yorkers wanted to have a bridge directly connecting Manhattan and Brooklyn because it would make their commute quicker and safer.
④ My wife and I once drove past a young man rode no hands on a bicycle.

41 밑줄 친 부분 중 어법상 옳지 않은 것은?

Any manager of a group that wants to achieve a meaningful level of acceptance and commitment to ① a planning change must present the rationale for the contemplated change as ② clearly as possible and provide opportunities for discussion ③ to clarify consequences for those who will ④ be affected by the change.

42 밑줄 친 부분 중 어법상 옳지 않은 것은?

Strange as ① it may seem, ② the Sahara was once an expanse of grassland ③ supporting the kind of animal life ④ associating with the African plains.

43 다음 빈칸에 들어갈 표현으로 어법상 가장 적절한 것은?

> Moreover, when performers receive and react to visual feedback from the audience, a performance can become truly interactive, _____ genuine communication between all concerned.

① involved
② involving
③ is involved
④ are involved

44 다음 빈칸에 들어갈 표현으로 어법상 가장 적절한 것은?

> Most of the time journalism cannot possibly offer anything but a fleeting record of events _____ in great haste.

① compiling
② are compiling
③ are compiled
④ compiled

45 다음 빈칸에 들어갈 표현으로 어법상 가장 적절한 것은?

> Acute discomfort can occur when another person stands or sits within the space _____ as inviolate.

① identified
② is identified
③ identifying
④ is identifying

46 다음 중 어법상 옳지 않은 것은?

① The homeless usually have great difficulty getting a job, so they are losing their hope.
② Julie's doctor told her to stop eating so many processed foods.
③ The rings of Saturn are too distant to be seen from Earth without a telescope.
④ Their human rights record remained among the worst, with other abuses taken place in the country.

47 다음 중 우리말을 영어로 잘못 옮긴 것은?

① 바깥 날씨가 추웠기 때문에 나는 차를 마시려 물을 끓였다.
   ➡ It being cold outside, I boiled some water to have tea.
② 그는 옷을 모두 입은 채 물속으로 곧장 걸어갔다.
   ➡ He walked straight into the water with all of his clothes on.
③ 시스템 업그레이드를 위해 해야 될 많은 일이 있다.
   ➡ There is a lot of work to be done for the system upgrade.
④ 그녀는 문자 메시지에 너무 정신이 팔려서 제한속도보다 빠르게 달리고 있다는 것을 몰랐다.
   ➡ She was so distracted by a text message to know that she was going over the speed limit.

48 밑줄 친 부분 중 어법상 옳지 않은 것은?

> Risk is a fundamental element of human life in the sense ① that risk is always a factor in any situation where the outcome is not precisely known. In addition, the necessary calculations that we make about the probability of some form of harm resulting from an action that we take ② are generally a given in our decision processes. Whether the risk assessment involves decisions about a major corporate initiative or just making the decision ③ walk down the street, we are always anticipating, identifying, and evaluating the potential risks involved. In that respect, we can be said to be constantly managing risk in everything ④ that we do.

49 다음 빈칸에 들어갈 말로 어법상 적절한 것은?

> Most studies have affirmed the positive effects of friendship, with some _____ whether you're better off having many companions or just one good one.

① explored   ② explore
③ exploring   ④ is exploring

50 다음 빈칸 (A), (B)에 들어갈 표현으로 어법상 가장 적절한 것은?

> - We can measure the amount of chemicals ____(A)____ into the air, whereas it is extremely difficult to monitor cumulative exposure to noise.
> - It helps Blacks purge themselves of self-hate, thus ____(B)____ their own validity.

	(A)	(B)
①	introduced	asserted
②	introduced	asserting
③	introducing	asserting
④	introducing	asserted

CHAPTER 03 연결어

51 다음 중 어법상 옳지 않은 것은?

① This book is worth reading carefully.
② Most tellers in the banks these days cannot dispense with computers.
③ The child sits quietly, schooled by the hazards to which he has been earlier exposed.
④ The college newspaper prints only the news that are of interest to the students and faculty.

52 다음 중 우리말을 영어로 잘못 옮긴 것은?

① '해리포터'의 엄청난 수치에도 불구하고, 일부 분석가들은 그것이 '타이타닉'을 대적하지 못할 것이라고 전망했다.
   ➡ Despite of Harry Potter's tremendous figures, some analysts predicted they could not match The Titanic.
② 말투에서 알 수 있듯이 그는 부산 출신이다.
   ➡ He comes from Busan province, as you can tell from his accent.
③ 시간이 부족해서 시험을 끝낼 수 없었다.
   ➡ I couldn't finish the exam because I ran out of time.
④ 아무리 추워도 환기를 자주 시켜주어야 한다.
   ➡ No matter how cold it may be, you should let in some fresh air from time to time.

53 다음 중 빈칸에 들어갈 말로 어법상 가장 적절한 것은?

The supervisor was advised to give the assignment to _____ he believed had a strong sense of responsibility and the courage of his conviction.

① whomever   ② whoever
③ who   ④ whom

54 다음 밑줄 친 부분 중 어법상 옳은 것은?

Bananas contain resistant starch which research ① <u>show</u> ② <u>blocks</u> conversion of some carbohydrates into fuel, ③ <u>boosted</u> fat burning by ④ <u>forced</u> your body to rely on fat stores instead—a sure aid to sustainable weight loss.

55 다음 중 어법상 옳지 않은 것은?

① Besides literature, we have to study history and philosophy.
② I looked at the mountain of which the top was covered with snow.
③ I met a student yesterday in the cafeteria which said she knew you.
④ However weary you may be, you must do the project.

56 다음 중 어법상 옳은 것은?

① That personality studies have shown is that openness to change declines with age.
② She was noticeably upset by how indignant he responded to her final question.
③ When she felt sorrowful, she used to turn toward the window, where nothing faced her but the lonely landscape.
④ But he will come or not is not certain.

57 다음 빈칸 (A), (B)에 들어갈 표현으로 어법상 가장 적절한 것은?

> • _____(A)_____ the adult smoking rate is gradually dropping is not good news for big tobacco companies.
> • He is one of the few boys who _____(B)_____ passed the entrance examination.

	(A)	(B)
①	Which	is
②	Where	was
③	What	has
④	That	have

58 밑줄 친 부분 중 어법상 옳지 않은 것은?

> As artists, ① <u>that</u> drives us is the desire to make our lives ② <u>run</u> more ③ <u>smoothly</u>, with less angst, ④ <u>fewer</u> voids and a minimum of bother.

59 다음 우리말의 영어로 가장 잘 옮긴 것은?

① 나는 뒤돌아보지 않고 앞문으로 걸어 나갔다.
→ I walked out of the front door without looking back.
② 그는 대통령 선거에서 누가 이기든 상관하지 않을 것이다.
→ He won't care who wins the presidential election.
③ 책임감이 그로 하여금 결국 자신을 희생하게 한 위험한 일을 맡도록 재촉하였다.
→ His sense of responsibility urged him to undertake the dangerous task which he eventually sacrificed himself.
④ 네가 하는 어떤 것도 나에게는 괜찮아.
→ Whatever you do is fine with me.

60 다음 중 어법상 옳지 않은 것은?

① The laptop allows people who are away from their offices to continue to work.
② A challenge in reading a text is to gain a deep understanding of what the text might mean, despite the obstacles of one's assumptions and biases.
③ The oceans contain many forms of life that has not yet been discovered.
④ Academic knowledge isn't always what leads you to make right decisions.

61 밑줄 친 부분 중 어법상 옳지 않은 것은?

> Chile is a Latin American country ① which throughout most of the twentieth century ② were marked by a relatively advanced liberal democracy on the one hand and only moderate economic growth, ③ which forced it to become a food importer, ④ on the other.

62 다음 (A), (B)에 들어갈 표현으로 어법상 가장 적절한 것은?

> When Dr. Kozyrev first published (A) [that / what] he thought he had seen on the moon, his interpretation was doubted by many astronomers in other lands. Subsequently, however, astronomers here have seen color changes (B) [which / where] they, too, believe are signs of continuing volcanic activity on the previously supposed dead body of the moon.

	(A)	(B)
①	that	which
②	what	which
③	that	where
④	what	where

63 다음 빈칸에 들어갈 표현으로 어법상 가장 적절한 것은?

> A mutual aid group is a place _____ an individual brings a problem and asks for assistance.

① there ② when
③ which ④ where

64 다음 빈칸에 들어갈 표현으로 어법상 가장 적절한 것은?

> Cooper is a private-security detective, one of many _____ patrol once prosperous enclaves like Palmer Woods.

① whom   ② whose
③ who   ④ what

65 다음 우리말을 영어로 잘못 옮긴 것은?

① 상어로 보이는 것이 산호 뒤에 숨어 있었다.
   ➡ What appeared to be a shark was lurking behind the coral reef.
② 지난여름 나의 사랑스러운 손자에게 일어난 일은 놀라웠다.
   ➡ What happened to my lovely grandson last summer was amazing.
③ 대다수의 기관에서 가장 중요한 것은 유능한 관리자들을 두는 것이다.
   ➡ What matters most in the majority of organization is having competent managers.
④ 월급을 두 배 받는 그 부서장이 책임을 져야 한다.
   ➡ The head of the department, which receives twice the salary, has to take responsibility.

66 다음 중 우리말을 영어로 잘못 옮긴 것은?

① 그는 시험에 떨어지지 않도록 열심히 공부했다.
   ➡ He studied hard lest he should not fail in the exam.
② 그는 외출하면 반드시 무엇인가를 산다.
   ➡ He never goes out without buying something.
③ 시계가 9시를 치자마자, 그녀는 라디오를 켰다.
   ➡ As soon as the clock struck nine, she turned on the radio.
④ 편하실 때 언제든지 저를 만나러 오세요.
   ➡ Come and see me whenever it is convenient for you.

67 다음 중 어법상 옳지 않은 것은?

① With such a diverse variety of economical appliances to choose from, it's important to decide what is best.
② The people were stunned into silence as they slowly began to realize that the mayor's statement meant to their future as citizens in the city.
③ Don't open your door to a stranger, whatever he says.
④ In fact, what the speaker actually says may be true.

68 다음 빈칸에 들어갈 표현으로 어법상 가장 적절한 것은?

All _____ is a continuous supply of food and water.

① what is needed
② which is needed
③ the things needed
④ that is needed

69 다음 중 우리말을 영어로 잘 옮긴 것은?

① 나는 그들이 내게 한 짓을 기억하고 싶지 않다.
➡ I don't want to remember that they did to me.

② 그는 그것을 못할 만큼 겁쟁이는 아니다.
➡ He is not such a coward but he can do that.

③ 비록 그 일이 어려운 것이었지만, Linda는 그것을 끝내기 위해 최선을 다했다.
➡ As difficult a task as it was, Linda did her best to complete it.

④ Thomas Edison은 "계속해서 노력하는 한 실패는 없다"라는 말을 믿었고, 한 가지 실험에 성공하기까지 수백 번의 실패를 거듭했다.
➡ Thomas Edison believed, "There is no failure by you fail to keep trying," and he xperienced hundreds of failed experiments for each success.

70 다음 빈칸 (A), (B)에 들어갈 표현으로 가장 적절한 것은?

> They study the remains of long-extinct animals and they speculate about ___(A)___ the animals might have looked when they were alive. Anything ___(B)___ is unexplained is fascinating to people who love a mystery.

	(A)	(B)
①	how	what
②	how	that
③	what	which
④	what	that

CHAPTER 04 구문

71 다음 우리말을 영어로 잘못 옮긴 것은?

① 중요한 것은 사람됨이지 재산이 아니다.
  ➡ The important thing is not what you have but what you are.
② 그는 가난할지라도 결코 그런 짓을 할 사람이 아니다.
  ➡ Though he is poor, he is the last man to do such a thing.
③ 이것은 깨지기 쉬우니 깨뜨리지 않도록 조심해라.
  ➡ Since this is fragile, be careful lest you should not break it.
④ 상처에 염증이 나면 즉시 나에게 전화해.
  ➡ Should the wound be inflamed, call me at once.

72 다음 중 어법상 옳지 않은 것은?

① The population of Seoul is much larger than that of London.
② No sooner he had gone out than it started raining.
③ If I had followed your advice, I would be very healthy now.
④ Had they followed my order, they would not have been punished.

73 다음 빈칸에 들어갈 말로 어법상 적절한 것은?

> The population of Easter Island is now around 5000 nearly double _____ it was twenty years ago.

① as   ② that
③ than   ④ what

74 다음 빈칸에 들어갈 말로 어법상 적절한 것은?

> It is high time that we _____ our foreign policy in th Middle East.

① have reviewed   ② review
③ are reviewed   ④ reviewed

75 다음 중 어법상 옳은 것은?

① She felt that she was good swimmer as he was, if not better.
② So vigorously did he protest that they reconsidered his case.
③ Few living things are linked together as intimately than bees and flowers.
④ The skeleton supporting this ancient shark's gills is completely different from those of a modern shark's.

76 다음 중 어법상 옳지 않은 것은?

① If I were you, I'd apply for the position just for the experience.
② I wish I had studied biology when I was a college student.
③ It has been widely known that he is more receptive to new ideas than any other men.
④ Jessica is a very careless person who makes little effort to improve he knowledge.

77 다음 중 우리말을 영어로 잘못 옮긴 것은?

① 그는 자기 이름조차 쓰지 못한다.
➡ He cannot so much as write his own name.
② 물가 상승에 따라서 노동자들의 임금 인상 요구도 높아졌다.
➡ The higher prices rose, the more money the workers asked for.
③ 그는 주먹다짐을 할 바에야 타협하는 것이 낫다고 생각한다.
➡ He would much rather make a compromise than fight with his fists.
④ 내가 집을 나서자마자 비가 오기 시작했다.
➡ I had hardly left home than it began to rain.

78 다음 중 우리말을 영어로 잘못 옮긴 것은?

① 뉴턴이 없었다면 중력법칙은 발견되지 않았을 것이다.
➡ If it was not for Newton, the law of gravitation would not be discovered.
② 그 책이 있었다면, 너에게 빌려줄 수 있었을 텐데.
➡ Had I had the book, I could have lent it to you.
③ 히틀러가 다른 유럽 국가를 침략하지 않았다면 2차 세계대전은 일어나지 않았을 것이다.
➡ If Hitler hadn't invaded other European countries, World War Ⅱ might not have been taken place.
④ 그가 전화를 하고 나서야 나는 지갑을 잃어버린 것을 알았다.
➡ I did not realize I had lost my wallet until he called me.

79 다음 밑줄 친 부분 중 어법상 옳지 않은 것은?

Sometimes there is nothing you can do ① <u>to stop</u> yourself falling ill. But if you lead a healthy life, you will probably be able to get better ② <u>very</u> more quickly. We can all avoid doing things that we know ③ <u>damage</u> the body, such as smoking cigarettes, drinking too much alcohol or ④ <u>taking</u> harmful drugs.

80 다음 중 어법상 옳지 않은 것은?

① She never so much as mentioned it.
② Hardly did she enter the house when someone turned on the light.
③ I wish I had used my imagination earlier.
④ A small town seems to be preferable to a big city for raising children.

81 다음 우리말을 영어로 잘못 옮긴 것은?

① 그의 최근 영화는 이전 작품들보다 훨씬 지루하다.
   ➡ His latest film is far more boring than his previous ones.
② 전 세계에서 Bolt보다 빠른 사람은 없다.
   ➡ Bolt is faster than any other men in the whole world.
③ 그녀는 나의 어머니가 그랬던 것만큼이나 아메리카 원주민이라는 용어를 좋아하지 않았다.
   ➡ She didn't like the term Native American any more than mother did.
④ 그들은 지구상에서 진화한 가장 큰 동물인데, 공룡보다 훨씬 크다.
   ➡ They are the largest animals ever to evolve on Earth, larger by far than the dinosaurs.

82 다음 중 어법상 옳지 않은 것은?

① If she had been at home yesterday, I would have visited her.
② The more a hotel is expensiver, the better its service is.
③ If I had had enough money, I would have bought a fancy yacht.
④ If she had taken the medicine last night, she would be better today.

83 다음 중 어법상 옳지 않은 것은?

① They didn't believe his story, and neither did I.
② Tom might have been like that throughout his life, had he not found his son.
③ The more they attempted to explain their mistakes, the worst their story sounded.
④ If the item should not be delivered tomorrow, they would complain about it.

84 다음 중 어법상 옳은 것은?

① Hardly has the violinist finished his performance before the audience stood up and applauded.
② Never in my life I have seen such a beautiful woman.
③ He was more skillful than any other baseball players in his class.
④ Were it not for water, all living creatures on earth would be extinct.

85 다음 중 우리말을 영어로 잘못 옮긴 것은?

① 나이가 들어가면 들어갈수록 그만큼 더 외국어 공부하기가 어려워진다.
   ➡ The older you grow, the more difficult it becomes to learn a foreign language.

② 그녀가 콘서트에 왔었다면 좋아했을 것이다.
   ➡ Had she come to the concert, she would have enjoyed it.

③ 수학 시험에 실패했을 때에서야 그는 공부를 열심히 하기로 결심했다.
   ➡ It was not until when he failed the math test that he decided to study hard.

④ 그녀가 너무 꼴불견이어서 모든 사람들이 갑자기 웃기 시작했다.
   ➡ So ridiculous she looked that everybody burst out laughing.

86 다음 빈칸에 들어갈 말로 어법상 가장 적절한 것은?

> Had I started studying Russian a few years earlier, I _____ Russian better now.

① would have speaking
② speak
③ would speak
④ would have spoken

87 다음 중 우리말을 영어로 잘못 옮긴 것은?

① 당신 아들 머리는 당신 머리와 같은 색깔이다.
   ➡ Your son's hair is the same color as you.

② 어떠한 상황에서도 너는 이곳을 떠나면 안 된다.
   ➡ Under no circumstances should you leave here.

③ 누가 엿들을까봐 그는 목소리를 낮추었다.
   ➡ He lowered his voice for fear he should be overheard.

④ 그녀는 가족과 함께 있을 때 가장 행복하다.
   ➡ She is happiest when she is with her family.

88 다음 중 우리말을 영어로 적절하게 옮긴 것은?

① 30년 전 고향을 떠날 때, 그는 다시는 고향을 못 볼 거라고 꿈에도 생각지 않았다.
   ➡ When he left his hometown thirty years ago, little does he dream that he could never see it again.

② 부모의 지도는 학교 교육 못지않게 중요하다.
   ➡ Parental guidance is no more important than school education.

③ 이것은 우리가 예상했던 것만큼 그렇게 간단한 문제는 아니다.
   ➡ It is not so straightforward a problem as we expected.

④ 오늘 밤 나는 영화 보러 가기보다는 집에서 쉬고 싶다.
   ➡ I'd rather relax at home than going to the movies tonight.

89 다음 중 어법상 옳지 않은 것은?

① I prefer to staying home than to going out on a snowy day.
② Had I given up the project at that time, I could not have achieved such a splendid result.
③ Nowadays, newspapers make much less money from advertisement.
④ It turns out that he was not so stingy as he was thought to be.

90 다음 우리말을 영작한 것 중 가장 적절한 것은?

> 나는 그런 관대한 인물을 아직 본 적이 없다.

① Never I have met such a generous man before.
② Never I have met such generous a man before.
③ Never have I met such a generous man before.
④ Never have I met such generous a man before.

CHAPTER 05 품사

91 다음 중 어법상 옳은 것은?

① This team usually works late on Fridays.
② I need an advice for my business.
③ According to a recent report, the number of sugar that Americans consume does not very significantly from year to year.
④ I saw one of the most impressive government policies in years.

92 밑줄 친 부분 중 어법상 옳지 않은 것은?

Linguistics shares with other ① science a concern to be objective, systematic, ② consistent, and ③ explicit in ④ its account of language.

93 다음 빈칸에 들어갈 말로 어법상 가장 적절한 것은?

It was very _____ of you to give a welcoming speech to the delegates.

① considering
② considered
③ considerable
④ considerate

94 다음 중 어법상 옳지 않은 것은?

① In digital form, maps, can be easily revised.
② It rarely happens that this disease proves fatal.
③ It is an unprecedented man - made change to the shape of the world.
④ The salesman told me that a good set of tires was supposed to last fifty thousands kilometer.

95 다음 중 어법상 옳지 않은 것은?

① My sister was upset last night because she had to do too many homeworks.
② All the audience were deeply moved.
③ My family are all early risers.
④ My family consists of seven members.

96 다음 중 빈칸에 들어갈 말로 어법상 가장 적절한 것은?

I wish Liz would drive us to the airport but she has _____ to take us all.

① very small a car
② such small a car
③ too small a car
④ a too small a car

97 다음 중 우리말을 영어로 가장 적절하게 옮긴 것은?

① 그는 그것에 관해서 아무것도 모른다.
  ➡ He doesn't know everything about it.
② 그 소녀는 어려운 상황에서도 항상 웃었다.
  ➡ The girl always smiled even in difficult situations.
③ 언제 당신이 그녀의 어머니를 방문하는 것이 편하시겠습니까?
  ➡ When will you be convenient to visit her mother?
④ 우리 회사 모든 구성원의 이름을 기억하다니 그는 생각이 깊군요.
  ➡ It's thoughtful for him to remember the names of every member in our firm.

98 다음 중 어법상 옳지 않은 것은?

① It is not talent but passion that leads you to success.
② We were enough fortunate to visit Grand Canyon, that has much beautiful landscape.
③ To work is one thing, and to make money is another.
④ Anger is a normal and healthy emotion.

99 다음 중 어법상 옳은 것은?

① Any vaccines don't exist to prevent infection.
② Every person at the meeting are fond of the idea.
③ Humans share food, while monkeys fend for itself.
④ The actors seek advice from one another and ask for feedback.

100 다음 빈칸에 들어갈 말로 어법상 가장 적절한 것은?

> Jane went to the movies, _____ _____.

① but her sister went there also
② such went also her sister
③ and did her sister so
④ and so did her sister

MEMO

진가영 영어문법
이론적용 200제

박문각 공무원

PART

03

문법 OX / 선택형 문제

PART 03. 문법 OX / 선택형 문제

CHAPTER 01 문장형 OX

01	We noticed them coming in.	O | X
02	They should practice playing the guitar whenever they can.	O | X
03	I successfully completed writing the book three weeks ago.	O | X
04	My parents kept on encouraging me studying.	O | X
05	They wouldn't let me attend the anniversary.	O | X
06	Brad has known the story long before he received the book.	O | X
07	The instructions require that we not used a red pen	O | X
08	Tim, one of my best friends, were born in October 4th, 1987.	O | X
09	Not only is she modest, but she is also polite.	O | X
10	I find myself enjoying classical music as I get older.	O | X
11	The number of crimes in the cities are steadily decreasing.	O | X
12	The car insurance rates in urban areas are higher than those in rural areas.	O | X
13	I was so sleepy that I couldn't keep my eyes open.	O | X
14	The pens lying on the table are belonging to her.	O | X
15	I saw her entering the office this morning.	O | X
16	In case it rains tomorrow, the game will be called off.	O | X

17	Su-jin likes to lie down for a short nap every afternoon.	O | X
18	She objects to being asked out by people at work.	O | X
19	The lab test helps identifying problems that might otherwise go unnoticed.	O | X
20	Undergraduates are not allowed to use equipments in the laboratory.	O | X
21	There goes the last piece of cake and the last spoonful of ice cream.	O | X
22	That wonderful thought was suddenly occurred after I came to Jeju.	O | X
23	Even before Mr. Smith announced his movement to another company, the manager insisted that we began advertising for a new accountant.	O | X
24	Such were the country's solutions that they drew international attention to the issue.	O | X
25	She brought food to those who were working in the woods.	O | X
26	We're now approaching the Tower of London.	O | X
27	Paul briefly explained to them the situation.	O | X
28	The actress married with a police officer in 2017.	O | X
29	The committee consists of scientists and engineers.	O | X
30	In some households, the man was referred to the master.	O | X
31	No one wants to buy a watch that often needs repairing.	O | X
32	She mightn't have known what the bottle contained.	O | X
33	Lock the stable door after the horse has been stolen.	O | X
34	We had had that car for ten years before it broke down.	O | X
35	He worked for the government since he graduated from Harvard University.	O | X

36	How long have you lived in this city?	O | X
37	You'd better attend to your study.	O | X
38	She explained me the meaning of the sentence.	O | X
39	If you are free now, I want to discuss about it with you.	O | X
40	He resembles to her mother very closely.	O | X
41	James became great by allowing himself learning from mistakes.	O | X
42	Sharks have looked more or less the same for hundreds of millions of years.	O | X
43	The poor woman couldn't afford getting a smartphone.	O | X
44	We suggest you to take a copy of the final invoice along with your travel documents.	O | X
45	She arrived with Jin, who was weak and exhausted.	O | X
46	While working at a hospital, she saw her first air show.	O | X
47	Tim got his license taking away for driving too fast.	O | X
48	The failure is reminiscent of the problems surrounding the causes of the fatal space shuttle disasters.	O | X
49	Tom made so firm a decision that it was no good try to persuade him.	O | X
50	Surrounding by great people, I felt proud.	O | X
51	Sleeping has long been tied to improving memory among humans.	O | X
52	Returned to my apartment, I found my watch missing.	O | X
53	He found his favorite jar broken.	O | X
54	Last night, she nearly escaped from being run over by a car.	O | X

55	They were on the verge to leave the summer resort.	O | X
56	We used to go swimming in the lake.	O | X
57	Police find his car parking about halfway to the lake.	O | X
58	Compared with his sister, she is not so pretty.	O | X
59	This is a picture of a couple walking together.	O | X
60	Not having met him before, I don't know him.	O | X
61	The movie was so bored that I fell asleep after half an hour.	O | X
62	A survey conducting for the journal American Demographics by the research from Market Facts found some surprising results.	O | X
63	Many New Yorkers wanted to have a bridge directly connecting Manhattan and Brooklyn because it would make their commute quicker and safer.	O | X
64	My wife and I once drove past a young man rode no hands on a bicycle.	O | X
65	The homeless usually have great difficulty getting a job, so they are losing their hope.	O | X
66	Julie's doctor told her to stop eating so many processed foods.	O | X
67	The rings of Saturn are too distant to be seen from Earth without a telescope.	O | X
68	Their human rights record remained among the worst, with other abuses taken place in the country.	O | X
69	This book is worth reading carefully.	O | X
70	Most tellers in the banks these days cannot dispense with computers.	O | X
71	The child sits quietly, schooled by the hazards to which he has been earlier exposed.	O | X

72	The college newspaper prints only the news that are of interest to the students and faculty.	O | X
73	Besides literature, we have to study history and philosophy.	O | X
74	I looked at the mountain of which the top was covered with snow.	O | X
75	I met a student yesterday in the cafeteria which said she knew you.	O | X
76	However weary you may be, you must do the project.	O | X
77	That personality studies have shown is that openness to change declines with age.	O | X
78	She was noticeably upset by how indignant he responded to her final question.	O | X
79	When she felt sorrowful, she used to turn toward the window, where nothing faced her but the lonely landscape.	O | X
80	But he will come or not is not certain.	O | X
81	The laptop allows people who are away from their offices to continue to work.	O | X
82	A challenge in reading a text is to gain a deep understanding of what the text might mean, despite the obstacles of one's assumptions and biases.	O | X
83	The oceans contain many forms of life that has not yet been discovered.	O | X
84	Academic knowledge isn't always what leads you to make right decisions.	O | X
85	With such a diverse variety of economical appliances to choose from, it's important to decide what is best.	O | X
86	The people were stunned into silence as they slowly began to realize that the mayor's statement meant to their future as citizens in the city.	O | X
87	Don't open your door to a stranger, whatever he says.	O | X
88	In fact, what the speaker actually says may be true.	O | X
89	The population of Seoul is much larger than that of London.	O | X

90	No sooner he had gone out than it started raining.	O	X
91	If I had followed your advice, I would be very healthy now.	O	X
92	Had they followed my order, they would not have been punished.	O	X
93	If I were you, I'd apply for the position just for the experience.	O	X
94	I wish I had studied biology when I was a college student.	O	X
95	It has been widely known that he is more receptive to new ideas than any other men.	O	X
96	Jessica is a very careless person who makes little effort to improve he knowledge.	O	X
97	She never so much as mentioned it.	O	X
98	Hardly did she enter the house when someone turned on the light.	O	X
99	I wish I had used my imagination earlier.	O	X
100	A small town seems to be preferable to a big city for raising children.	O	X
101	If she had been at home yesterday, I would have visited her.	O	X
102	The more a hotel is expensiver, the better its service is.	O	X
103	If I had had enough money, I would have bought a fancy yacht.	O	X
104	If she had taken the medicine last night, she would be better today.	O	X
105	They didn't believe his story, and neither did I.	O	X
106	Tom might have been like that throughout his life, had he not found his son.	O	X
107	The more they attempted to explain their mistakes, the worst their story sounded.	O	X
108	If the item should not be delivered tomorrow, they would complain about it.	O	X

109	Hardly has the violinist finished his performance before the audience stood up and applauded.	O	X
110	Never in my life I have seen such a beautiful woman.	O	X
111	He was more skillful than any other baseball players in his class.	O	X
112	Were it not for water, all living creatures on earth would be extinct.	O	X
113	I prefer to staying home than to going out on a snowy day.	O	X
114	Had I given up the project at that time, I could not have achieved such a splendid result.	O	X
115	Nowadays, newspapers make much less money from advertisement.	O	X
116	It turns out that he was not so stingy as he was thought to be.	O	X
117	This team usually works late on Fridays.	O	X
118	I need an advice for my business.	O	X
119	According to a recent report, the number of sugar that Americans consume does not very significantly from year to year.	O	X
120	I saw one of the most impressive government policies in years.	O	X
121	In digital form, maps, can be easily revised.	O	X
122	It rarely happens that this disease proves fatal.	O	X
123	It is an unprecedented man - made change to the shape of the world.	O	X
124	The salesman told me that a good set of tires was supposed to last fifty thousands kilometers.	O	X
125	My sister was upset last night because she had to do too many homeworks.	O	X
126	All the audience were deeply moved.	O	X

127	My family are all early risers.	O X
128	My family consists of seven members.	O X
129	It is not talent but passion that leads you to success.	O X
130	We were enough fortunate to visit Grand Canyon, that has much beautiful landscape.	O X
131	To work is one thing, and to make money is another.	O X
132	Anger is a normal and healthy emotion.	O X
133	Any vaccines don't exist to prevent infection.	O X
134	Every person at the meeting are fond of the idea.	O X
135	Humans share food, while monkeys fend for itself.	O X
136	The actors seek advice from one another and ask for feedback.	O X
137	She felt that she was good swimmer as he was, if not better.	O X
138	So vigorously did he protest that they reconsidered his case.	O X
139	Few living things are linked together as intimately than bees and flowers.	O X
140	The skeleton supporting this ancient shark's gills is completely different from those of a modern shark's.	O X

CHAPTER 02 영작형 OX

1. 나는 그 파티에 가지 말았어야 했다.
   ➡ I should not have gone to the party. O | X

2. 대학은 학생들이 수강신청을 좀 더 쉽게 할 수 있도록 해줘야 한다.
   ➡ The university should make it easier for students to register for classes. O | X

3. 내 기억에는 그가 나에게 그런 뻔뻔스러운 거짓말을 한 적이 없다.
   ➡ I don't remember for him telling me such a direct lie. O | X

4. 우리는 더 많은 지식을 얻음으로써 의심을 없앨 수 있다.
   ➡ We can rid ourselves to our suspiciousness only by procuring more knowledge. O | X

5. 나는 그녀의 피아노 연주를 들으며 즐거웠다.
   ➡ I enjoyed listening to her play the piano. O | X

6. 그가 조만간 승진할 것이란 소문이 있다.
   ➡ The rumor says he will be promoted sooner or later. O | X

7. 우리는 폭풍우 때문에 야구를 하지 못했다.
   ➡ The heavy rain prevented us to playing baseball. O | X

8. 그는 혼자 사는 데 익숙하다.
   ➡ He is used to live alone. O | X

9. 추운 날씨와 의사의 충고에도 굴하지 않고 할머니는 산에 올랐다.
   ➡ The cold weather and the doctor's advice couldn't deter the grandmother to climbing up the mountain. O | X

10. 나는 뉴욕에 가본 적이 없어서 그곳에 가기를 고대하고 있다.
    ➡ I have never gone to New York, so I am looking forward to going there. O | X

11. 나의 삼촌은 파티에서 그녀를 만난 것을 기억하지 못했다.
    ➡ My uncle didn't remember to meet her at the party. O | X

12	나는 이 집으로 이사 온 지 3년이 되었다. ➡ It is three years since I moved to this house.	O | X
13	우리가 도착했을 때 영화는 이미 시작했었다. ➡ The movie has already started when we arrived.	O | X
14	부모는 자녀들에게 낯선 사람과 이야기하지 말라고 항상 가르쳐 왔다. ➡ Parents have always taught their children to not talk to strangers.	O | X
15	제비들은 둥지를 만들기 위하여 자신들의 부리를 바늘처럼 사용한다. ➡ To build their nests, swallows use their bills as needles.	O | X
16	그 가방은 너무 무거워서 내가 들어 올릴 수 없었다. ➡ The bag was too heavy for me to lift it.	O | X
17	지갑에 돈이 없었기 때문에 그는 10 킬로미터 이상을 걸어가지 않을 수 없었다. ➡ Having no money in his wallet, he had no choice but to walking more than ten kilometers.	O | X
18	내가 처음 결혼했을 때를 돌이켜 보면, 정말 많은 실수를 했다고 생각해. ➡ Thinking back to when I was first married, I realize that I made a lot of mistakes.	O | X
19	나는 아직 오늘 신문을 못 읽었어. 뭐 재미있는 것 있니? ➡ I have not read today's newspaper yet. Is there anything interesting in it?	O | X
20	따분한 연설에 지루해져서 청중들이 빠져나갔다. ➡ Boring by the tedious speech, the people in the audience drifted away.	O | X
21	협회를 대표하도록 선정된 후, 그녀는 짧은 수락 연설을 했다. ➡ Selected to represent the Association, she gave a short acceptance speech.	O | X
22	나는 매일 아침 7시에 일어나는 것을 규칙으로 삼았다. ➡ I made it a rule to getting up at seven every morning.	O | X
23	손을 흔들면서 그는 기차에 올랐다. ➡ Waving goodbye, he got on the train.	O | X

| 24 | 그녀가 혼란에 빠진 채로 회의실을 떠났다.
➡ Covering with confusion, she left the conference room. | O \| X |

| 25 | 길을 따라 걷다가 그녀는 나무뿌리에 걸려 넘어졌다.
➡ Walking along the road, she tripped over the root of a tree. | O \| X |

| 26 | 눈을 크게 뜬 채로 그녀는 그 남자를 응시했다.
➡ With her eyes wide open, she stared at the man. | O \| X |

| 27 | 바깥 날씨가 추웠기 때문에 나는 차를 마시려 물을 끓였다.
➡ It being cold outside, I boiled some water to have tea. | O \| X |

| 28 | 그는 옷을 모두 입은 채 물속으로 곧장 걸어갔다.
➡ He walked straight into the water with all of his clothes on. | O \| X |

| 29 | 시스템 업그레이드를 위해 해야 될 많은 일이 있다.
➡ There is a lot of work to be done for the system upgrade. | O \| X |

| 30 | 그녀는 문자 메시지에 너무 정신이 팔려서 제한속도보다 빠르게 달리고 있다는 것을 몰랐다.
➡ She was so distracted by a text message to know that she was going over the speed limit. | O \| X |

| 31 | '해리포터'의 엄청난 수치에도 불구하고, 일부 분석가들은 그것이 '타이타닉'을 대적하지 못할 것이라고 전망했다.
➡ Despite of Harry Potter's tremendous figures, some analysts predicted they could not match The Titanic. | O \| X |

| 32 | 말투에서 알 수 있듯이 그는 부산 출신이다.
➡ He comes from Busan province, as you can tell from his accent. | O \| X |

| 33 | 시간이 부족해서 시험을 끝낼 수 없었다.
➡ I couldn't finish the exam because I ran out of time. | O \| X |

| 34 | 아무리 추워도 환기를 자주 시켜주어야 한다.
➡ No matter how cold it may be, you should let in some fresh air from time to time. | O \| X |

| 35 | 나는 뒤돌아보지 않고 앞문으로 걸어 나갔다.
 ➡ I walked out of the front door without looking back. | O \| X |

| 36 | 그는 대통령 선거에서 누가 이기든 상관하지 않을 것이다.
 ➡ He won't care who wins the presidential election. | O \| X |

| 37 | 책임감이 그로 하여금 결국 자신을 희생하게 한 위험한 일을 맡도록 재촉하였다.
 ➡ His sense of responsibility urged him to undertake the dangerous task which he eventually sacrificed himself. | O \| X |

| 38 | 네가 하는 어떤 것도 나에게는 괜찮아.
 ➡ Whatever you do is fine with me. | O \| X |

| 39 | 상어로 보이는 것이 산호 뒤에 숨어 있었다.
 ➡ What appeared to be a shark was lurking behind the coral reef. | O \| X |

| 40 | 지난여름 나의 사랑스러운 손자에게 일어난 일은 놀라웠다.
 ➡ What happened to my lovely grandson last summer was amazing. | O \| X |

| 41 | 대다수의 기관에서 가장 중요한 것은 유능한 관리자들을 두는 것이다.
 ➡ What matters most in the majority of organization is having competent managers. | O \| X |

| 42 | 월급을 두 배 받는 그 부서장이 책임을 져야 한다.
 ➡ The head of the department, which receives twice the salary, has to take responsibility. | O \| X |

| 43 | 그는 시험에 떨어지지 않도록 열심히 공부했다.
 ➡ He studied hard lest he should not fail in the exam. | O \| X |

| 44 | 그는 외출하면 반드시 무엇인가를 산다.
 ➡ He never goes out without buying something. | O \| X |

| 45 | 시계가 9시를 치자마자, 그녀는 라디오를 켰다.
 ➡ As soon as the clock struck nine, she turned on the radio. | O \| X |

| 46 | 편하실 때 언제든지 저를 만나러 오세요.
 ➡ Come and see me whenever it is convenient for you. | O \| X |

47	나는 그들이 내게 한 짓을 기억하고 싶지 않다. ➡ I don't want to remember that they did to me.	O | X
48	그는 그것을 못할 만큼 겁쟁이는 아니다. ➡ He is not such a coward but he can do that.	O | X
49	비록 그 일이 어려운 것이었지만, Linda는 그것을 끝내기 위해 최선을 다했다. ➡ As difficult a task as it was, Linda did her best to complete it.	O | X
50	Thomas Edison은 "계속해서 노력하는 한 실패는 없다"라는 말을 믿었고, 한 가지 실험에 성공하기까지 수백 번의 실패를 거듭했다. ➡ Thomas Edison believed, "There is no failure by you fail to keep trying," and he experienced hundreds of failed experiments for each success.	O | X
51	중요한 것은 사람됨이지 재산이 아니다. ➡ The important thing is not what you have but what you are.	O | X
52	그는 가난할지라도 결코 그런 짓을 할 사람이 아니다. ➡ Though he is poor, he is the last man to do such a thing.	O | X
53	이것은 깨지기 쉬우니 깨뜨리지 않도록 조심해라. ➡ Since this is fragile, be careful lest you should not break it.	O | X
54	상처에 염증이 나면 즉시 나에게 전화해. ➡ Should the wound be inflamed, call me at once.	O | X
55	그는 자기 이름조차 쓰지 못한다. ➡ He cannot so much as write his own name.	O | X
56	물가 상승에 따라서 노동자들의 임금 인상 요구도 높아졌다. ➡ The higher prices rose, the more money the workers asked for.	O | X
57	그는 주먹다짐을 할 바에야 타협하는 것이 낫다고 생각한다. ➡ He would much rather make a compromise than fight with his fists.	O | X
58	내가 집을 나서자마자 비가 오기 시작했다. ➡ I had hardly left home than it began to rain.	O | X

| 59 | 뉴턴이 없었다면 중력법칙은 발견되지 않았을 것이다.
➡ If it was not for Newton, the law of gravitation would not be discovered. | O \| X |

| 60 | 그 책이 있었다면, 너에게 빌려줄 수 있었을 텐데.
➡ Had I had the book, I could have lent it to you. | O \| X |

| 61 | 히틀러가 다른 유럽 국가를 침략하지 않았다면 2차 세계대전은 일어나지 않았을 것이다.
➡ If Hitler hadn't invaded other European countries, World War II might not have been taken place. | O \| X |

| 62 | 그가 전화를 하고 나서야 나는 지갑을 잃어버린 것을 알았다.
➡ I did not realize I had lost my wallet until he called me. | O \| X |

| 63 | 그의 최근 영화는 이전 작품들보다 훨씬 지루하다.
➡ His latest film is far more boring than his previous ones. | O \| X |

| 64 | 전 세계에서 Bolt보다 빠른 사람은 없다.
➡ Bolt is faster than any other men in the whole world. | O \| X |

| 65 | 그녀는 나의 어머니가 그랬던 것만큼이나 아메리카 원주민이라는 용어를 좋아하지 않았다.
➡ She didn't like the term Native American any more than mother did. | O \| X |

| 66 | 그들은 지구상에서 진화한 가장 큰 동물인데, 공룡보다 훨씬 크다.
➡ They are the largest animals ever to evolve on Earth, larger by far than the dinosaurs. | O \| X |

| 67 | 나이가 들어가면 들어갈수록 그만큼 더 외국어 공부하기가 어려워진다.
➡ The older you grow, the more difficult it becomes to learn a foreign language. | O \| X |

| 68 | 그녀가 콘서트에 왔었다면 좋아했을 것이다.
➡ Had she come to the concert, she would have enjoyed it. | O \| X |

| 69 | 수학 시험에 실패했을 때에서야 그는 공부를 열심히 하기로 결심했다.
➡ It was not until when he failed the math test that he decided to study hard. | O \| X |

| 70 | 그녀가 너무 꼴불견이어서 모든 사람들이 갑자기 웃기 시작했다.
➡ So ridiculous she looked that everybody burst out laughing. | O \| X |

71	당신 아들 머리는 당신 머리와 같은 색깔이다. ➡ Your son's hair is the same color as you.	O | X
72	어떠한 상황에서도 너는 이곳을 떠나면 안 된다. ➡ Under no circumstances should you leave here.	O | X
73	누가 엿들을까봐 그는 목소리를 낮추었다. ➡ He lowered his voice for fear he should be overheard.	O | X
74	그녀는 가족과 함께 있을 때 가장 행복하다. ➡ She is happiest when she is with her family.	O | X
75	30년 전 고향을 떠날 때, 그는 다시는 고향을 못 볼 거라고 꿈에도 생각지 않았다. ➡ When he left his hometown thirty years ago, little does he dream that he could never see it again.	O | X
76	부모의 지도는 학교 교육 못지않게 중요하다. ➡ Parental guidance is no more important than school education.	O | X
77	이것은 우리가 예상했던 것만큼 그렇게 간단한 문제는 아니다. ➡ It is not so straightforward a problem as we expected.	O | X
78	오늘 밤 나는 영화 보러 가기보다는 집에서 쉬고 싶다. ➡ I'd rather relax at home than going to the movies tonight.	O | X
79	나는 그런 관대한 인물을 아직 본 적이 없다. ➡ Never have I met such a generous man before.	O | X
80	그는 그것에 관해서 아무것도 모른다. ➡ He doesn't know everything about it.	O | X
81	그 소녀는 어려운 상황에서도 항상 웃었다. ➡ The girl always smiled even in difficult situations.	O | X
82	언제 당신이 그녀의 어머니를 방문하는 것이 편하시겠습니까? ➡ When will you be convenient to visit her mother?	O | X
83	우리 회사 모든 구성원의 이름을 기억하다니 그는 생각이 깊군요. ➡ It's thoughtful for him to remember the names of every member in our firm.	O | X

84	나는 학생들이 수업시간에 지각하도록 내버려두지 않겠다. ➡ I won't have my students arrived late for class.	O | X
85	그녀가 그렇게 어리석은 짓을 했을 리가 없다. ➡ She could have done such a stupid thing.	O | X
86	두 명의 가수 모두 넓은 음역의 풍부한 목소리를 가지고 있다. ➡ Both of the singers have a rich voice with great range.	O | X
87	아프면 운전을 하지 말아야 한다. ➡ You not ought to drive if you're sick.	O | X

CHAPTER 03 밑줄형 OX

01 The ideals ① <u>upon which</u> American society ② <u>is based</u> ③ <u>is primarily</u> those of Europe and not ones ④ <u>derived from</u> the native Indian culture.

02 ① <u>Having spent</u> his last penny ② <u>for</u> the cheese, he ③ <u>was determined</u> to eat it all, even if it ④ <u>tasted bitterly</u> to him.

03 Death sentences have not ① <u>mitigated</u> the crises of ② <u>teeming</u> prison and a society of victims. Even the phrase death by ③ <u>electrocution</u> and death by injection sound ④ <u>absurdly</u> and incongruous with modern society.

04 Advanced medical science ① <u>has made possible</u> for human beings ② <u>to lead</u> a ③ <u>much longer</u> life and ④ <u>suffer</u> less from different kinds of disease.

05 His survival ① <u>over</u> the years since independence in 1961 does not alter the fact that the discussion of real policy choices in a public manner has ② <u>hardly</u> occurred. In fact, there ③ <u>has</u> always been a number of important policy issues ④ <u>which</u> Nyerere has had to argue through the NEC.

06 The number of people ① <u>taken</u> cruises ② <u>continues</u> to rise and ③ <u>so does</u> the number of complaints about cruise lines. Sufficient ④ <u>information is</u> still missing.

07 Code talkers was a term used to describe people ① who talk using a coded language. It is frequently used to describe Native Americans who served in the United States Marine Corps ② whose primary job was the transmission of secret tactical messages. Code talkers transmitted these messages over military telephone or radio communications nets ③ used formal or informally developed codes built upon their native languages. Their service was very valuable because it enhanced the communications security of vital front line operations ④ during World War II.

08 When the Dalai Lama fled across ① the Himalayas into exile in the face of ② advanced Chinese troops, ③ little did the youthful spiritual leader know ④ that he might never see his Tibetan homeland again.

09 Any manager of a group that wants to achieve a meaningful level of acceptance and commitment to ① a planning change must present the rationale for the contemplated change as ② clearly as possible and provide opportunities for discussion ③ to clarify consequences for those who will ④ be affected by the change.

10 Risk is a fundamental element of human life in the sense ① that risk is always a factor in any situation where the outcome is not precisely known. In addition, the necessary calculations that we make about the probability of some form of harm resulting from an action that we take ② are generally a given in our decision processes. Whether the risk assessment involves decisions about a major corporate initiative or just making the decision ③ walk down the street, we are always anticipating, identifying, and evaluating the potential risks involved. In that respect, we can be said to be constantly managing risk in everything ④ that we do.

11 Chile is a Latin American country ① which throughout most of the twentieth century ② were marked by a relatively advanced liberal democracy on the one hand and only moderate economic growth, ③ which forced it to become a food importer, ④ on the other.

12 Bananas contain resistant starch which research ① show ② blocks conversion of some carbohydrates into fuel, ③ boosted fat burning by ④ forced your body to rely on fat stores instead — a sure aid to sustainable weight loss.

13 As artists, ① that drives us is the desire to make our lives ② run more ③ smoothly, with less angst, ④ fewer voids and a minimum of bother.

14 Sometimes there is nothing you can do ① to stop yourself falling ill. But if you lead a healthy life, you will probably be able to get better ② very more quickly. We can all avoid doing things that we know ③ damage the body, such as smoking cigarettes, drinking too much alcohol or ④ taking harmful drugs.

15 Linguistics shares with other ① science a concern to be objective, systematic, ② consistent, and ③ explicit in ④ its account of language.

16 Strange as ① it may seem, ② the Sahara was once an expanse of grassland ③ supporting the kind of animal life ④ associating with the African plains.

CHAPTER 04 빈칸 선택형

✏️ 적절한 것을 고르시오.

01 In the mid 1990s, it was estimated that 9 million Americans were planning a summer vacation alone Since then, the number of solo travelers [has increased / have increased].

02 In Rome, Italy, a store burglary suspect, when caught in a store after closing hours, [explained to the police that he suffered from / explained to the police that he is suffered from] a desire to sleep constantly and had fallen asleep inside the store. To prove his point, he kept falling asleep during police questioning.

03 We can all avoid [to doing / doing] things that we know damage the body, such as smoking cigarettes, drinking too much alcohol or taking harmful drugs.

04 This difference is of great importance in explaining how the English language [has changed / had changed] over time.

05 The flight proved highly [embarrassed / embarrassing] to the U.S. government, which through the army had given seed money to a similar program under the direction of Samuel P. Langley.

06 Most of the art [displaying / displayed] in the museum is from Italy in the 19th century.

07 Jenny worked as a feature writer in the Post's "Accent" section; I was a news reporter at the [competing / competed] paper in the area, the South Florida Sun-Sentinel, based an hour south in Fort Lauderdale.

08 Animal conservationists argue that removing some endangered species from environments where they are at risk is necessary if they [are to survive / are to be survived] in the long term.

09 Moreover, when performers receive and react to visual feedback from the audience, a performance can become truly interactive, [involving / involved] genuine communication between all concerned.

10 Most of the time journalism cannot possibly offer anything but a fleeting record of events [compiled / are compiled] in great haste.

11 Acute discomfort can occur when another person stands or sits within the space [identified / identifying] as inviolate.

12 Most studies have affirmed the positive effects of friendship, with some [exploring / explored] whether you're better off having many companions or just one good one.

13 We can measure the amount of chemicals [introduced / introducing] into the air, whereas it is extremely difficult to monitor cumulative exposure to noise.

14 It helps Blacks purge themselves of self-hate, thus [asserted / asserting] their own validity.

15 The supervisor was advised to give the assignment to [whoever / whomever] he believed had a strong sense of responsibility and the courage of his conviction.

16 [Where / That] the adult smoking rate is gradually dropping is not good news for big tobacco companies.

17 He is one of the few boys who [have / has] passed the entrance examination.

18 When Dr. Kozyrev first published [that / what] he thought he had seen on the moon, his interpretation was doubted by many astronomers in other lands. Subsequently, however, astronomers here have seen color changes [which / where] they, too, believe are signs of continuing volcanic activity on the previously supposed dead body of the moon.

19 A mutual aid group is a place [where / which] an individual brings a problem and asks for assistance.

20 Cooper is a private-security detective, one of many [whose / who] patrol once prosperous enclaves like Palmer Woods.

21 All [what is needed / that is needed] is a continuous supply of food and water.

22 They study the remains of long-extinct animals and they speculate about [how / what] the animals might have looked when they were alive. Anything [which / that] is unexplained is fascinating to people who love a mystery.

23 The population of Easter Island is now around 5000 nearly double [what / that] it was twenty years ago.

24 It is high time that we [reviewed / review] our foreign policy in th Middle East.

25 Had I started studying Russian a few years earlier, I [would have spoken / would speak] Russian better now.

26 It was very [considered / considerate] of you to give a welcoming speech to the delegates.

27 I wish Liz would drive us to the airport but she has [too small a car / very small a car] to take us all.

28 Jane went to the movies, [and did her sister so / and so did her sister].

진가영 영어문법
이론적용 200제

박문각 공무원

PART

04

전범위 필수 100제

PART 04 · 전범위 필수 100제

01 어법상 옳지 않은 것은?
① He is resembled by his father.
② My bag wants mending.
③ She looks young for her age.
④ How long have you been married?

02 어법상 옳지 않은 것은?
① If it is fine tomorrow I will go fishing.
② She informed me of the news by telephone.
③ I have finished my work an hour ago.
④ All work and no play makes Jack a dull boy.

03 어법상 옳지 않은 것은?
① He introduced his girl friend to me.
② Do to others as you would treat.
③ I don't know if she will come tomorrow.
④ Hard work has made him what he is today.

04 어법상 옳지 않은 것은?
① Children have been kept indoors all winter.
② I had waited for an hour before he appeared.
③ I was not a little surprised at his failure.
④ I will go out if the rain will stop.

05 어법상 옳지 않은 것은?
① My dog was taken good care by my brother.
② Peter was robbed of her bag on her way home.
③ Ten years have passed since his mother died.
④ An old woman was run over by a bus yesterday.

06 어법상 옳지 않은 것은?
① How long had you been waiting when he came?
② We shall leave tomorrow unless it will rain.
③ I wonder if he will attend the party tonight.
④ Whether he told the truth remains to be seen.

07 어법상 옳지 않은 것은?
① The movie had already started when we arrived.
② The children had diagnosed with the diseases.
③ Please make the report as accurate as possible.
④ You as well as he are to blame for the accident.

08 어법상 옳지 않은 것은?

① He was robbed of his wallet on his way back home.
② Several problems have been raised due to the new members.
③ He was listened to with attention by the audience.
④ John is really tried of keeping things cleaning.

09 어법상 옳지 않은 것은?

① The sewing machine is being repaired by his mother.
② He has already made his reservation for next Sunday.
③ He was so angry that he was not spoken to by anyone.
④ His proposal was paid no attention by his superiors.

10 어법상 옳지 않은 것은?

① We have nothing to be afraid.
② Hockey is an exciting game.
③ My father forbade me to smoke.
④ They want you to pass the test.

11 어법상 옳지 않은 것은?

① He used to take a walk every morning.
② I would like you to be more diligent.
③ I saw him buying a book worth reading.
④ I am considering to quit the job.

12 어법상 옳지 않은 것은?

① He stood there with his arms folded.
② I saw a bank being robbed yesterday.
③ I heard the man talked about me.
④ Dancing together, we had a good time.

13 어법상 옳지 않은 것은?

① We helped the man carry the box.
② He was seen swim in the river.
③ Don't talk with your eyes closed.
④ He stood leaning against the wall.

14 어법상 옳지 않은 것은?

① It being bad weather, we couldn't go out.
② There used to be a ball park right here.
③ There are many interesting books to read.
④ I must remember seeing him next Sunday.

15 어법상 옳지 않은 것은?

① Bob is said to have written the letter.
② The loan enabled him buying the house.
③ He makes it a rule to keep early hours.
④ He objected to being treated like that.

16 어법상 옳지 않은 것은?

① Not knowing what to say, I kept silent.
② The boy grew up to be a fine young man.
③ He is reported to be killed in the war.
④ What do you say to going for a walk?

17 어법상 옳지 않은 것은?

① My parents don't let me stay out late.
② This book is worth to read carefully.
③ She has no fountain pen to write with.
④ The work done, he went out for a walk.

18 어법상 옳지 않은 것은?

① There is nothing for it but to surrender.
② You don't have to go to school on Sunday.
③ Outnumbered by us, the enemies are afraid.
④ I think that you as well as I am guilty.

19 어법상 옳지 않은 것은?

① It would have been wiser to leave it unsaid.
② Millionaire as he was, he kept working hard.
③ Nothing is so pleasant as traveling in the world.
④ Business has never been as better as is now.

20 어법상 옳지 않은 것은?

① He is the brightest boy between them all.
② This choice seems to be preferable to that one.
③ I wish I had not wasted time when I was young.
④ They played music as well as any I ever heard.

21 어법상 옳지 않은 것은?

① It is about time that you went home.
② She doesn't like coffee, and neither do I.
③ I wish that we are on a picnic now.
④ Your son's hair is the same color as yours.

22 어법상 옳지 않은 것은?

① If I had known your email address, I would have written to you.
② If I had told you the truth, you would not believe it.
③ If I had practiced harder, I would have won the game.
④ If the weather had been better, we could have gone on a picnic.

23 어법상 옳지 않은 것은?

① He compared the heart to the pump.
② In my fishbowl live four goldfish.
③ I would rather that he can help me.
④ You talk as if you knew everything.

24 어법상 옳지 않은 것은?

① I wish I had learned Chinese when I was young.
② He is much superior to his brother in diligence.
③ Your son's hair is the same color as you.
④ Little did I know how she would change my life.

25 어법상 옳지 않은 것은?

① If you had failed then, what would you be doing now?
② I wish I had known what I know now then.
③ My son's hair is the same color as mine.
④ Only recently I knew the fact.

26 어법상 옳지 않은 것은?

① 그는 시인이라기보다는 선생님이다.
  ➡ He is not a poet any more than a teacher.
② 말일 물고기가 아니듯이 고래는 물고기가 아니다.
  ➡ A whale is no more a fish than a horse is.
③ 새로운 관리자는 이전 관리자보다 훨씬 더 우수하다.
  ➡ The new manager is far superior to the old one.
④ 우리가 작년에 그 아파트를 구입했었더라면 좋을 텐데.
  ➡ I wish we had purchased the apartment last year.

27 어법상 옳지 않은 것은?

① The demand is four times as great as the supply.
② This seems to be more preferable to that.
③ To none but the wise can wealth bring happiness.
④ I wish that I were as fluent as a native speaker.

28 어법상 옳지 않은 것은?

① Either you or he are to blame for the accident.
② I remained silent, which made him more angry.
③ Two girls of an age are not always of a mind.
④ You can see me from 10 am to 2 pm on Sundays.

29 어법상 옳지 않은 것은?

① I walked out of the front door without looking back.
② He smiled at whomever came to ask him for advice.
③ The question was whether he would come the next day.
④ The teacher whom we respect most retired last month.

30 어법상 옳지 않은 것은?

① Daniel is the person who I think is willing to help you.
② The building of which the roof we see is beautiful.
③ Not only you but also she are needed for this project.
④ We really enjoyed ourselves in spite of the weather.

31 어법상 옳지 않은 것은?

① Your holiday cost doesn't matter as long as you enjoy yourself.
② I like people who look me in the eye when I have a conversation.
③ When it comes to her, there is nothing I can tell you about her.
④ However you may be clever, you can't solve the problem.

32 어법상 옳지 않은 것은?

① His parents as well as his sister is supposed to be here.
② Nobody except him saw her enter the house.
③ There is no person but makes some mistakes.
④ He gave whoever came to him a winning smile.

33 어법상 옳지 않은 것은?

① He was a star player, but now he is on the wane.
② A gift card will be given to whomever completes the questionnaire.
③ He doesn't like the conductor any more than I do.
④ He has a friend whose father is a famous pianist.

34 어법상 옳지 않은 것은?

① Keep in mind that these topics concern many older people.
② No matter how humid it may be, I prefer summer to winter.
③ You will never know how she went through to attain her goal.
④ The new teacher I told you about is originally from Peru.

35 어법상 옳지 않은 것은?

① The day when his dream will come true will certainly come.
② All the things that happened to us were beyond our control.
③ He has a friend whose father is a famous pianist.
④ A prize is promised to be given to whomever solves the riddle.

36 어법상 옳지 않은 것은?

① She didn't seem to believe what I said about my feeling.
② While admitting that I liked that woman I haven't talked to her.
③ He gave a promotion to a man he thought to be diligent.
④ Despite slavery ended, african Americans did not get equality.

37 어법상 옳지 않은 것은?

① Joe laid down under the tree and fell asleep.
② Tom laid his glasses on the desk.
③ I found it necessary for you to see a doctor.
④ He took it for granted that she bought the car.

38 어법상 옳지 않은 것은?

① Too much drinking does a lot of harm to anyone.
② The woman didn't let the child to eat candy.
③ Oliver lay down under the tree and fell asleep.
④ We sometimes heard him playing the guitar.

39 어법상 옳지 않은 것은?

① I learned in elementary school the sun rises in the east.
② Paul is interested in buying a small printing company soon.
③ Making too many mistakes would cause you to fire by your boss.
④ You still need motivation to keep you up and keep you going.

40 어법상 옳지 않은 것은?

① We had not gone far before we came to our destination.
② Almost all children are belonged to one or two peer groups.
③ Machinery should be checked carefully before operation.
④ The e-mail sent to him has been intercepted on the way.

41 어법상 옳지 않은 것은?

① Every effort is making to ensure that such problem will not recur.
② Your pets will be taken good care of while you are away.
③ My mother is looked up to by many people in the village.
④ I'll think of you when I am lying on the beach next week.

42 어법상 옳지 않은 것은?

① Two weeks have passed since the man left for the country.
② An old woman came near to being run over by a bus yesterday.
③ It doesn't become you to turn other's weakness to your advantage.
④ Owing to the heavy rain, the river has been risen by 120cm.

43 어법상 옳지 않은 것은?

① This shop has been run by the owner since 2000.
② We must recognize that we owe much for the mercy of nature.
③ I have kept on skiing for almost 7 years since I moved to New York.
④ The scientist reminded us that light travels at a tremendous speed.

44 어법상 옳지 않은 것은?

① When Professor Kim retire next month, he will have taught for 30 years.
② When Professor Kim retires next month, he will have taught for 30 years.
③ Tom and Jerry have only 10 hours before the presentation for the bid starts.
④ The heavy rain caused the river to be risen by 100cm.

45 어법상 옳지 않은 것은?

① It does not seem appropriate to make the process more political.
② His popularity remained high throughout his first term in office.
③ You'd better decide what you need to do to make your dream come true.
④ I made this cart strongly enough to hold five adults.

46 어법상 옳지 않은 것은?

① The amount of paper consuming in our cites are annually increasing.
② The company does not allow smoking indoors.
③ Wemust stop people from committing suicide.
④ I would like you to read books worth reading.

47 어법상 옳지 않은 것은?

① I am looking forward to seeing you again soon.
② One of the situations that make people very nervous are a job interview.
③ I appreciate receiving letters from my friend.
④ He was blamed for not having done his homework.

48 어법상 옳지 않은 것은?

① This book deserves reading over and over again.
② There are supposed to be a coffee shop around here.
③ It is not every boy that gets a good chance like that.
④ It is vitamin C rather than other vitamins that is easily absorbed by the human body.

49 어법상 옳지 않은 것은?

① Not only I but also you are guilty.
② She seems to have been stood up yesterday.
③ She was robbed of her bag while travelling.
④ Written in haste, the book has many errors.

50 어법상 옳지 않은 것은?

① They wouldn't let me attend the anniversary.
② Don't let me catching you fighting over things.
③ He was taught how to pronounce English words.
④ He worked hard so as not to fail in the exam.

51 어법상 옳지 않은 것은?

① Mary was good to leave the place immediately.
② Remember buying some eggs when you come home.
③ He joined the company run by five executives.
④ Not having seen it yet, I don't know it well.

52 어법상 옳지 않은 것은?

① She has a tendency to smile when embarrassed.
② The number of cars have greatly increased.
③ Two buses collided, killing nearly 50 people.
④ I cannot help thinking that he is still alive.

53 어법상 옳지 않은 것은?

① It being warm enough, we decided to go hiking.
② On hearing the news, tears began to shed from her cheeks.
③ When she arrives, let me know it by telephone.
④ The customs officer made the lady open her bag.

54 어법상 옳지 않은 것은?

① They took great pains to accomplish their goal.
② The king had the man tied up and put in prison.
③ I think it dangerous for her to go there alone.
④ The news of the losses suffered by our troops were much worse than expected.

55 어법상 옳지 않은 것은?

① Little does he know how much suffering he has caused.
② Hardly had we solved one problem when we faced another.
③ Among the topics were the new system of the company.
④ I will go out if the rain stops, and so will my sister.

56 어법상 옳지 않은 것은?

① Not until I heard him speak loudly did I recognize him.
② Not until people lose health do they know its blessing.
③ Under no circumstances we lost his due respect for the elderly.
④ It was not until he left that she knew how honest he was.

57 어법상 옳지 않은 것은?

① The minister insisted that a bridge be constructed over the river to solve the traffic problem.
② My professor suggested to me that I should apply for the job.
③ The committee required that we announce the result of the election at once.
④ If you make any more noise, I'll order that you will be out of the classroom.

58 어법상 옳지 않은 것은?

① Mike acts as if he had been born in America.
② He is far superior than his brother in many respects.
③ Had it not been for water, nothing could have lived.
④ I wish that I spoke as fluently as a native speaker.

59 어법상 옳지 않은 것은?

① I don't like prejudice against race any more than you do.
② This year's fashion is quite different from last year.
③ Is the climate of Italy somewhat like that of Florida?
④ He looks tired as if he didn't sleep for several days.

60 어법상 옳지 않은 것은?

① 물이 없다면, 모든 식물들이 죽을 텐데.
  ➡ Were it not for water, all the plants would be dead.
② 밤 10시 이후에는 그에게 전화하는 것을 피해야 했는데.
  ➡ You must have avoided calling him after ten at night.
③ 그녀가 더 빨리 걸었더라면 그녀는 버스를 탈 수 있었을 텐데.
  ➡ Had she walked faster, she could have caught the bus.
④ 그는 마치 자신이 미국 사람인 것처럼 유창하게 영어로 말한다.
  ➡ He speaks English fluently as if he were an American.

61 어법상 옳지 않은 것은?

① I would rather relax at home than go out in this weather.
② Swimming is considered to be healthier than taking a walk.
③ It's easier to make a phone call than writing a letter.
④ In this weather I would prefer to stay home rather than to go out.

62 어법상 옳지 않은 것은?

① At no time have I ever thought such a wonderful idea.
② He required that she would be present.
③ Hardly had they reached shelter when the storm broke.
④ The committee commanded that construction of the building cease.

63 어법상 옳지 않은 것은?

① 만약 당신이 그때 실패했다면 지금 무엇을 하고 있을까?
  ➡ If you had failed then, what would you be doing now?
② 내가 열쇠를 잃어버리지 않았더라면 모든 것이 괜찮았을 텐데.
  ➡ Everything would have been OK if I hadn't lost my keys.
③ 그녀가 콘서트에 왔었다면 좋아했을 것이다.
  ➡ Had she come to the concert, she would have enjoyed it.
④ 네가 그 때 그 비행기를 탔다면, 지금 살아있지 않을 텐데.
  ➡ If you were on that plane then, you wouldn't be alive now.

64 어법상 옳지 않은 것은?

① However you are hungry, you should eat slowly.
② I bought the book at half the price.
③ No one can blame him for doing his duty.
④ We accompanied the guest to the station.

65 어법상 옳지 않은 것은?

① Great scholar as he is, he is lacking in common sense.
② I object to war not because it drains the economy, but that is seems inhumane.
③ Jack turned his head lest others should see his tears.
④ I must be going now for fear that I should miss the last train.

66 어법상 옳지 않은 것은?

① The moment I saw him, I had a feeling that he was the criminal.
② Neither you nor he knows the fact that she is involved in the case.
③ What the marriage rate is gradually dropping is not good news for our society.
④ He ran as fast as possible for fear he should be caught in a shower.

67 어법상 옳지 않은 것은?

① He is not such a man as I expected.
② She said nothing, what made him angry.
③ He wanted to marry her, which was impossible.
④ Choose such books as will be beneficial to you.

68 어법상 옳지 않은 것은?

① The chief controls a thousand men, all of whom obey his orders in war.
② I have all kinds of paintings, most of which are from exotic countries.
③ Most people tend to avoid those whose characters are opposed to theirs.
④ They robbed him of which little money he had.

69 어법상 옳지 않은 것은?

① I don't like the music which my brother listens.
② Who that has read his great novels can forget her name?
③ There is a popular misconception which owls are blinded by bright light.
④ The lady, whom I hear he is going to marry, happens to be a friend of mine.

70 어법상 옳지 않은 것은?

① The teacher told us that the smoking rate had been dropping steadily.
② Neither the reporters nor the editor were satisfied with the salary offer made by the publisher.
③ He spoke in such a low voice that I could not hear even half of what he said.
④ It won't be long before many a student learns not to repeat the same mistake.

71 어법상 옳지 않은 것은?

① He decided to do what he thought was right.
② Give this magazine to whomever wants to read it.
③ Finding the intention of the person you are speaking to is important in conversation.
④ The head of the department, who receives twice the salary, has to take responsibility.

72 어법상 옳지 않은 것은?

① We can all do lots of things that we know benefit others as well as ourselves.
② An Indian girl whose life depended on Korean doctors' medical skills arrived in Korea yesterday.
③ Never look back unless you are planning to go that way.
④ I have many books, most of which is interesting.

73 어법상 옳은 것은?

① Understanding a country's culture is bewildering and complex.
② Under no circumstances a customer's money can be refunded.
③ Do not ask people that they are from the moment you hear an accent.
④ On the midterm exam, he made less mistakes than the other students.

74 다음 우리말을 영어로 잘 옮긴 것은?

① 대학은 학생들이 수강 신청을 좀 더 쉽게 할 수 있도록 해줘야 한다.
   ➡ The university should make easier for students to register for classes.
② 부모는 자녀들에게 낯선 사람과 이야기하지 말라고 항상 가르쳐 왔다.
   ➡ Parents have always taught their children to not talk to strangers.
③ 인계받을 일부 세부적인 일들이 있을 경우를 대비하여 하루 더 일찍 이곳에 돌아와 주세요.
   ➡ Please arrive back here a day early, in case there will be some details to talk over.
④ 로마로 갔어야 할 두 개의 가방이 파리행 항공편으로 실리는 중이다.
   ➡ Two bags which should have gone to Rome are being loaded aboard a flight to Paris.

75 어법상 옳은 것은?

① Tom was seen coming out of the room by them.
② Do you think who the speaker is?
③ He is alleged that he has hit a police officer.
④ Tom got his license take away for driving too fast.

76 우리말을 영어로 옮긴 것 중 어법상 가장 적절한 것은?

① 만약 질문이 있다면 자유롭게 나에게 연락하세요.
➡ Should you have any questions, please feel free to contact on me.

② 그는 끊임없이 다른 사람들에게 자기 역량을 입증해 보여야 한다고 생각한다.
➡ He constantly feels he has to prove himself to others.

③ 팀장은 그 계획을 좋아하지 않았고 나머지 직원들도 마찬가지였다.
➡ The team manager didn't like the plan, neither did the rest of the staff.

④ 그는 여행 중에 많은 사람을 만났고 그들 중 일부는 그의 친구가 되었다.
➡ He met many people during his trip, some of which became his friends.

77 어법상 옳지 않은 것은?

① Geologists classify rocks by patiently and painstaking noting their physical features.
② If you had failed, then what would you be doing now?
③ Physics is a very complicated branch of science.
④ No Sooner had he bought a new car than he found an engine trouble.

78 우리말을 영어로 잘못 옮긴 것은?

① 그는 여행하는 동안 어디에서 머물지 결정하지 않았다.
➡ He hasn't decided where to stay during his trip.

② 그녀는 살을 빼기 위해 점점 더 적게 먹기 시작했다.
➡ She started to eat less and less to lose weight.

③ 민지네 가족은 벌써 파리로 이사 갔니?
➡ Has Minji's family moved to Paris yet?

④ 우리가 지금 방학 중이라면 좋을 텐데.
➡ I wish that we are on vacation now.

79 우리말을 영어로 가장 잘못 옮긴 것은?

① 이 일을 성취하는 데는 여러분에게 많은 노력과 인내가 요구된다.
➡ The accomplishment of this work requires a lot of toil and patience of you.

② 당신이 바쁘지 않으면 오늘 아침에 당신 집에 들르겠다.
➡ I'll drop by your place this morning unless you are busy.

③ 손님들을 접대하는 데 조금도 소홀한 점이 없었다.
➡ The best possible care was taken in receiving the guests.

④ 경찰대가 그 건물에 접근하기 시작했다.
➡ The police squad began to approach on the building.

80 어법상 옳지 않은 것은?

① Never have I met such a generous man before.
② Parental guidance is no less important than school education.
③ It is not talent but passion that lead you to success.
④ To work is one thing, and to make money is another.

81 우리말을 영어로 잘못 옮긴 것은?

① 손을 흔들어 인사하며 그는 기차에 올랐다.
➡ Waving goodbye, he got on the train.
② 그녀가 혼란에 빠진 채로 회의실을 떠났다.
➡ Covering with confusion, she left the conference room.
③ 길을 따라 걷다가 그녀는 나무뿌리에 걸려 넘어졌다.
➡ Walking along the road, she tripped over the root of a tree.
④ 눈을 크게 뜬 채로 그녀는 그 남자를 응시했다.
➡ With her eyes wide open, she stared at the man.

82 우리말을 영어로 잘못 옮긴 것은?

① 피터에게 뭔가 일이 있었음에 틀림없다.
➡ Something must have happened to Peter.
② 자존감이 높은 사람은 친구들을 쉽게 사귄다.
➡ A person who has high self-esteem makes friends easily.
③ 높은 굽이 항상 여성에게 국한된 패션 품목인 것만은 아니었다.
➡ High heels were not always a fashion item limited to women.
④ 공항까지 가는 데는 약 두 시간이 걸린다.
➡ Time takes about two hours to get to the airport.

83 어법상 옳지 않은 것은?

① It took him a week to master how to learn the internet.
② The hospital, alike many others across the country, turned to the system.
③ My cat went out and was run over by a car on street.
④ They had to call off the game as the ground was too wet to play on.

84 우리말을 영어로 잘못 옮긴 것은?

① 국민의 돈이 최대한 효율적으로 쓰여야 한다.
  ➡ Th public's money should be spent as efficient as possible.

② 학생들은 사해(死海)가 어디에 있는지 알고 싶어 했다.
  ➡ The students wanted to know where the Dead Sea is located.

③ 대부분 공무원은 행정 업무를 합니다.
  ➡ Most public servants work in the administrative functions.

④ 그는 마치 귀신이라도 본 사람 같았다.
  ➡ He looked as if he had seen a ghost.

85 우리말을 영어로 잘못 옮긴 것은?

① 당신이 그것을 더 잘 이해할 수 있게 제가 도표를 만들었습니다.
  ➡ I made a chart so that you can understand it better.

② 제가 사무실에 없을지도 모르니까 제 휴대전화 번호를 알려 드릴게요.
  ➡ In case I'm not in my office, I'll let you to know my mobile phone number.

③ 길을 따라 걷다가 그는 나무뿌리에 걸려 넘어졌다.
  ➡ Walking along the road, he tripped over the root of a tree.

④ 네가 여기에 오나 내가 거기에 가나 마찬가지다.
  ➡ It's the same whether you come here or I go there.

86 어법상 틀린 것은?

① She has forgotten to bring what he promised to give.

② Moon having raised, we put out the light.

③ They took great pains to accomplish their goal.

④ Two buses collided, killing nearly 50 people.

87 다음 중 우리말을 영어로 가장 잘못 옮긴 것은?

① 그는 그것에 관해서 아무것도 모른다.
  ➡ He doesn't know anything about it.

② 그 소녀는 어려운 상황에서도 항상 웃었다.
  ➡ The girl always smiled even in difficult situations.

③ 언제 당신이 그녀의 어머니를 방문하는 것이 편하시겠습니까?
  ➡ When will you be convenient to visit her mother?

④ 우리 회사 모든 구성원의 이름을 기억하다니 그는 생각이 깊군요.
  ➡ It's thoughtful of him to remember the names of every member in our firm.

88 다음 중 어법상 옳지 않은 것은?

① They advised him to leave the place as soon as possible.
② Never in my life have I seen such a beautiful woman.
③ He was more skillful than any other baseball player in his class.
④ Had it not for water, all living creatures on earth would be extinct.

89 다음 중 어법상 옳지 않은 것은?

① I prefer to stay home to go out on a snowy day.
② It is high time that we reviewed our foreign policy.
③ Bolt is faster than any other men in the whole world.
④ Come and see me whenever it is convenient for you.

90 다음 중 어법상 옳지 않은 것은?

① It was a while since I had my hair permed.
② To put it in a nutshell, this is a waste of time.
③ Many people have the belief that the economy will get better.
④ Although making a mistake, he could be respected as a good teacher.

91 우리말을 영어로 잘못 옮긴 것은?

① 음주는 사람들의 건강에 부정적인 영향을 미친다.
  ➡ Drinking adversely effects people's health.
② 그녀는 그런 비열한 짓을 할 사람이 아니다.
  ➡ She's above doing such a mean thing.
③ 개성과 인간의 관계는 향기와 꽃의 관계와 같다.
  ➡ Personality is to a man what perfume is to a flower.
③ 거의 들리지 않는데, 소리 좀 높여 주시겠습니까?
  ➡ I can barely hear that, would you please turn the volume up?

92 우리말을 영어로 잘못 옮긴 것을 고르시오.

① 그 과학자는 우리에게 빛이 엄청난 속도로 이동한다는 것을 상기시켰다.
  ➡ The scientist reminded us that light travels at a tremendous speed.
② 제임스는 실수로부터 배우는 것을 허용함으로써 위대해졌다.
  ➡ James became great by allowing himself to learn from mistakes.
③ 다음에 뉴욕에 갈 때는 발레를 보러 갈 거예요.
  ➡ The next time I will go to New York, I am going to see a ballet.
④ 직립 자세가 문화적 발명품이 아닌 것과 같이 언어도 그런 것이 아니다.
  ➡ Language is no more a cultural invention than upright posture.

93 다음 중 옳지 않은 것은?

① 그 일을 한다면, 어떤 아이라도 비웃음을 받을 것이다.
  ➡ Any child, who should do that, would be laughed.

② 그는 곧 집에 돌아올 것이다.
  ➡ It will not be long before he comes back home.

③ 어떤 사람들은 별들이 하늘에 붙어 있는 불빛이라고 생각했다.
  ➡ Some thought that the stars were lights attached to the sky.

④ 그가 유죄임에는 의심의 여지가 없다.
  ➡ There is no doubt that he is guilty.

94 다음 중 옳지 않은 것은?

① The movie was so boring that I fell asleep after half an hour.
② A survey conducting for the journal American Demographic found some surprising results.
③ Many New Yorkers wanted to have a bridge directly connecting Manhattan and Brooklyn.
④ Weather permitting, they will be rescued soon.

95 다음 중 옳은 것은?

① There is no man but does not love his country.
② For almost 140 millions of years, dinosaurs ruled the land, sky and sea.
③ There are many organizations which purpose is to help endangered animals.
④ He was condemned to death for murder and later hanged.

96 밑줄 친 부분에 들어갈 말로 가장 적절한 것은?

① I looked at the mountain of which the top was covered with snow.
② A number of domestic expert as well as scholar join the research project.
③ These things are happened as everything is all in a lifetime.
④ I couldn't barely finished my homework after he returned to my house.

97 다음 중 옳지 않은 것은?

① Rescue workers tried to locate the missed man.
② His father went fishing never to return.
③ We have decided not to commission new project.
④ Our plane arrived ten minutes behind schedule.

98 어법상 옳지 않은 것은?

① This law shall be come into force on the 1st of June.
② I think it highly unlikely that I'll get the job.
③ So ridiculous did she look that everybody burst out laughing.
④ He must have known what she wanted.

99 우리말을 영어로 잘못 옮긴 것을 고르시오.

① 그를 보는 순간, 그가 범인이라는 감이 왔다.
→ The moment I saw him, I had a feeling that he was the criminal.

② 그가 전화를 하고 나서야 나는 지갑을 잃어버린 것을 알았다.
→ I didn't realize I had lost my wallet until he called me.

③ 시간을 엄수하는 것은 모든 사람들이 갖추어야 할 미덕이다.
→ Being punctual is the virtue everyone has to have.

④ 사람들은 나이가 들면서 엄해지는 경향이 있다.
→ People tend to be strict as though they got old.

100 어법상 옳지 않은 것을 고르시오.

① Just labeling this as denial miss the deeper truth.

② Not until he called me did I realize I had lost my wallet.

③ Only after the meeting did he recognize the seriousness of the financial crisis.

④ With sunshine streaming through the window, Hugh found it impossible to sleep.

진가영 영어문법
이론적용 200제

박문각 공무원

정답 및 해설

PART 02 · 단원별 필수 100제

CHAPTER 01 동사

01
정답 ④

해설
④ 'keep on -ing'는 '계속해서 ~하다'라는 뜻으로 옳게 쓰였지만, encourage는 목적어 다음 to부정사를 취하므로 to study로 고쳐야 맞다.
① notice는 지각동사이며, 지각동사는 동사원형이나 현재분사를 목적어로 취한다. coming in으로 옳게 쓰였다.
② 동사 practice는 다음에 동명사를 목적어 취하므로 playing으로 옳게 쓰였다.
③ three weeks ago는 과거시제와 함께 쓰는 시간부사이므로 completed가 옳게 쓰였다.

해석
① 우리는 그들이 들어오는 것을 눈치 챘다.
② 그들은 할 수 있을 때 기타 연주를 연습해야 한다.
③ 나는 3주 전에 그 책을 쓰는 것을 성공적으로 끝냈다.
④ 나의 부모님은 내가 공부하도록 계속 격려해주셨다.

02
정답 ①

해설
① let은 사역동사로서 목적격 보어에 동사원형을 써야 하므로 attend가 옳게 쓰였다.
② 그 책을 받은 시점보다 더 먼저 이미 그 내용을 알고 있었으므로, 한 시제 더 앞선 과거 완료를 쓰는 것이 옳다. 따라서 has를 had로 고쳐야 옳다.
③ require는 주장, 요구의 동사로서 that절에 (should) 동사원형이 들어가야 적절하다. 따라서 used를 use로 고쳐야 옳다.
④ 주어가 Tim이므로 동사는 단수동사를 써야 옳다. 따라서 were를 was로 고쳐야 옳다.

해석
① 그들은 내가 기념일에 참석하도록 허락하지 않을 것이다.
② Brad는 그가 그 책을 받기 오래전부터 그 이야기를 알아 왔다.
③ 설명서는 우리가 빨간색 펜을 쓰지 말 것을 요구한다.
④ 내 절친한 친구 중 하나인 Tim은 1987년 10월 4일에 태어났다.

03
정답 ③

해설
③ 두 명의 가수 모두라고 표현했으므로 'Both of the singers have'가 옳게 표현되었다.
① have는 사역동사이며 my students와 arrive의 관계가 능동이므로 현재분사 arriving이 나와야 옳다.
② '~이었을 리가 없다'라는 표현은 'can't have p.p.'로 나타내야 한다.
④ ought to의 부정은 ought not to이다.

04
정답 ③

해설
③ 문장의 주어는 ideals이므로 동사의 수는 복수로 해야 옳다. 따라서 'is primarily those'를 'are primarily those'로 고쳐야 한다.

해석
미국 사회가 기반을 두고 있는 이상들은 주로 유럽의 이상들이지 토착 인디언 문화로부터 비롯된 이상들이 아니다.

05
정답 ③

해설
③ 'the number of+복수명사+단수동사'이므로 are를 is로 써야 옳다.
① 부정 부사어구 Not only를 문두에 강조하는 경우 어순이 도치되어야 하므로 올바르게 쓰였다.
② 'find+O+-ing(현재분사)'의 목적어와 목적격 보어의 관계가 능동이므로 올바르게 되었다.
④ 주어(The car insurance rates)와 동사(are)의 수 일치가 올바르게 되었고 비교급 구문도 올바르게 썼다.

해석
① 그녀는 겸손할 뿐만 아니라 또한 공손하다.
② 나이가 들어감에 따라 나는 나 자신이 클래식 음악을 즐기는 것을 발견한다.
③ 그 도시들에서 범죄의 숫자가 꾸준하게 증가하고 있다.
④ 도시 지역들에서 자동차 보험료가 시골 지역들에서 그것들(보험료)보다 더 높다.

06
정답 ③

해설

주어가 the number이므로 단수동사 has가 되어야 하며 시간의 부사 since then이 있으므로 현재완료시제로 써야 옳다.

해석

1990년대 중반 9백만 명의 미국인들이 홀로 여름휴가를 계획하는 것으로 추정되었다. 그 이후로, 나홀로 여행객의 숫자가 증가했다.

07
정답 ②

해설

② belong to는 진행시제로 사용할 수 없는 동사이므로 are belonging을 belong으로 고쳐야 옳다.
① keep+O+형용사. 형용사 open이 목적격 보어로 올바르게 사용되었다.
③ 동사 enter는 enter+장소로 쓰인다.
④ 조건 부사절(in case S+V)에서 현재시제가 미래시제를 대신하여 rains로 적절하게 사용되었다.

해석

① 너무 졸려서 나는 눈을 뜰 수가 없었다.
② 그 테이블 위에 놓인 그 펜들은 그녀의 것이다.
③ 나는 오늘 아침에 그녀가 그 사무실로 들어가는 것을 보았다.
④ 내일 비가 내릴 경우에는, 그 게임은 취소될 것이다.

08
정답 ④

해설

④ 'rid A of B'는 'A에게서 B를 제거하다'라는 표현이며 to를 of로 고쳐야 올바르다.
① should not have p.p.는 과거 사실을 후회하는 데 사용되므로 옳게 표현하였다.
② '5형식 동사+가목적어 it+목적보어(easier)+for 의미상 주어+to 부정사' 구문이다.
③ 내 기억에는 거짓말을 한 적이 없다는 것은 과거에 거짓말을 했던 것을 기억하지 못한다는 뜻이 되므로 telling으로 적절하게 표현하였다.

09
정답 ②

해설

explain은 3형식 동사이므로 '~에게'라고 할 때 전치사 to를 써서 표현해야 하고 suffer from은 수동 불가 동사이므로 'explained to the police that he suffered from'으로 써야 옳다.

해석

이탈리아 로마에 폐점시간이 지난 후 상점에서 붙잡혔을 때 한 상점털이 강도 용의자는 자신은 끊임없이 잠자고자 하는 욕구에 사로잡혀 그 상점 안에서 잠들고 말았다고 경찰에 설명했다. 자신의 주장을 증명하기 위해서, 그는 경찰 심문 동안에 계속해서 잠을 잤다.

10
정답 ③

해설

③ help 다음에는 동사원형이나 to부정사를 취하여야 하므로 identifying을 identify나 to identify로 써야 옳다.
① '누워 있다'는 자동사가 되어야 하므로 lie로 올바르게 표현되었다.
② object to에서 to는 전치사이므로 명사나 동명사가 와야 한다.
④ allow의 목적보어는 to부정사가 와야 하므로 올바르게 표현되었다.

해석

① 수진은 오후마다 짧은 낮잠을 자기 위해 눕기 좋아한다.
② 그녀는 직장 사람들에게 데이트 신청을 받는 것에 반대한다.
③ 실험실 테스트는 하지 않을 경우에는 눈에 띄지 않고 지나칠 문제를 확인하는 데 도움을 준다.
④ 학부생들은 실험실의 장비들을 사용하도록 허용되지 않는다.

11
정답 ④

해설

taste는 감각 동사로서 뒤에 부사가 아니라 형용사, like+명사, as if+S+V가 와야 올바르다. 따라서 bitterly를 bitter로 고쳐야 한다.

해석

치즈를 사는 데 마지막 한 푼을 썼기 때문에, 그는 비록 그것이 그에게 쓴 맛이 날지라도, 그것을 모두 먹기로 결심했다.

12
정답 ②

해설
enjoy는 다음에 동명사를 목적어로 취하며, listen to는 지각동사이므로 목적보어 자리에 동사원형을 쓴다.

13
정답 ④

해설
sound는 감각동사로서 뒤에 부사가 아니라 형용사, like+명사, as if+S+V가 와야 올바르다. 따라서 absurdly를 absurd로 고쳐야 한다.

해석
사형선고가 감옥살이와 피해자 사회의 위기를 완화시키지 못하고 있다. 감전사, 주입에 따르는 사형이라는 말조차 불합리하고 현대 사회와 어울리지 않게 들린다.

14
정답 ①

해설
make는 목적어가 긴 경우 가목적어인 it을 사용한다. 따라서 has made possible을 has made it possible로 고쳐야 옳다.

해석
진보된 의학은 인간이 훨씬 더 긴 삶을 영위하고 다른 종류의 질병으로부터 고통을 덜 받는 것을 가능하게 했다.

15
정답 ④

해설
④ 'The country's solutions was such that~'에서 such가 문두로 나가고 도치가 된 문장이다. 주어가 solutions이고 복수이므로 were가 올바르게 표현되었다.
① there은 유도부사이고 도치가 되어 V+S구조로 써야 한다. the last piece of cake and the last spoonful of ice cream이 주어이므로 주어는 A and B 구조로 복수동사로 써야 올바르다. 따라서 goes를 go로 고쳐야 올바르다.
② occur은 자동사이므로, 수동태를 만들 수 없다. was occurred를 occurred로 써야 올바르다.
③ insist는 주장, 제안의 동사로 that절에 '(should)+동사원형'이 와야 하므로 began을 begin으로 써야 적절하다.

16
정답 ④

해설
④ marry가 타동사로 쓰여, '~와 결혼하다'의 뜻을 나타낼 때 전치사를 사용하지 않고 바로 목적어를 취하므로 with를 삭제하고 'married a police officer'라고 써야 올바르다.
① bring은 'bring+간접목적어+직접목적어' 또는 'bring+직접목적어+to 간접목적어'로 '~에게 ~를 가져다주다'의 의미를 나타낸다.
② approach는 타동사이므로 '~에 접근하다'의 의미를 나타낼 때 전치사를 사용하지 않고 바로 목적어를 취한다.
③ explain은 '~에게 …를 설명하다'의 뜻을 나타낼 때 반드시 '~에게'에 해당하는 말에 to를 붙여야 한다.

해석
① 그녀는 숲에서 일하는 사람들에게 음식을 가져다주었다.
② 우리는 지금 런던탑에 접근하고 있다.
③ 폴은 그들에게 상황을 간단히 설명했다.
④ 그 여배우는 2017년에 경찰관과 결혼했다.

17
정답 ②

해설
② 'refer to ~ as'는 '~를 …라고 부르다'라는 의미로 수동태가 되면 '~ be referred to as'로 표현한다. 따라서 was referred to를 was referred to as로 써야 옳다.
① '~로 구성되다'는 의미인 consist of를 수동형으로 사용하지 않는다.
③ 'need+-ing'는 형태는 능동이지만 의미는 수동으로 '~될 필요가 있다(need to be p.p.)'의 뜻이다.
④ 'mightn't have p.p.'는 '~하지 못했을 수도 있었다'라는 의미이다.

해석
① 그 위원회는 과학자들과 엔지니어들로 구성되어 있다.
② 어떤 가정에서는 그 남자를 주인이라고 불렀다.
③ 아무도 종종 수리가 필요한 시계를 사고 싶어 하지 않는다.
④ 그녀는 병이 무엇을 담고 있는지 몰랐을 수도 있다.

18
정답 ①

해설
① promote는 '승진시키다'라는 의미의 타동사이므로 '승진되다'라고 할 때는 수동태가 되어야 하기 때문에 올바르게 쓰였다.
② prevent는 금지동사로 'from+~ing'가 오는 것이 적절하다. to를 from으로 고쳐야 옳다.

③ be used to는 '~하는 데 익숙하다'의미 표현으로 to는 전치사 이므로 다음에 동명사가 와야 옳다.
live를 living으로 고쳐야 한다.
④ deter는 '단념시키다'의미로 'from+~ing'오는 것이 적절하다. to를 from으로 고쳐야 옳다.

19
정답 ③
해설
avoid는 동명사를 목적어로 취한다. 따라서 doing이 옳다.
해석
우리는 누구나 흡연, 과음, 해로운 약물 복용같이 몸을 망가뜨리는 것으로 알고 있는 것들을 하지 않을 수 있다.

20
정답 ③
해설
③ since는 '~이래로 (지금까지)'의 의미로 현재완료시제와 함께 쓰게 되므로, worked를 has worked로 고쳐야 한다.
① 현재 완료에서 결과를 나타내는 의미로, 말들이 도난당한 결과 현재 한 마리도 마구간에 없다는 의미를 포함한다.
② 고장 난 것이 과거시제인데, 더 과거인 이전 10년 간 갖고 있었으므로, 과거완료시제가 맞다.
④ How long과 현재완료시제를 함께 쓸 수 있다.
해석
① 말들이 도난당한 뒤에 문을 잠근다.(소 잃고 외양간 고친다.)
② 우리는 그 차가 고장 나기 전에 10년 동안 가지고 있었다.
③ 그는 하버드 대학을 졸업한 이후 정부를 위해 일해 왔다.
④ 당신은 이 도시에 얼마나 오래 사셨습니까?

21
정답 ③
해설
주어가 a number of issues이므로, 동사는 have가 아니라 has를 써야 올바르다.
해석
1961년 독립 이래로 수년 간에 걸친 그의 생존은 공적으로 진정한 정책 선택에 대한 논의가 일어나지 않았다라는 사실을 바꾸어놓지는 않는다. 사실, 니에레레가 NEC를 통해서 논쟁을 해왔던 중요한 많은 정책적 문제들이 항상 있어왔다.

22
정답 ①
해설
① had better는 조동사이므로 다음에 동사원형을 쓰는 것이 적절하며, attend to는 '처리하다, 돌보다(자동사)'라는 의미로 attend to your study는 '연구를 하다'의 의미로 적절하다. attend는 타동사로 쓰면 '~에 참석하다'의 의미이다.
② explain은 3형식 동사로 '에게'라고 할 때는 전치사 to를 써야 한다.
③ discuss는 타동사로 다음에 전치사 about을 써서는 안 된다.
④ resemble은 타동사로 다음에 전치사 to를 써서는 안 된다.
해석
① 너는 연구를 하는 것이 더 좋을 것이다.
② 그녀는 나에게 그 문장의 의미를 설명했다.
③ 만약 네가 지금 한가하다면, 나는 너와 이것에 대해 논의하고 싶다.
④ 그는 자신의 어머니를 꼭 닮았다.

23
정답 ①
해설
주어는 the English language이고, over time으로 보아 현재완료 시제가 되어야 한다. 따라서 has changed가 적절하다.
해석
이러한 차이는 영어가 시간에 따라 어떻게 변화했는지를 설명하는 데 매우 중요하다.

24
정답 ③
해설
③ 3년 전에 이사를 와서, 이사 온 지 3년이 된 것은 현재의 일이므로 'It is three years since ~'로 올바르게 표현이 되었다.
① 'have gone to'는 '~에 가버렸다.'의미로 'have been to(~에 가본 적이 있다)'로 바꿔야 의미상으로 적절하다.
② 'remember to meet'는 '만날 것을 기억하다'의 의미로 미래적인 뜻이다. 그녀를 만난 것을 기억하지 못했다고 했으므로 '과거에 ~했던 것을 기억하다' 즉 'remember meeting'이 되어야 옳다.
④ 우리가 도착한 것은 과거이고, 영화는 도착하기 전에 이미 시작한 것이므로 대과거 had p.p.로 써야 옳다.

25

정답 ②

해설

② look은 2형식 동사로서 수동태가 될 수 없으므로 have looked가 올바르게 표현되었다.
① allow는 목적어 다음 to부정사를 취하여야 하므로, learning은 to learn이 되어야 옳다.
③ afford는 다음에 to부정사를 목적어로 취하는 동사로 getting은 to get이 되어야 옳다.
④ suggest는 'suggest+목적어+to V'의 5형식으로 쓰지 못한다. 'suggest that you (should) take~'가 되어야 옳다.

해석

① 제임스는 실수로부터 배움으로써 위대해졌다.
② 상어는 수억 년 동안 다소 똑같아 보였다.
③ 그 가난한 여자는 스마트폰을 살 여유가 없었다.
④ 우리는 당신이 여행서류들과 확정 송장을 한 부 복사하기를 제안한다.

CHAPTER 02 준동사

26

정답 ④

해설

- prove의 보어 역할을 하는 분사가 필요하며 비행은 미국 정부를 당황시키는 것이므로 능동의 의미가 되어 현재분사가 들어가야 적절하다.
- 동사인 is가 있으므로 빈칸에는 분사가 필요하다. 미술작품은 전시되는 것이므로 과거분사 displayed가 적절하다.

해석

- 이 비행은 미국 정부에게 매우 당혹스러웠는데, 군대를 통해서 미국 정부는 Samuel P. Langley의 지휘하에서 비슷한 프로그램에 종잣돈을 주었다.
- 박물관에 전시된 대부분의 작품은 19세기 이탈리아에서 온 것이다.

27

정답 ③

해설

③ his license가 목적어, take away가 목적보어이다. 둘의 관계가 수동이므로 take away는 과거분사 taken away로 쓰는 것이 옳다.
① be동사의 보어 자리이므로 과거분사 exhausted가 되어 '지친' 의미로 표현되었다.
② While은 접속사로, 다음에 'S+be동사'가 생략되어 있는데, 'she was working'이므로, 'While working'으로 옳게 되었다.
④ 대참사의 원인을 둘러싸고 있는 것이 문제들이므로 능동인 surrounding으로 옳게 되었다.

해석

① 그녀는 Jin과 함께 도착했는데, 약하고 지쳐있었다.
② 병원에서 일하는 동안, 그녀는 그녀의 첫 번째 에어쇼를 봤다.
③ Tim은 너무 빠르게 운전을 해서 면허가 취소되었다.
④ 그 실패는 그 치명적이었던 우주 셔틀 대참사의 원인을 둘러싼 문제들을 상기시킨다.

28

정답 ①

해설

빈칸에는 분사가 들어갈 자리이며, 신문들이 경쟁을 하므로 현재분사가 필요하다. 따라서 competing이 적절하다.

해석

제니는 Post지의 "Accent"라는 섹션에 특별 기사 전문 기고가로 일을 했고 나는 Fort Lauderdale에서 남쪽으로 한 시간 정도에 위치한 그 지역 경쟁 신문인 the South Florida Sun-Sentinel의 기자였다.

29

정답 ①

해설

① 다음에 목적어 역할을 하는 cruises가 있으므로 현재분사 taking으로 써야 옳다.
② 주어는 the number이므로 단수가 되어 continues가 적절하다.
③ 'so+V+S'는 'S도 역시 V하다' 구문이며, 수의 일치에 주의해야 한다. the number가 주어이므로 does가 적절하게 표현되었다.
④ information은 불가산명사로서 항상 단수로 사용한다.

해석

유람선 여행을 하는 사람들의 숫자는 계속해서 증가하고 있으며, 유람선 여행에 대한 불만 사항의 숫자도 그렇다. 충분한 정보가 여전히 결여되어 있다.

30
정답 ②

해설

② to build는 목적의 의미를 나타내는 to 부정사의 부사적 용법으로 사용된 적절한 문장이다.
① to 부정사의 부정은 부정사 앞에 부정어(not)를 쓰는 것이 적절하다. to not talk를 not to talk로 고쳐야 옳다.
③ 주어(the bag)가 이미 나와 있기 때문에 to lift 뒤에 it을 제거해야 한다.
④ 분사구문 형태로 he와 have가 능동의 관계이므로 havin이 올바르게 쓰였지만, 'have no choice but to V' 구문으로 '할 수밖에 없다'가 잘못 쓰였다. to walking을 to walk로 고쳐야 올바르다.

31
정답 ③

해설

③ 'be tied to'에서 to는 전치사로 동명사 improving이 올바르게 쓰였다.
① 'it is no good[use] ~ing(~해도 소용없다)'의 표현으로 try를 trying으로 고쳐야 옳다.
② 분사구문으로 내가 둘러싸인 것은 수동이므로 surrounding을 과거분사 surrounded로 고쳐야 옳다.
④ 주절의 주어 I와 return의 관계는 능동이므로 returned를 현재분사 returning으로 고쳐야 옳다.

해석

① Tom은 너무 단호한 결정을 내려서 그를 설득하는 것은 소용이 없다.
② 굉장한 사람들 사이에 둘러싸여, 나는 자랑스러움을 느꼈다.
③ 수면은 사람들의 기억을 향상시키는 것과 오랫동안 연관 지어져왔다.
④ 집에 돌아와서, 나는 내 시계가 없어진 것을 알았다.

32
정답 ③

해설

③ code talkers가 의미상 주어가 되며, 둘의 관계는 능동이므로 현재분사를 쓰는 것이 적절하다. 따라서 used를 using으로 고쳐야 한다.

해석

코드 토커는 암호화된 언어를 사용해서 말을 하는 사람들을 묘사하기 위해 사용된 용어였다. 그것은 종종 미 해군에서 비밀스러운 전술적 메시지의 전송을 주요 업무로 복무했던 북미 원주민들을 묘사하기 위해서 사용된다. 코드 토커는 이러한 메시지들을 그들의 모국어로 만들어진 공식적이거나 비공식적으로 개발된 암호를 사용해서 군의 전화나 라디오 네트워크를 통해서 전송했다. 그들의 업무는 매우 소중했다. 왜냐하면 그것은 2차 세계 대전 동안 최전방의 활동에 매우 중요한 통신보안을 향상시켰기 때문이다.

33
정답 ②

해설

② 군대(troops)가 진군하는 것이므로 능동이 되고, 따라서 현재분사가 적절하다. advanced를 advancing으로 고쳐야 올바르다.

해석

달라이 라마가 진군해 오는 중국 군대에 직면하여, 히말라야 산맥을 가로질러 망명을 했을 때, 그 젊은 정신적 지도자는 다시는 티베트의 고향을 볼 수 없을지도 모른다는 것을 거의 알지 못했다.

34
정답 ③

해설

③ '막 ~ 하려고 하다'는 'be on the verge[brink/edge/point] of ~ ing' 또는 'be about to V'로 표현한다. 따라서 to leave를 of leaving으로 고쳐야 적절하다.
① find는 불완전타동사로 분사를 목적격 보어로 취할 수 있으며 목적어(jar)와 목적격 보어인(break)의 관계가 수동이므로 과거분사 broken이 올바르게 쓰였다.
② '~을 치다'의 의미인 run over에서 차에 치인 것이고, over 뒤 목적어가 없으므로 수동의 의미임을 알 수 있다. 따라서 수동형 동명사 being run over가 올바르게 쓰였다.
④ used to '~하곤 했다'를 의미하는 표현으로 동사 원형을 취한다.

해석

① 그는 자신이 좋아하는 단지가 깨져 있는 것을 발견했다.
② 지난 밤, 그녀는 거의 자동차에 치일 뻔했다.
③ 그들은 여름 휴양지를 막 떠나려던 참이었다.
④ 우리는 호수로 수영을 하러 가곤 했다.

35
정답 ②

해설

'be 동사＋to 부정사'는 예정, 가능, 의무, 의도, 운명 등의 의미로 사용 된다. 조건의 접속사인 if와 함께 사용되어 '~하려면'의 의도의 의미로 자주 쓰이며 '생존하려면'의 의미가 가장 적절하므로 'are to survive'가 정답이 된다.

해석

동물 보호론자들은 일부 멸종 위기종들이 장기간 생존하려면 그들을 위협하고 있는 환경으로부터 이동시키는 것이 필요하다고 주장한다.

36
정답 ③

해설

③ 사람들이 따분해지는 것으로 수동의 관계이다. 따라서 boring을 bored로 고쳐야 올바르다.
① 분사구문이 '~을 해보면'으로 표현되어 올바르게 쓰였다.
② interest는 '관심을 가지게 하다'라는 감정유발 동사로서 현재분사 interesting은 '흥미를 유발하는', 과거분사 interested는 '흥미가 있는'을 의미한다. 문장에서는 '흥미로운 것'을 뜻하므로 현재분사 interesting이 올바르게 쓰였다.
④ 그녀가 선택하는 것이 아니라 선택되어지는 것으로 수동의 관계이다. 수동의 완료 분사구문인 '(Having been) selected'로 올바르게 쓰였다.

37
정답 ④

해설

'~하는 것을 규칙으로 삼다'라는 뜻의 구문 표현은 'make a point of -ing, make it a rule to V, be in the habit of -ing'이다.

38
정답 ①

해설

① 동사인 find, 목적어 his car 다음 목적보어에 차가 주차 되어진 것이기 때문에 parking을 과거분사인 parked로 써야 옳다.
② 비교되는 수동의 의미이기 때문에 compared 과거분사가 적절하다. compare 뒤 목적어도 없음.
③ walking together가 명사 couple 수식하여 '걷고 있는 커플'이라는 능동의 의미이기 때문에 현재분사 walking이 올바르게 쓰였다.
④ 분사구문의 부정은 분사구문 바로 앞에 나와야 옳고, 시간부사인 before를 보고 주절보다 이전이라는 의미를 확실하게 알 수 있어 앞선 시제를 표현하는 'Not having met'가 올바르게 쓰였다.

해석

① 경찰은 그의 차가 호수로 가는 길에 주차된 것을 발견한다.
② 그의 언니와 비교해보면 그녀는 그렇게 예쁜 것은 아니다.
③ 이것은 함께 걷고 있는 커플의 사진이다.
④ 전에 그를 본 적이 없으므로 나는 그를 알지 못한다.

39
정답 ②

해설

② 그녀가 혼란에 빠져 있는 것이어서 수동의 의미가 되므로 Covering을 Covered로 고쳐야 옳다.

① 주어 he와 분사구문인 waving의 관계가 능동이다. 따라서 현재분사 waving이 올바르게 쓰였다.
③ 주어 she와 분사구문인 walking의 관계가 능동이다. 현재분사 walking이 옳게 쓰였다.
④ 'with+목적어+목적보어' 구문이다. 목적보어 wide open은 '크게 뜬'이라는 형용사 의미로 바르게 쓰였다.

40
정답 ③

해설

③ 의미상 '연결하는'이라는 능동의미를 가지며 'Manhattan and Brooklyn'이라는 목적어가 나오므로 현재분사 connecting으로 바르게 쓰였다. 따라서 bored를 boring으로 고쳐야 한다.
① 의미산 영화가 '지루함을 느끼는(X)' '지루함을 느끼게 하는(O)' 의미로 현재분사를 쓰는 것이 옳다.
② 의미상 '실시된' 조사이고 타동사인 conduct뒤에 목적어가 없으므로 conducted로 써야 옳다.
④ 의미상 '자전거를 타고 있는'의 능동의 의미이기 때문에 rake를 현재분사 riding으로 고쳐써야 한다.

해석

① 그 영화가 너무 지루해서 나는 삼십 분 후에 잠이 들었다.
② American Demographics 저널을 위해 Market Facts 연구팀에 의해 실시된 설문조사는 몇 가지 놀라운 결과를 발견했다.
③ 뉴욕에 많은 사람들은 맨해튼과 브루클린을 직접 연결하는 다리를 원했는데, 왜냐하면 그것이 그들의 통근을 더 빠르고 안전하게 할 것이기 때문이었다.
④ 내 아내와 나는 한번은 자전거에 손을 대지 않고 타는 한 젊은이를 운전하면서 지나쳤다.

41
정답 ①

해설

① planning은 change를 수식하는 분사이며, '계획된' 변화이므로 planning 수동의 의미인 과거분사 planned로 바꿔야 적절하다.
② 부사 clearly가 동사 present를 수식하므로 올바르게 쓰였다.
③ for discussion은 to 부정사의 의미상 주어이기 때문에 to V를 쓰는 것이 적절하다.
④ 행위를 하는 by the change로 보아 수동태가 올바르다.

해석

계획된 변화에 대한 의미 있는 수준의 수용과 헌신을 얻기를 원하는 그룹의 경영자는 누구나 그 계획된 변화에 대한 논리적 근거를 가능한 한 분명하게 제시할 수 있어야 하며 그러한 변화에 영향을 받을 사람들에 대한 결과를 분명히 밝힐 토론의 기회를 제공해야 한다.

42
정답 ④

해설

④ 아프리카 평원과 연관된 동물의 삶이므로 '~와 연관된'이라는 수동의 의미다. 따라서 과거분사인 associated with로 표현해야 적절하다.
① Though it may seem strange에서 보어 strange가 문두로 나가면서 Strange as it may seem으로 바르게 된 표현이다.
② 사막 이름 앞에는 정관사 the를 써서 표현한다.
③ support의 목적어가 있으므로 능동의 의미인 현재분사 supporting으로 올바르게 쓰였다.

해석

이상하게 보일 수 있지만, 사하라 사막은 한때 아프리카 평원과 관련된 동물들의 삶을 부양해 주는 광활한 초원이었다.

43
정답 ②

해설

접속사가 없고 앞에 완전한 문장이 나오므로 분사가 들어가야 적절하다. 빈칸 뒤에 목적어가 있으므로 현재분사 involving이 들어가야 올바르다.

해석

게다가 연주자들이 청중으로부터 시각적인 피드백을 받고 그것에 반응할 때, 공연은 관련된 모든 사람들 사이의 진심 어린 소통을 수반하여 진정으로 상호적일 수 있다.

44
정답 ④

해설

빈칸은 record를 수식하는 분사 자리이며, 기록은 편찬되는 것이므로 과거분사 compiled를 써야 한다.

해석

대부분의 경우 아마 언론은 매우 급하게 편집된 순간적인 사건의 기록만을 제공할 수 있을 것이다.

45
정답 ①

해설

빈칸은 space를 수식하는 분사가 들어갈 자리이다. '불가침한 것으로 인지되는 공간'이므로 수동의 의미가 되어 과거분사인 identified 들어가야 올바르다.

해석

침범할 수 없다고 인지되는 공간 내에 다른 사람이 서 있거나 앉게 되면 극심한 불편함이 생길 수 있다.

46
정답 ④

해설

④ with 분사구문이고 other abuses와 take place는 능동 관계이므로 현재분사 taking place가 되어야 올바르다.
① 'have difficulty -ing'가 적절하며, the homeless는 '노숙자들'로 복수 취급한다.
② 'stop+to부정사'는 '~하기 위해 멈추다', 'stop+-ing'는 '~하는 것을 멈추다'라는 뜻으로 문맥상 '먹는 것을 멈추다'라는 뜻의 stop eating이 올바르다.
③ 'too~to' 용법이 올바르게 쓰였다.

해석

① 노숙자들은 대개 직업을 얻는 것에 많은 어려움이 있어서, 희망을 잃고 있다.
② Julie의 의사는 그녀에게 너무 많은 가공식품을 먹는 것을 멈추라고 말했다.
③ 토성의 고리는 너무 멀어서 망원경 없이 지구에선 보이지 않는다.
④ 그들의 인권의 기록은 다른 남용의 사건들이 그 나라에서 발생하면서 최악에 속해 있다.

47
정답 ④

해설

④ '너무 -해서 ~ 할 수 없다'라는 뜻이 되려면 'too~to' 구문을 써야 올바르다. 따라서 so를 too로 고쳐야 한다.
① 주절의 주어는 I이고 분사구문의 주어는 비인칭이므로 생략을 해서는 안 된다. It being cold가 올바르게 쓰였다.
② with 분사구문으로 상태의 의미를 나타내면서 'with clothes on'은 '옷을 입은 상태로'의 의미가 된다.
③ to be done은 work를 수식하는 to부정사의 형용사적 용법으로 쓰인 올바른 문장이다.

48
정답 ③

해설

'walk down~'은 decision을 수식하므로 'decision to walk down'이 되어야 적절하다.

해석

결과를 정확히 알 수 없는 어떤 상황에서도 위험은 항상 하나의 요소라는 점에서 위험은 인간 삶의 근본적인 요소이다. 또한, 우리가 취하는 조치에서 비롯되는 어떤 형태의 손상의 확률에 대해 우리가 하는 필요한 계산은 일반적으로 우리의 의사결정 과정에서 주어진 것이다. 위험 평가가 주요 기업 주도권에 대한 결정을 포함하든, 아니면 결정을 내리든 상관없이, 우리는 항상 관련된 잠재적 위험을 예측, 확인 및 평가하고 있다. 그런 면에서 우리가 하는 모든 일에 끊임없이 위험을 관리하고 있다고 말할 수 있다.

49
정답 ③

해설

with 분사구문으로 'with+명사+분사'가 적절하고, 빈칸 뒤 whether ~은 목적어로, 능동을 의미하므로 현재분사인 exploring이 옳다.

해석

대부분의 연구들은 우정의 긍정적인 효과를 확인했고, 어떤 연구들은 여러분이 많은 친구를 갖는 것이 더 나은지 아니면 단지 좋은 친구를 갖는 것이 더 나은지를 탐구했다.

50
정답 ②

해설

- (A)에는 분사가 들어갈 자리이고 chemicals를 수식하고 있으며 '공기 중에 유입된'이라는 수동의 의미로 과거 분사인 introduced가 옳다
- (B)에는 접속사가 없으므로 서술어가 아니라 분사가 필요하며 뒤에 목적어가 있으므로 능동의 의미가 된다. 따라서 현재분사인 asserting이 적절하다.

해석

- 우리는 대기에 유입된 화학물질의 양을 측정할 수 있는 반면에 소음에 대한 누적 노출량을 감시하는 것은 극도로 어렵다.
- 그것은 흑인들에게 자기혐오를 없애는 데 도움을 주어 자기 자신의 정당성을 주장하도록 한다.

CHAPTER 03 연결어

51
정답 ④

해설

④ 주격 관계대명사 다음에 나오는 동사는 선행사와 수를 일치시킨다. news는 언제나 단수 취급하므로 that are를 that is로 고쳐야 올바르다.
① be worth -ing이므로 reading이 올바르게 쓰였다.
② dispense는 '~없이 살다'의 의미이므로 다음에 전치사 with가 올바르게 쓰였다.
③ to which에서 to는 exposed to에서 to가 관계사 앞으로 나간 형태이므로 올바른 문장이다.

해석

① 이 책은 주의 깊게 읽을 가치가 있다.
② 은행에 있는 대부분의 직원들은 컴퓨터가 없이 살 수 없다.
③ 그 아이는 전에 노출된 적이 있는 위험에 의해 교육이 된 상태로 조용히 앉아 있었다.
④ 대학 신문은 학생과 교수진이 관심 있는 내용의 뉴스만 프린트 한다.

52
정답 ①

해설

① '에도 불구하고'라고 할 때는 전치사 despite 또는 in spite of를 써야 한다.
② 접속사 as는 '~하듯이, ~하는 것처럼'의 의미를 가지며 올바르게 쓰였다.
③ because는 접속사로 다음에 S+V 절이 오는 것이 적절하며, run out of는 '~바닥이 나다'의 뜻으로 올바르게 쓰였다.
④ '아무리 추워도' 부분은 형용사 cold를 수식해야 한다. '얼마나'를 뜻하는 how가 적절하게 쓰였다.

53
정답 ②

해설

빈칸 앞에 선행사의 역할을 하는 명사가 없으므로 복합 관계 대명사를 쓰는 것이 적절하며 빈칸은 관계사 절에서 동사 had의 주어이므로 주격을 써야 한다. 따라서 whoever가 적절하다.

해석

그 관리자는 강한 책임감과 자기 신념에 대한 용기가 있다고 그가 믿는 사람은 누구에게나 그 일을 맡기라는 충고를 받았다.

54
정답 ②

해설

② research show는 삽입구이며 block의 선행사는 which앞 resistant starch이므로 단수 주어에 맞게 단수 동사 blocks로 올바르게 쓰였다.
① 주어는 단수인 research이므로 단수동사 shows가 되어야 옳다.
③ 능동적으로 지방이 타는 것을 증가시키는 것으로 현재분사의 형태인 boosting으로 해야 올바르다.
④ 전치사 by뒤에 위치하였으므로 동명사의 형태인 forcing으로 바꿔야 옳다.

해석
바나나는 일부 탄수화물을 연료로 전환하는 것을 막는 저항성 녹말을 함유하고 있는데, 이것은 당신의 몸이 대신 지방 저장소에 의존하도록 강요함으로써 지방 연소를 촉진시킨다. 이것은 지속 가능한 체중 감량에 확실한 도움이 된다.

55

정답 ③

해설
③ 문장의 선행사는 a student이고 said의 주어이기 때문에 주격 관계대명사 who가 되어야 올바르다.
① '~외에'라는 의미가 와야 하므로 전치사 besides가 올바르게 쓰였다.
② the mountain이 선행사이므로 the top of which가 되고, of which는 관계사 절의 앞으로 나와서 of which the top was~ 가 된 적절한 문장이다.
④ 'however+형용사+S+V' 어순이 적절한 문장이다.

해석
① 문학 외에도, 우리는 역사와 철학을 공부해야 한다.
② 나는 꼭대기가 눈에 덮인 산을 보았다.
③ 너를 안다고 말하는 한 학생을 어제 식당에서 만났다.
④ 네가 아무리 지치더라도 그 프로젝트를 반드시 해야 한다.

56

정답 ③

해설
③ where의 선행사는 the window이고 관계 부사절이 완전하므로 올바른 문장이다. but은 전치사로 쓰여 '~를 제외한'의 의미이다.
① 'That personality studies have shown'은 주어 역할을 하는 명사절이며 show의 목적어가 없는 불완전한 절로 That을 What으로 고쳐야 적절하다.
② how(형용사/부사)의 구조에서 indignant는 respond를 수식하는 부사의 형태가 되어야 하므로 indignantly로 바꿔야 올바르다.
④ 'he will come or not'은 주어 역할을 하는 명사절이므로 or not 과 함께 사용하는 whether이 되어야 올바르다. 따라서 But을 whether로 고쳐야 한다.

해석
① 성격 연구들이 보여준 것은 변화의 개방성은 나이가 들면서 감소한다는 것이다.
② 그녀는 그가 그녀의 마지막 질문에 분개하여 반응을 하였는지에 의해 눈에 띄게 화가 났다.
③ 그녀가 슬픔을 느꼈을 때, 그녀는 외로운 풍경을 제외하고는 그녀를 마주하는 것이 없는 창문 쪽으로 돌아서곤 했다.
④ 그가 올지 안 올지는 확실하지 않다.

57

정답 ④

해설
- 빈칸 뒤에 절이 나오고 그 뒤에 본동사(is)가 나온다. 빈칸에는 명사절을 이끄는 접속사 필요하며 빈칸의 뒤에 절이 완전한 절이 므로 That이 가장 적절하다.
- 관계대명사 who의 선행사는 few boys 복수 명사이므로 뒤에 오는 동사는 have로 써야 올바르다.

해석
- 성인들의 흡연율이 점차 떨어지고 있는 것은 대형 담배회사들에게는 좋은 소식이 아니다.
- 그는 그 입학시험을 통과한 몇 안 되는 소년들 중 한 명이다.

58

정답 ①

해설
drives의 주어가 없는 불완전한 절이므로 That을 What으로 고쳐야 올바르다.

해석
예술가로서, 우리를 추진시킨 것은 불안이 적고, 공허함도 덜하며, 괴롭히는 것들이 최소한이 되도록 우리의 삶을 순조롭게 돌아가게 만들려고 하는 욕구이다.

59

정답 ③

해설
③ 'he eventually sacrificed himself'는 주어, 동사, 목적어가 완전한 문장이므로 which를 for which로 바꿔야 적절하다.
① without은 전치사이므로 뒤에 동명사를 쓰는 것이 적절하다.
② who wins the presidential election은 목적어 역할을 하는 명사절이다. 의문사 who가 명사절을 이끄는 접속사가 될 수 있으므로 바르게 쓰였다.
④ 복합관계대명사인 whatever가 쓰인 문장이며 whatever는 '~하는 무엇이든지'라고 해석하고, 명사 역할을 하므로 주어 자리에 올 수 있다.

60

정답 ③

해설
③ 주격 관계대명사 that 뒤에 오는 동사는 선행사와 수를 일치 시켜야 하며 선행사는 many forms이므로 has를 have로 고쳐 써야 적절하다.
① who are 는 선행사 people을 수식하고 있으며, who 다음 동사 are는 선행사 people과 수를 일치하여 올바르게 쓰였다.

② 'what the text might mean'은 전치사 of의 목적어 역할을 하는 명사절이며, mean의 목적어가 없는 불완전한 절이므로 what이 적절하다.
④ is의 보어역할을 하는 명사절은 주어가 없는 불완전한 절이므로 what을 써서 올바르게 표현된 문장이다.

해석
① laptop은 사무실에서 떨어져 있는 사람들이 계속 일을 하도록 허용한다.
② 텍스트를 읽는 것에 있어서 도전은 자신의 가정과 편견의 장애에도 불구하고 텍스트가 의미하는 바를 깊이 이해하는 것이다.
③ 대양은 아직 발견되지 않은 많은 형태의 생명체를 품고 있다.
④ 학업 지식이 항상 너를 옳은 결정을 하게 만드는 것은 아니다.

61
정답 ②

해설
② 선행사가 country이며 선행사에 수를 일치시켜야 하므로 were를 was로 써야 옳다.
① 'Latin American country'가 선행사로 were marked의 주어 역할을 하는 주격 관계대명사 which가 올바르게 쓰였다.
③ which의 선행사는 economic growth이며 동사 forced의 주어 역할을 하는 주격 관계대명사 which가 적절하다.
④ 'on the one hand'와 대비되는 'on the other (hand)'가 적절하다.

해석
칠레는 한편으로 20세기 내내 상대적으로 진보된 자유민주주의에 의해 특징지어질 수 있는 반면, 다른 한편으로는 식량을 수입할 수밖에 없었던 보통의 경제 성장밖에 이루지 못한 라틴아메리카 국가이다.

62
정답 ②

해설
(A) he thought he had seen에서 동사 had seen의 목적어가 없는 것으로 보아 what이 들어가야 옳다.
(B) 동사 are의 주어가 없는 불완전한 절이므로 관계대명사 which가 들어가야 적절하다.

해석
Kozyrev 박사가 자신이 달에서 보았다고 생각하는 것을 처음 발표했을 때 그의 해석은 다른 국가들의 많은 천문학자들에 의해 의심을 받았다. 하지만 그 후에, 이곳의 천문학자들도 이전에 추정되기로 달의 죽은 부분이었던 곳에서 그들 역시 믿는 끊임없는 화산활동의 신호인 색깔의 변화를 목격하게 되었다.

63
정답 ④

해설
선행사는 a place이며, 관계사절에서 장소의 부사이므로 관계부사 where이 적절하다.

해석
상호 부조 그룹은 개인이 문제를 가져와서 도움을 구하는 장소이다.

64
정답 ③

해설
선행사는 many이며, 빈칸은 관계사절에서 patrol이라는 동사의 주어 역할을 해야 하기 때문에 주격 관계 대명사 who가 되어야 한다.

해석
Cooper는 Palmer Woods와 같이 한 때 번영했던 소수 집단 거주지를 순찰하는 많은 사람들 중 한 사람인 민간 경비원이다.

65
정답 ④

해설
④ 선행사는 head로 사람이고 관계사절에서 주어 역할을 하므로 which를 who로 고쳐야 올바르다.
① What appeared to be a shark는 주어 역할을 하는 명사절로 appeared의 주어가 없는 불완전한 절이며 따라서 What이 적절하게 쓰였다.
② What happened to my lovely grandson은 주어 역할을 하는 명사절로 happened의 주어가 없는 불완전한 절이며 따라서 What이 적절하게 쓰였다.
③ What matters most는 주어 역할을 하는 명사절이며, matter의 주어가 없는 불완전한 절이므로 What이 적절하게 쓰였다.

66
정답 ①

해설
① lest는 '~하지 않도록'의 부정의 의미가 포함된 접속사이므로 다음에 오는 절에서 부정어를 사용하지 않는 것이 원칙이다. 따라서 'lest he should fail~'로 써야 한다.
② '~하면 반드시 ~하다'는 '부정어(not/never)+without+~'로 표현한다.
③ '~하자마자'를 의미하는 접속사 as soon as가 적절하게 쓰였다.
④ 형용사 convenient는 행위의 편리함을 의미하므로 사람주어 대신 행위를 의미하는 가주어(It)를 사용해서 구성한다.

67
정답 ②

해설
② 주어 'the mayor's statement'와 동사 meant의 목적어가 없으므로 that을 what으로 고쳐야 적절하다.
① 동사 decide에 대해 목적어로 what절이 사용되고 있고 what절은 주어나 목적어가 빠진 불완전한 절이기 때문에 what is best라고 바르게 표현되었다.
③ whatever는 '~라고 해도'의 의미인 복합의문사로 양보의 부사절을 이끈다. 접속사이므로 뒤에 주어 동사의 구조가 바르게 쓰였다.
④ 'what the speaker actually says'는 동사 may be에 대한 명사절로서 명사절 동사 says에 대한 목적어가 없으므로 what이 바르게 쓰였다.

해석
① 그렇게 여러 가지 다양한 실속형 기기들이 있을 때는 어떤 것이 가장 좋은지를 정하는 것이 중요하다.
② 그 도시에서 시민으로서의 그들의 미래에 시장의 발표가 의미하는 바를 깨닫기 시작하면서, 사람들은 놀라서 침묵에 빠졌다.
③ 그가 무슨 말을 해도 낯선 사람에게는 문을 열어 주지 마라.
④ 사실상 화자가 실제로 말하는 것은 사실일지 모른다.

68
정답 ④

해설
All이 선행사로 쓰일 때 관계대명사 that을 사용한다. All that is needed~가 적절한 표현이다.

해석
필요되는 모든 것은 물과 음식의 지속적인 공급이다.

69
정답 ③

해설
③ 'As+형용사/부사+as+S+V'의 양보구문이다. 양보구문의 어순이 올바르게 쓰였다.
① that이 동사 remember의 목적어 역할을 하는 명사절을 이끌고 있다. that 명사절에서 did동사의 목적어가 없으므로 that을 what으로 써야 한다.
② such/so 는 뒤에 that과 어울리며 '~해서 -하다'의 의미가 된다. 따라서 but을 that으로 써야 적절하다.
④ by는 전치사로만 사용되는데, until은 전치사, 접속사로 사용 가능하여 by 뒤에 주어 동사가 나오므로 by를 until로 써야 옳다.

70
정답 ②

해설
(A) 전치사 about의 목적어 역할을 하는 명사절에서 look의 보어 역할을 하는 형용사가 없으므로 의문부사 how가 적절하다.
(B) 주격 관계대명사가 필요하며, 선행사 -thing인 경우에는 that만 사용이 가능하다.

해석
그들은 오랫동안 멸종되었던 동물의 잔해를 연구하고 그들이 살아 있을 때 어떻게 생겼을지를 추측한다. 설명할 수 없는 것은 무엇이나 미스테리를 사랑하는 사람들에게 매혹적이다.

CHAPTER 04 구문

71
정답 ③

해설
③ lest는 '~하지 않도록'이라는 부정의미의 접속사로 뒤에 다시 부정어(not)가 들어가면 안 된다.
① not A but B 구문으로 'A가 아니라 B이다'로 해석이 되며 'what S have'는 '재산', 'what S be'는 '인격'으로 해석한다.
② the last man to V는 '절대로 ~ 할 사람이 아니다'로 해석되며, 올바른 문장이다.
④ 가정법에서 조건절의 if가 생략되어 도치가 일어났다. 원래 문장은 If the wound should be inflamed로 가정법 미래의 문장이다.

72
정답 ②

해설
② no sooner는 부정의 부사로 문두에 나가면 도치가 일어난다. 따라서 no sooner had he gone으로 써야 적절하다.
① 비교급을 수식할 수 있는 부사 much가 바르게 쓰였고 that of London에서 that은 the population을 지칭하므로 단수형 that이 적절하게 쓰였다.
③ 혼합 가정법으로 '과거에 충고를 따랐더라면, 지금 건강할 것이다'의 의미가 되며 문장 뒤쪽에 now가 있으면 혼합 가정법으로 생각해야 한다.
④ If가 생략되고 주어와 had가 도치되어 가정법 과거완료로 올바르게 쓰인 문장이다.

해석
① 서울의 인구는 런던의 인구보다 많다.
② 그가 나가자마자 비가 오기 시작했다.
③ 내가 너의 조언을 따랐더라면, 지금 건강할텐데.
④ 그들이 내 지시를 따랐다면 그들은 벌을 받지 않았을 것이다.

73
정답 ④

해설
'배수사+명사'는 '~의 몇 배'의 의미로 배수사 double 다음에 명사를 써야 하는데, 주어 동사가 있는 절이 있으므로 명사절로 바꿔야 한다. 따라서 명사절을 이끄는 접속사를 써야 하고 was의 보어 역할을 하는 명사가 없으므로 정답은 what이 된다.

해석
Easter Island의 인구는 약 5000명인데, 20년 전보다 거의 2배이다.

74
정답 ④

해설
'~해야 할 때이다'를 나타내는 구문으로 'It is high[about] time S+과거동사'를 쓴다. 따라서 정답은 reviewed이다.

해석
지금이 우리가 우리의 중동 외교정책을 검토해야 할 때이다.

75
정답 ②

해설
② 'so ~ that'구문에서 'so+부사'가 문두로 나가 도치가 된 문장이므로 올바르게 쓰였다.
① as는 동등비교를 나타내므로 'as good a swimmer as'가 되어야 한다.
③ as 다음에는 as가 와야 하므로 than을 as로 고쳐야 적절하다.
④ those of에서 those는 skeleton을 받는 대명사이므로 단수형 that으로 고쳐야 적절하다.

해석
① 그녀는 그보다 더 낫지는 않을지라도 그만큼은 수영을 잘 한다고 느꼈다.
② 그가 너무 강력하게 항의해서 그들은 그의 사건을 재고했다.
③ 벌과 꽃만큼 친밀하게 연결되어 있는 생물은 거의 없다.
④ 고대 상어의 아가미를 지지하는 뼈대는 현대의 그것과 완전히 다르다.

76
정답 ③

해설
③ 비교급으로 최상급을 나타내는 표현이다. '비교급 than any other 단수명사'가 되어야 하므로 any other man이 되어야 적절하다.
① 가정법 과거의 문장으로 'If S+과거동사, S+would+V'가 올바르게 쓰였다.
② when I was a college student로 보아, 과거 사실에 대한 반대 가정이기 때문에 과거 완료가 적절하다.
④ 원급 careless를 수식하는 very가 올바르게 쓰였다.

해석
① 내가 너라면, 나는 경험을 쌓기 위한 목적 하나로도 그 자리에 지원하겠다.
② 대학에 다닐 때 생물학 공부를 했었더라면.
③ 그가 다른 어떤 사람보다 새로운 생각에 더 수용적이라는 것은 널리 알려져 왔다.
④ 제시카는 지식을 향상시키는 노력을 게을리하는 부주의한 사람이다.

77
정답 ④

해설
④ '~하자마자 ~했다'라는 표현에 'no sooner 과거완료 than 과거'와 'hardly/scarcely 과거완료 when/before 과거'가 있고 따라서 than을 when 이나 before로 고쳐야 옳다.
① 'not so much as+동사원형'은 '~조차도 않다'의 의미로 'cannot so much as write'는 '이름조차도 쓰지 못 한다'로 해석이 되어 올바르게 쓰인 문장이다.
② 'the 비교급, the 비교급'구문으로 물가는 증가하는 것이어서 자동사 rise가 바르게 쓰였다.
③ 'B 보다는 A하는 것이 더 낫다'는 'would rather A than B'의 관용구로서 A와 B 자리에 모두 동사원형이 쓰인 적절한 문장이다.

78
정답 ①

해설
① 과거 사실의 반대이므로 가정법 과거완료가 되어야 한다. If it had not been for Newton, the law of gravitation would not have been discovered로 바꿔야 올바르다.
② 가정법 과거 완료 구문 If I had had the book,~에서 if가 생략돼 도치가 된 구문이다.
③ 과거 사실의 반대를 하는 가정법 과거완료 구문으로 올바르게 쓰인 문장이다.
④ '~하고 나서야 -하다'의미로 'not - until~'구조로 올바르게 쓰인 문장이다.

79
정답 ②

해설

② very는 비교급을 수식하는 부사로 쓸 수 없으므로, much로 고쳐야 옳다.
① to stop은 '멈추기 위해서'라는 의미의 to 부정사의 부사적 용법으로 쓰였다.
③ 선행사는 things이고 we know는 삽입구이다. 주격 관계대명사 뒤에 동사는 선행사(things)에 수를 일치하므로 damage로 올바르게 쓰였다.
④ smoking, drinking, taking은 등위 접속사로 연결되어 같은 형태의 병렬 구조로 적절하게 쓰였다.

해석

때때로 여러분이 병에 걸리는 것을 막기 위해 할 수 있는 것은 아무것도 없다. 하지만 만약 여러분이 건강한 삶을 산다면, 여러분은 아마 훨씬 더 빨리 나을 수 있을 것이다. 우리는 담배를 피우고, 술을 너무 많이 마시고, 해로운 약을 먹는 것과 같이 신체에 해를 끼치는 것으로 알고 있는 것들을 모두 피할 수 있다.

80
정답 ②

해설

② 'Hardly 과거완료 ~ when 과거'는 '하자마자 ~ 하다'의 구문으로 did를 had로 고쳐야 한다.
① not so much as는 '~조차도 않다'의 의미로 부정어 not 대신 never를 써서 올바르게 표현되었고, mention은 타동사이므로 다음에 전치사 없이 목적어로 쓰는 것도 적절하게 되었다.
③ 상상력을 더 일찍 사용하지 못한 것을 반대로 가정하는 것이므로 가정법 과거완료가 적절하다.
④ preferable은 비교 대상이 명사인 경우 전치사 to를 쓰는 것이 적절하다.

해석

① 그녀는 그것을 언급조차 하지 않았다.
② 그녀가 집에 들어가자마자 누군가가 불을 껐다.
③ 내가 내 상상력을 더 일찍 썼더라면 좋았을 텐데.
④ 아이들을 키우기 위해서 큰 도시보다 작은 마을이 선호된다.

81
정답 ②

해설

② 비교급으로 최상급을 나타내는 대용표현으로서 'S 비교급 than any other 단수명사'로 쓸 수 있다. 따라서 복수명사 men을 단수명사 man으로 고쳐야 올바르다.
① far는 비교급 수식 부사이며 previous ones에서 ones는 films를 받는 대명사이다.
③ 'A not 동사 any more than B'는 'B처럼 A도 V아니다'로 해석이 되는 비교급 관용구로 올바른 문장이다.
④ ever는 최상급을 수식하는 부사로 쓰였고, by far(훨씬)는 비교급 강조 부사로 올바르게 사용되었다.

82
정답 ②

해설

② the 비교급, the 비교급 구문으로 expensive의 비교급은 the more expensive로 문두에 나와야 한다. 따라서 'the more expensive a hotel is'가 되어야 옳다.
① 가정법 과거완료 문장으로 'If 주어 had pp, 주어 would have p.p.'로 올바르게 표현되었다.
③ 가정법 과거완료 문장으로 적절하게 쓰였다.
④ 혼합 가정법 구문으로 올바르게 표현되었다.

해석

① 그녀가 어제 집에 있었다면, 나는 그녀를 방문했을 것이다.
② 호텔이 더 비쌀수록, 그 서비스는 더 낫다.
③ 내가 만약 돈이 충분하다면, 화려한 요트를 샀었을 텐데.
④ 그녀가 어젯밤에 약을 복용했었더라면, 오늘 기분이 더 나아졌을 것이다.

83
정답 ③

해설

③ 'the 비교급, the 비교급'이 되어야 하므로, the worst는 the worse로 고쳐야 옳다.
① 앞에 절이 부정문이어서 뒤에 'neither V S'를 써야 되고, 앞 절의 동사가 일반 동사이므로 do를 쓰는 것도 적절하다.
② if가 생략되어 도치가 된 가정법 과거완료 문장이다.
④ 가정법 미래구문으로 'if S should V'가 된다. 올바른 문장이다.

해석

① 그들은 그의 이야기를 믿지 않았고 나도 마찬가지였다.
② 그의 아들을 찾지 않았더라면, Tom은 평생 이랬었을지도 모른다.
③ 실수를 설명하기 위해 더 시도하면 할수록, 그들의 이야기는 더 안 좋게 들렸다.
④ 만약 제품이 내일까지 배달되지 않으면, 그들은 불평을 할 것이다.

84
정답 ④

해설

④ were it not for은 'if it were not for~'이 도치된 것으로 가정법의 문장으로 주절에 would be가 적절하다.

① 'hardly 과거완료 when/before 과거' 구문에서 'Hardly had S p.p.'가 되어야 하므로 has를 had로 고쳐야 바르다.
② 'never in my life'는 부정의 부사구로 도치가 일어나야 하므로 'I have seen'을 'have I seen'으로 고쳐야한다.
③ 비교급을 최상급으로 나타낼 때 '비교급 than any other 단수명사'가 되어야 한다. players를 player로 바꿔야 적절하다.

[해석]
① 바이올린 연주자가 공연을 끝내자마자 청중들이 일어서서 박수를 쳤다.
② 내 평생 이렇게 아름다운 여자는 본 적이 없다.
③ 그는 그의 반에서 다른 어떤 야구 선수들보다 더 기술이 좋다.
④ 물이 없으면, 지구상의 모든 살아 있는 생물체는 멸종할 것이다.

85
[정답] ④

[해설]
④ 'She looked so ridiculous that~'에서 so ridiculous가 문두로 나가면서 도치가 되어야 한다. 따라서 'So ridiculous did she look that~'으로 써야 올바르다.
① 'the 비교급, the 비교급' 구문으로 적절하며 it은 가주어이고 to learn이 진주어이다.
② 가정법 과거완료 구문으로 적절하게 쓰였다. 'If she had come to ~'에서 if가 생략되고 도치가 되었다.
③ not until 구문을 강조한 문장으로 when은 부사절을 이끄는 접속사가 아니라 앞에 the time이 생략되어 있는 관계부사이다.

86
[정답] ③

[해설]
가정법 혼합 구문으로 'a few years earlier'를 보아 조건절은 과거의 일을, now를 보아 주절은 현재의 일을 가정하므로 가정법 과거인 'would speak'가 들어가는 것이 적절하다.

[해석]
내가 몇 년 더 일찍 러시아어 공부를 시작했었더라면, 나는 지금 러시아어를 유창하게 할 텐데.

87
[정답] ①

[해설]
① 비교 대상은 your son's hair와 you가 아니라 you hair가 되어야 하므로, '소유격+명사 = 소유대명사'로 yours가 되어야 올바르다.
② 'Under no circumstances'는 부정의 부사구로 문두로 나가면 도치가 일어나므로 바르게 쓰인 문장이다.

③ 'for fear (that)'은 lest와 마찬가지로, '~하지 않기 위해서'라는 의미로 다음에 부정이 오면 안 되고 '(should) V'를 써야 한다. 따라서 올바르게 쓰인 문장이다.
④ 다른 대상과의 비교가 아닌 동일물의 성질 비교인 경우이므로 정관사 없이 최상급을 쓴다.

88
[정답] ③

[해설]
③ 'as ~ as' 동등비교 구문에서 앞에 부정의 not이 있어서 as가 so로 바뀐 적절한 문장이다. 'so 형용사 a 명사' 어순 또한 적절하다.
① little이라는 부정부사가 문두에 나가서 'little do S+V'의 어순이 적절하지만, 'thirty years ago'라는 과거부사가 나왔으므로 과거 시제가 되어야 한다. 'little did he dream'으로 고쳐야 적절하다.
② 'A is no more B than C (C처럼 A도 B가 아니다)' 구문으로 '학교 교육처럼 부모의 지도도 학교 교육에 중요하지 않다'로 해석이 되어 해석상 맞지 않는다. '중요하다' 의미가 되려면 'A is no less B than C' 구문을 써야 하며 'Parental guidance is no less important than school education.'으로 고쳐야 올바르다.
④ would rather A than B의 관용구에서 A, B는 모두 동사 원형을 써야 하므로, going을 go로 고쳐야 올바르다.

89
[정답] ①

[해설]
① prefer는 다음에 동명사와 to부정사 모두 쓸 수 있지만, 'to ~ing'는 부적절하다. 'prefer to stay' 또는 'prefer staying'이 되어야 옳다.
② 가정법에서 if가 생략되었고, 가정법 과거완료의 동사의 시제도 적절하다. 올바르게 쓰였다.
③ much는 비교급을 수식하는 부사이며, money는 셀 수 없는 명사이므로 little의 비교급 less가 올바르게 쓰였다.
④ 'as ~ as' 동등 비교 구문이 부정문이 되면서 not so ~ as가 된 것으로 적절하며 as 와 as 사이 stingy 원급이 들어가서 올바르게 쓰인 문장이다.

[해석]
① 나는 눈 오는 날 밖에 나가는 것보다 집에 있는 것을 더 좋아한다.
② 내가 그때 그 계획을 포기했었다면 이렇게 훌륭한 성과를 얻지 못했을 것이다.
③ 요즘에는 신문들이 광고에서 훨씬 더 적은 돈을 번다.
④ 그는 사람들이 생각했던 만큼 인색하지 않았다는 것이 드러났다.

90
정답 ③

해설
부정부사 never가 문두로 나갔으므로 주어와 동사는 도치가 되어야 하며, 'such+a+형용사+명사'의 어순을 취하여야 하므로 ③이 올바르게 영작되었다.

CHAPTER 05 품사

91
정답 ④

해설
④ 'one of+복수명사'가 올바르게 쓰였다.
① team은 집합명사로 팀의 구성원 전체를 의미할 때는 복수 취급하기 때문에 복수 동사 work로 고쳐야 한다.
② advice는 불가산명사이므로 한정사 an을 쓸 수 없다. a piece of advice라고 표현해야 옳다.
③ sugar는 셀 수 없는 명사이므로 number와 함께 쓸 수 없고, 양을 나타내는 명사 amount가 되어야 한다.

해석
① 이 팀원 모두는 보통 금요일에 늦게까지 일한다.
② 나는 내 사업을 위한 충고가 필요해.
③ 최근 보고서에 따르면, 미국인들이 소비하는 설탕의 양은 매년 크게 변하지 않는다.
④ 지난 몇 년 간의 정부 정책 중에서 가장 인상적인 것 한가지를 보았다.

92
정답 ①

해설
① other는 다음에 셀 수 있는 명사를 쓸 때는 복수형으로 써야 하기 때문에 sciences로 고쳐야 올바르다.
②, ③ 형용사 objective, systematic, consistent, explicit 병렬구조로 연결된 것으로 형용사형으로 올바르게 쓰였다.
④ its는 linguistic을 지칭하는 대명사로, 학문명은 단수 취급하여 its로 올바르게 쓰였다.

해석
언어학은 언어에 대한 설명이 객관적이고 체계적이며 일관적이고 명확해야 한다는 점을 다른 과학과 공유한다.

93
정답 ④

해설
의미상의 주어가 of you인 것으로 보아, 빈칸에는 사람의 인성형용사가 들어가야 올바르며 '사려깊은'이라는 의미의 considerate가 정답이 된다.

해석
네가 대표들을 위한 환영 연설을 한다니 정말 사려깊었어.

94
정답 ④

해설
④ thousand라는 수단위명사가 fifty라는 특정 숫자와 함께 쓸 때는 단수로 써야 올바르다. thousands를 thousand로 고쳐야 적절하다.
① 부사인 easily가 과거분사인 revised를 바르게 수식하고 있으며, 올바르게 쓰인 문장이다.
② prove는 불완전타동사로 뒤에 형용사 보어를 취할 수 있으며 보어인 fatal이 형용사의 형태로 올바르게 쓰였다.
③ unprecedented가 뒤에 나온 명사 change를 수식하고 있는 형태이고 형용사의 형태가 올바르게 쓰였다.

해석
① 디지털 형태로 지도들은 쉽게 개정될 수 있다.
② 이 질병으로 목숨을 잃는 일은 좀처럼 없다.
③ 그것은 인간이 만든 유례없는 세계의 형태에 대한 변화이다.
④ 그 판매원은 나에게 품질이 좋은 타이어 세트는 5만 킬로미터까지 지속될 것이라고 말했다.

95
정답 ①

해설
① homework는 셀 수 없는 명사이므로 s를 쓸 수 없고, 셀 수 있는 명사를 수식하는 many가 아니라 셀 수 없는 명사를 수식하는 much로 고쳐야 한다. much homework가 올바른 형태이다.
② 청중 구성원 개개인을 의미하므로 복수 취급해야 한다. 주어와 동사의 수를 일치시켜 동사 were가 올바르게 쓰였다.
③ 가족 구성원 개개인을 나타내기 때문에 복수 취급하므로 동사 are가 적절하게 표현되었다.
④ 가족 전체 집단을 의미하므로, 단수 취급하여 동사 consists of 가 바르게 쓰였다.

해석
① 누나는 해야 할 숙제가 너무 많아서 어젯밤 화가 났다.
② 모든 청중들이 매우 감동받았다.
③ 나의 가족들은 매우 일찍 일어나는 사람들이다.
④ 우리 가족은 7명으로 구성되어 있다.

96
정답 ③

해설
to take us all과 어울리는 것은 '너무 ~해서 -할 수 없다'라는 의미의 'too ~ to' 용법이다.
'too 형용사 a/an 명사'의 어순에 따라서 'too small a car'가 올바르다.

해석
나는 Liz가 우리를 공항에 태워 주기를 바랐지만, 그녀는 우리를 모두 태워 주기에는 너무나 작은 차를 가지고 있었다.

97
정답 ②

해설
② 빈도부사 always는 일반동사보다 앞에 위치하므로, 어순이 적절하다.
① 'not ~ everything'은 부분 부정이 되어 '모든 것을 다 아는 것은 아니다'는 의미가 되어 우리말과 달라지므로 아무것도 모른다고 표현하려면 'He knows nothing', 'He doesn't know anything'이라고 해야 한다. '부정어 ~ every/all'은 부분부정을 나타낸다.
③ convenient는 사람을 주어로 사용하지 못하는 형용사이므로 you를 it이라는 가주어로 바꾸고 to부정사 앞에 의미상의 주어 for you를 넣어야 한다. 'When will it be convenient for you ~'라고 써야 올바르다.
④ thoughtful은 사람의 성격을 나타내는 형용사이므로 to부정사의 의미상의 주어로 for가 아닌 of로 쓰는 것이 적절하다.

98
정답 ②

해설
② enough는 형용사를 수식하는 부사로 쓰이는 경우 후치수식을 하므로 fortunate enough가 되어야 하며, 콤마 다음에는 that을 쓸 수 없으므로 which로 고쳐야 적절하다.
① 'It ~ that'강조 구문이며 'not A but B'는 'A가 아니라 B'의 의미의 상관접속사이므로 올바르게 쓰인 문장이다.
③ 'A is one thing, and B is another'가 'A와 B는 별개의 문제다'라는 의미로서 올바르게 사용되고 있다.
④ normal과 healthy는 둘 다 emotion을 수식하는 형용사형이 적절하게 표현되었다.

해석
① 당신을 성공으로 이끄는 것은 재능이 아니라 열정이다.
② 우리는 운이 좋게도 그랜드 캐니언을 방문했는데, 거기에는 경치가 아름다운 곳이 많다.
③ 일하는 것과 돈 버는 것은 별개의 것이다.
④ 분노는 정상적이고 건강한 감정이다.

99
정답 ④

해설
④ one another는 세 명 이상일 경우 순서를 정하지 않고 '서로'를 의미하는 부정대명사이며 actors라고 했으므로 서로 조언을 찾는다는 내용의 one another가 올바르게 쓰였다.
① 부정문에서 any를 주어로 쓰지 않고 any+not의 의미인 no 또는 none을 주어로 쓴다. 'No vaccines exist~'로 고쳐야 적절하다.
② 부정형용사 every 뒤에는 단수 명사와 단수 동사가 와야 하므로 are를 is로 고쳐야 적절하다.
③ 전치사 for에 대한 목적어가 주어와 같은 monkeys를 대신하는 것으로 재귀대명사인 itself를 themselves로 고쳐야 적절한 표현이 된다.

해석
① 감염을 예방하기 위한 어떤 백신도 존재하지 않는다.
② 그 회의에 참석한 모든 사람은 그 아이디어를 마음에 들어 한다.
③ 인간은 음식을 공유하는 반면, 원숭이는 각자 알아서 한다.
④ 배우들은 서로에게서 조언을 구하고 피드백을 요청한다.

100
정답 ④

해설
앞 문장에 이어 '~도 또한 ~하다'는 표현을 할 때는 'so V S' 형태로 쓴다. 이때 동사로는 앞 문장의 동사가 be동사나 조동사일 경우 그대로 쓰며 일반 동사인 경우 'do/does/did'로 대신 쓴다.
went가 일반 동사이고 과거이므로 did를 써야 적절하다.

해석
Jane은 영화를 보러 갔는데, 그녀의 여동생도 영화를 보러 갔다.

03. 문법 OX / 선택형 문제

CHAPTER 01 문장형 OX

01 We noticed them coming in.
해설 notice는 지각동사이며, 지각동사는 동사원형이나 현재분사를 목적어로 취한다. coming in으로 옳게 쓰였다.
O

02 They should practice playing the guitar whenever they can.
해설 동사 practice는 다음에 동명사를 목적어로 취하므로 playing으로 옳게 쓰였다.
O

03 I successfully completed writing the book three weeks ago.
해설 three weeks ago는 과거시제와 함께 쓰는 시간부사이므로 completed가 옳게 쓰였다.
O

04 My parents kept on encouraging me studying.
해설 'keep on -ing'는 '계속해서 ~하다'로 옳게 쓰였지만, encourage는 목적어 다음 to부정사를 취하므로 to study로 고쳐야 맞다.
X

05 They wouldn't let me attend the anniversary.
해설 let은 사역동사로서 목적격 보어에 동사원형을 써야 되므로 attend가 옳게 쓰였다.
O

06 Brad has known the story long before he received the book.
해설 그 책을 받은 시점보다 더 먼저 이미 그 내용을 알고 있었으므로, 한 시제 더 앞선 과거 완료를 쓰는 것이 옳다. 따라서 has를 had로 고쳐야 한다.
X

07 The instructions require that we not used a red pen
해설 require는 주장, 요구의 동사로서 that절에(should) 동사원형이 들어가야 적절하다. 따라서 used를 use로 고쳐야 한다.
X

08 Tim, one of my best friends, were born in October 4th, 1987.
해설 주어가 Tim이므로 동사는 단수동사를 써야 옳다. 따라서 were를 was로 고쳐야 한다.
X

09 Not only is she modest, but she is also polite.   O

해설 부정 부사어구 Not only를 문두에 강조하는 경우 어순이 도치된다.

10 I find myself enjoying classical music as I get older.   O

해설 find+O+…ing(현재분사) 목적어와 목적격 보어의 관계가 능동이므로 올바르게 되었다.

11 The number of crimes in the cities are steadily decreasing.   X

해설 the number of+복수명사+단수동사이므로 are를 is로 써야 옳다.

12 The car insurance rates in urban areas are higher than those in rural areas.   O

해설 주어(The car insurance rates)와 동사(are)의 수 일치가 올바르게 되었고 비교급 구문도 올바르게 썼다.

13 I was so sleepy that I couldn't keep my eyes open.   O

해설 keep+O+형용사. 형용사 open이 목적격 보어로 올바르게 되었다.

14 The pens lying on the table are belonging to her.   X

해설 belong to는 진행시제를 쓸 수 없는 동사이므로 are belonging을 belong으로 고쳐야 옳다.

15 I saw her entering the office this morning.   O

해설 동사 enter는 enter+장소로 쓰인다.

16 In case it rains tomorrow, the game will be called off.   O

해설 조건 부사절(in case+S+V)에서 현재시제가 미래시제를 대신하여 rains로 적절하게 되었다.

17 Su-jin likes to lie down for a short nap every afternoon.   O

해설 '누워 있다'는 자동사가 되어야 하므로 lie로 올바르게 표현되었다.

18 She objects to being asked out by people at work.   O

해설 object to에서 to는 전치사이므로 명사나 동명사가 와야 한다.

19 The lab test helps identifying problems that might otherwise go unnoticed.   X

해설 help 다음에 동사원형이나 to부정사를 취하여야 하므로 identifying을 identify/to identify로 써야 옳다.

20 Undergraduates are not allowed to use equipments in the laboratory.   O

해설 allow의 목적보어는 to부정사가 와야 하므로 올바르게 표현되었다.

21 There goes the last piece of cake and the last spoonful of ice cream.   X

해설 there은 유도부사이고 도치가 되어 V+S구조로 the last piece of cake and the last spoonful of ice cream이 주어이므로 주어가 A and B 구조로 복수동사로 써야 올바르다. goes를 go로 고쳐야 올바르다.

22 That wonderful thought was suddenly occurred after I came to Jeju.   X

해설 occur는 자동사이므로, 수동태를 만들 수 없다. was occurred를 occurred로 고쳐 써야 올바르다.

23 Even before Mr. Smith announced his movement to another company, the manager insisted that we began advertising for a new accountant.   X

해설 insist는 주장, 제안의 동사로 that절에 '(should)+동사원형'이 와야 하므로 began을 begin으로 써야 적절하다.

24 Such were the country's solutions that they drew international attention to the issue.   O

해설 The country's solutions was such that~에서 such가 문두로 나가고 도치가 된 문장이다. 주어가 solutions이고 복수이므로 were가 올바르게 표현되었다.

25 She brought food to those who were working in the woods.   O

해설 bring은 'bring+간접목적어+직접목적어' 또는 'bring+직접목적어+to 간접목적어'로 '~에게 ~를 가져다주다'의 의미를 나타낸다.

26 We're now approaching the Tower of London.   O

해설 approach는 타동사이므로 '~에 접근하다'의 의미를 나타낼 때 전치사를 사용하지 않고 바로 목적어를 취한다.

27 Paul briefly explained to them the situation.   O

해설 explain은 '~에게 …를 설명하다'의 뜻을 나타낼 때 반드시 '~에게'에 해당하는 말에 to를 붙여야 한다.

28 The actress married with a police officer in 2017.   X

해설 marry가 타동사로 쓰여, '~와 결혼하다'의 뜻을 나타낼 때 전치사를 사용하지 않고 바로 목적어를 취하므로 'The actress married a police officer ~'라고 써야 올바르다.

29 The committee consists of scientists and engineers.   O

> 해설 '~로 구성되다'는 의미인 consist of를 수동형으로 사용하지 않는다.

30 In some households, the man was referred to the master.   X

> 해설 'refer to ~ as'는 '~를 …라고 부르다'라는 의미로 수동태가 되면 '~ be referred to as'로 표현한다. 따라서 was referred to를 was referred to as로 써야 옳다.

31 No one wants to buy a watch that often needs repairing.   X

> 해설 'need+-ing'는 형태는 능동이지만 의미는 수동으로 '~될 필요가 있다(need to be p.p.)'의 뜻이다.

32 She mightn't have known what the bottle contained.   X

> 해설 'mightn't have p.p.'는 '~하지 못했을 수도 있었다.'라는 의미이다.

33 Lock the stable door after the horse has been stolen.   X

> 해설 현재 완료에서 결과를 나타내는 의미로, 말들이 도난당한 결과 현재 한 마리도 마구간에 없다는 의미를 포함한다.

34 We had had that car for ten years before it broke down.   O

> 해설 고장 난 것이 과거시제인데, 더 과거인 이전 10년 간 차를 갖고 있었으므로, 과거 완료시제가 맞다.

35 He worked for the government since he graduated from Harvard University.   O

> 해설 since는 '~이래로 (지금까지)'의 의미로 현재완료 시제와 함께 쓰게 되므로, worked를 has worked로 고쳐야 한다.

36 How long have you lived in this city?   O

> 해설 How long과 현재 완료 시제를 함께 쓸 수 있다.

37 You'd better attend to your study.   O

> 해설 had better는 조동사이므로 다음에 동사원형을 쓰는 것이 적절하며, attend to는 '처리하다, 돌보다(자동사)' 의미로 attend to your study는 '연구를 하다'의 의미이다. attend는 타동사로 쓰면 '~에 참석하다'의 의미가 된다.

38 She explained me the meaning of the sentence.   X

> 해설 explain은 3형식 동사로 '-에게'라고 할 때는 전치사 to를 써야 한다.

39 If you are free now, I want to discuss about it with you.   X

해설 discuss는 타동사로 다음에 전치사 about을 써서는 안 된다.

40 He resembles to her mother very closely.   X

해설 resemble은 타동사로 다음에 전치사 to를 써서는 안 된다.

41 James became great by allowing himself learning from mistakes.   X

해설 allow는 목적어 다음 to부정사를 취하여하므로, to learn이 되어야 옳다.

42 Sharks have looked more or less the same for hundreds of millions of years.   O

해설 look은 2형식 동사로서 수동태가 될 수 없으므로 have looked가 올바르게 표현되었다.

43 The poor woman couldn't afford getting a smartphone.   X

해설 afford는 다음에 to부정사를 목적어로 취하는 동사로 to get이 되어야 옳다.

44 We suggest you to take a copy of the final invoice along with your travel documents.   X

해설 suggest는 'suggest+목적어+to V'의 5형식으로 쓰지 못한다. suggest that you (should) take ~가 되어야 옳다.

45 She arrived with Jin, who was weak and exhausted.   O

해설 be동사의 보어 자리이므로 과거분사 exhausted가 되어 '지친'의 의미로 표현되었다.

46 While working at a hospital, she saw her first air show.   O

해설 While은 접속사로, 다음에 'S+be동사'가 생략되어 있는데, she was working이므로, While working으로 옳게 되었다.

47 Tim got his license taking away for driving too fast.   X

해설 his license가 목적어, take away가 목적보어이다. 둘의 관계가 수동이므로 과거분사 taken away로 쓰는 것이 옳다.

48 The failure is reminiscent of the problems surrounding the causes of the fatal space shuttle disasters.   O

해설 대참사의 원인을 둘러싸고 있는 문제들이므로 능동인 surrounding으로 옳게 되었다.

49 Tom made so firm a decision that it was no good try to persuade him.   X

> 해설 'it is no good[use] ~ing(~해도 소용없다)'의 표현으로 trying으로 고쳐야 옳다.

50 Surrounding by great people, I felt proud.   X

> 해설 분사구문으로 내가 둘러싸인 것이므로 surrounded로 고쳐야 옳다.

51 Sleeping has long been tied to improving memory among humans.   X

> 해설 be tied to에서 to는 전치사로 동명사 improving이 올바르게 쓰였다.

52 Returned to my apartment, I found my watch missing.   X

> 해설 주절의 주어 I와 return의 관계는 능동이므로 현재분사 returning으로 고쳐야 옳다.

53 He found his favorite jar broken.   O

> 해설 find는 불완전타동사로 분사를 목적격 보어로 취할 수 있으며 목적어(jar)와 목적격 보어인 (break)의 관계가 수동이므로 과거분사 broken이 올바르게 쓰였다.

54 Last night, she nearly escaped from being run over by a car.   O

> 해설 '~을 치다' 의미인 run over에서 차에 치인 것이고, over 뒤 목적어가 없고 수동의 의미임을 알 수 있다. 따라서 수동형 동명사 being run over가 올바르게 쓰였다.

55 They were on the verge to leave the summer resort.   X

> 해설 '막 ~하려고 하다'는 'be on the verge[brink/edge/point] of ~ ing' 또는 'be about to V'로 표현한다. 따라서 to leave를 of leaving으로 고쳐야 적절하다.

56 We used to go swimming in the lake.   O

> 해설 used to '~하곤 했다'를 의미하는 표현으로 동사 원형을 취한다.

57 Police find his car parking about halfway to the lake.   X

> 해설 동사인 find, 목적어 his car 다음 목적보어에 차가 주차되어진 것이기 때문에 과거분사인 parked로 써야 옳다.

58 Compared with his sister, she is not so pretty.   O

> 해설 비교되는 수동의 의미이기 때문에 compared 과거분사가 적절하다. 또 compare 뒤 목적어도 없다.

59 This is a picture of a couple walking together.   O

해설 walking together가 명사 couple 수식하여 '걷고 있는 커플'이라는 능동의 의미기 때문에 현재분사 walking이 올바르게 쓰였다.

60 Not having met him before, I don't know him.   O

해설 분사구문의 부정은 분사구문 바로 앞에 나와야 올바르고, 시간부사인 before를 보고 주절보다 이전이라는 의미가 확실하게 알 수 있어 앞선 시제를 표현하는 Not having met가 옳게 쓰였다.

61 The movie was so bored that I fell asleep after half an hour.   X

해설 의미상 영화가 '지루함을 느끼는(×)'이 아닌 '지루함을 느끼게 하는(○)'의 의미로 현재분사를 쓰는 것이 옳다.

62 A survey conducting for the journal American Demographics by the research from Market Facts found some surprising results.   X

해설 의미상 '실시된' 조사이고 타동사인 conduct 뒤에 목적어가 없으므로 conducted로 써야 올바르다.

63 Many New Yorkers wanted to have a bridge directly connecting Manhattan and Brooklyn because it would make their commute quicker and safer.   O

해설 의미상 '연결하는'의 능동의미를 가지며 Manhattan and Brooklyn이라는 목적어가 나오므로 현재분사 connecting으로 바르게 쓰였다.

64 My wife and I once drove past a young man rode no hands on a bicycle.   X

해설 의미상 '자전거를 타고 있는'이라는 능동의 의미이기 때문에 현재분사 riding으로 써야 한다.

65 The homeless usually have great difficulty getting a job, so they are losing their hope.   O

해설 'have difficulty -ing'가 적절하며, the homeless는 '노숙자들'로 복수 취급한다.

66 Julie's doctor told her to stop eating so many processed foods.   O

해설 stop+to부정사는 '~하기 위해 멈추다', stop+-ing는 '~하는 것을 멈추다'라는 뜻으로 문맥상 '먹는 것을 멈추다'라는 뜻의 stop eating이 올바르다.

67 The rings of Saturn are too distant to be seen from Earth without a telescope.   O

해설 'too – to'용법이 올바르게 쓰였다.

68 Their human rights record remained among the worst, with other abuses taken place in the country.   X

> 해설 with 분사구문이고 other abuses와 take place는 능동 관계이므로 현재분사 taking place가 되어야 올바르다.

69 This book is worth reading carefully.   O

> 해설 'be worth – ing'이므로 reading이 올바르게 쓰였다.

70 Most tellers in the banks these days cannot dispense with computers.   O

> 해설 dispense는 '~없이 살다'의 의미이므로 다음에 전치사 with가 올바르게 쓰였다. dispense with(○)

71 The child sits quietly, schooled by the hazards to which he has been earlier exposed.   O

> 해설 to which에서 to는 exposed to에서 to가 관계사 앞으로 나간 형태이므로 올바른 문장이다.

72 The college newspaper prints only the news that are of interest to the students and faculty.   X

> 해설 주격 관계대명사 다음에 나오는 동사는 선행사와 수를 일치시킨다. news는 언제나 단수 취급하므로 that are를 that is로 고쳐야 올바르다.

73 Besides literature, we have to study history and philosophy.   O

> 해설 '~외에'라는 의미가 와야 하므로 전치사 besides가 올바르게 쓰였다.

74 I looked at the mountain of which the top was covered with snow.   O

> 해설 the mountain이 선행사이므로 the top of which가 되고, of which는 관계사절의 앞으로 나와서 of which the top was ~가 된 적절한 문장이다.

75 I met a student yesterday in the cafeteria which said she knew you.   X

> 해설 문장의 선행사는 a student이고 said의 주어이기 때문에 주격 관계대명사 who가 되어야 올바르다.

76 However weary you may be, you must do the project.   O

> 해설 'however+형용사+S+V'의 어순이 적절한 문장이다.

77 That personality studies have shown is that openness to change declines with age.   X

> 해설 'That personality studies have shown'은 주어 역할을 하는 명사절이며 show의 목적어가 없는 불완전한 절로 That→What으로 고쳐야 적절하다.

78 She was noticeably upset by how indignant he responded to her final question.

> 해설 how(형용사/부사)의 구조에서 indignant는 respond를 수식하는 부사의 형태가 되어야 하므로 indignantly로 바꿔야 올바르다.

X

79 When she felt sorrowful, she used to turn toward the window, where nothing faced her but the lonely landscape.

> 해설 where의 선행사는 the window이고 관계 부사절이 완전하므로 올바른 문장이다. but은 전치사로 쓰여 '~를 제외한'의 의미이다.

O

80 But he will come or not is not certain.

> 해설 he will come or not은 주어 역할을 하는 명사절이므로 or not과 함께 사용하는 whether이 되어야 올바르다. 따라서 But을 whether로 고쳐야 한다.

X

81 The laptop allows people who are away from their offices to continue to work.

> 해설 who are는 선행사 people을 수식하고 있으며, who 다음 동사 are는 선행사 people과 수를 일치하여 올바르게 쓰였다.

O

82 A challenge in reading a text is to gain a deep understanding of what the text might mean, despite the obstacles of one's assumptions and biases.

> 해설 what the text might mean은 전치사 of의 목적어 역할을 하는 명사절이며, mean의 목적어가 없는 불완전한 절이므로 what이 적절하다.

O

83 The oceans contain many forms of life that has not yet been discovered.

> 해설 주격 관계대명사 that 뒤에 오는 동사는 선행사와 수를 일치 시켜야 하며 선행사는 many forms 이므로 has를 have로 써야 적절하다.

X

84 Academic knowledge isn't always what leads you to make right decisions.

> 해설 is의 보어역할을 하는 명사절은 주어가 없는 불완전한 절이므로 what을 써서 올바르게 표현된 문장이다.

O

85 With such a diverse variety of economical appliances to choose from, it's important to decide what is best.

> 해설 동사 decide에 대해 목적어로 what절이 사용되고 있고 what절에서는 주어나 목적어가 빠진 불완전한 절이기 때문에 what is best라고 바르게 표현되었다.

O

86 The people were stunned into silence as they slowly began to realize that the mayor's statement meant to their future as citizens in the city.   X

해설 주어 the mayor's statement와 동사 meant의 목적어가 없으므로 that을 what으로 고쳐야 적절하다.

87 Don't open your door to a stranger, whatever he says.   O

해설 whatever는 '~라고 해도'의 의미인 복합의문사로 양보의 부사절을 이끈다. 접속사이므로 뒤에 주어 동사의 구조가 바르게 쓰였다.

88 In fact, what the speaker actually says may be true.   O

해설 what the speaker actually says는 동사 may be에 대한 명사절로서 명사절 동사 says에 대한 목적어가 없으므로 what이 바르게 쓰였다.

89 The population of Seoul is much larger than that of London.   O

해설 비교급을 수식할 수 있는 부사 much가 바르게 쓰였고 that of London에서 that은 the population을 지칭하므로 단수형 that이 적절하게 쓰였다.

90 No sooner he had gone out than it started raining.   X

해설 no sooner는 부정의 부사로 문두에 나가면 도치가 일어난다. 따라서 no sooner had he gone으로 써야 적절하다.

91 If I had followed your advice, I would be very healthy now.   O

해설 혼합 가정법으로 '과거에 충고를 따랐더라면, 지금 건강할 것이다'의 의미가 되며 문장 뒤에 now가 있으면 혼합 가정법으로 생각해야 한다.

92 Had they followed my order, they would not have been punished.   O

해설 If가 생략되고 주어와 had가 도치되어 가정법 과거완료로 올바르게 쓰인 문장이다.

93 If I were you, I'd apply for the position just for the experience.   O

해설 가정법 과거의 문장으로 'If S+과거동사, S+would+V'가 올바르게 쓰였다.

94 I wish I had studied biology when I was a college student.   O

해설 when I was a college student로 보아, 과거 사실에 대한 반대 가정이기 때문에 과거 완료가 적절하다.

95 It has been widely known that he is more receptive to new ideas than any other men.   X

해설 비교급으로 최상급을 나타내는 표현이다. '비교급 than any other 단수명사'가 되어야 하므로 any other man이 되어야 적절하다.

96 Jessica is a very careless person who makes little effort to improve he knowledge.   O

해설 원급 careless를 수식하는 very가 올바르게 쓰였다.

97 She never so much as mentioned it.   O

해설 not so much as는 '~조차도 않다' 의미로 부정어 not 대신 never를 써서 올바르게 표현되었고, mention은 타동사이므로 다음에 전치사 없이 목적어로 쓰는 것도 적절하게 되었다.

98 Hardly did she enter the house when someone turned on the light.   X

해설 'Hardly 과거완료 ~ when 과거'는 '하자마자 ~하다'의 구문으로 did를 had로 고쳐야 한다.

99 I wish I had used my imagination earlier.   O

해설 상상력을 더 일찍 사용하지 못한 것을 반대로 가정하는 것이므로 가정법 과거완료가 적절하다.

100 A small town seems to be preferable to a big city for raising children.   O

해설 preferable은 비교 대상이 명사인 경우 전치사 to를 쓰는 것이 적절하다.

101 If she had been at home yesterday, I would have visited her.   O

해설 가정법 과거완료 문장으로 'If 주어 had p.p., 주어 would have p.p.'로 올바르게 표현되었다.

102 The more a hotel is expensiver, the better its service is.   X

해설 the 비교급, the 비교급 구문으로 expensive의 비교급은 the more expensive로 문두에 나와야 한다. 따라서 the more expensive a hotel is가 되어야 옳다.

103 If I had had enough money, I would have bought a fancy yacht.   O

해설 가정법 과거완료 문장으로 적절하게 쓰였다.

104 If she had taken the medicine last night, she would be better today.   O

해설 혼합 가정법 구문으로 올바르게 표현되었다.

105 They didn't believe his story, and neither did I.   O

> 해설 앞에 절이 부정문이어서 뒤에 'neither V S'를 써야 되고, 앞 절의 동사가 일반 동사이므로 do를 쓰는 것도 적절하다.

106 Tom might have been like that throughout his life, had he not found his son.   O

> 해설 if가 생략되어 도치가 된 가정법 과거완료 문장이다.

107 The more they attempted to explain their mistakes, the worst their story sounded.   X

> 해설 the 비교급, the 비교급이 되어야 하므로, the worst를 the worse로 고쳐야 옳다.

108 If the item should not be delivered tomorrow, they would complain about it.   O

> 해설 가정법 미래구문으로 'if+S+should+V'가 된다. 올바른 문장이다.

109 Hardly has the violinist finished his performance before the audience stood up and applauded.   X

> 해설 'hardly ~ when' 구문에서 'Hardly had S p.p.'가 되어야 하므로 has를 had로 고쳐야 바르다.

110 Never in my life I have seen such a beautiful woman.   X

> 해설 never in my life는 부정의 부사구로 도치가 일어나야 하므로 I have seen을 have I seen으로 고쳐야 한다.

111 He was more skillful than any other baseball players in his class.   X

> 해설 비교급을 최상급으로 나타낼 때 '비교급 than any other 단수명사'가 되어야 한다. players를 player로 바꿔야 적절하다.

112 Were it not for water, all living creatures on earth would be extinct.   O

> 해설 'were it not for'은 'if it were not for ~'이 도치된 것으로 가정법의 문장으로 주절에 would be가 적절하다.

113 I prefer to staying home than to going out on a snowy day.   X

> 해설 prefer는 다음에 동명사와 to부정사 모두 쓸 수 있지만, to ~ing는 부적절하다. prefer to stay 또는 prefer staying이 되어야 옳다.

114 Had I given up the project at that time, I could not have achieved such a splendid result.   O

> 해설 가정법에서 if가 생략되었고, 가정법 과거완료의 동사의 시제도 적절하다. 올바르게 쓰였다.

115 Nowadays, newspapers make much less money from advertisement.

O

> **해설** much는 비교급을 수식하는 부사이며, money는 셀 수 없는 명사이므로 little의 비교급 less가 올바르게 쓰였다.

116 It turns out that he was not so stingy as he was thought to be.

O

> **해설** 'as ~ as' 동등 비교 구문이 부정문이 되면서 'not so ~ as'가 된 것으로 적절하며 as와 as 사이에 원급 stingy가 들어가서 올바르게 쓰인 문장이다.

117 This team usually works late on Fridays.

X

> **해설** team은 집합명사로 팀의 구성원 전체를 의미할 때는 복수 취급하기 때문에 복수 동사 work로 고쳐야 한다.

118 I need an advice for my business.

X

> **해설** advice는 불가산명사이므로 한정사 an을 쓸 수 없다. a piece of advice라고 표현해야 옳다.

119 According to a recent report, the number of sugar that Americans consume does not very significantly from year to year.

X

> **해설** sugar는 셀 수 없는 명사이므로 number와 함께 쓸 수 없고, 양을 나타내는 명사 amount가 되어야 한다.

120 I saw one of the most impressive government policies in years.

O

> **해설** 'one of+복수명사'가 올바르게 쓰였다.

121 In digital form, maps, can be easily revised.

O

> **해설** 부사인 easily가 과거분사인 revised를 바르게 수식하고 있으며, 올바르게 쓰인 문장이다.

122 It rarely happens that this disease proves fatal.

O

> **해설** prove는 불완전타동사로 뒤에 형용사 보어를 취할 수 있으며 보어인 fatal이 형용사의 형태로 올바르게 쓰였다.

123 It is an unprecedented man - made change to the shape of the world.

O

> **해설** unprecedented가 뒤에 나온 명사 change를 수식하고 있는 형태이고 형용사의 형태가 올바르게 쓰였다.

124 The salesman told me that a good set of tires was supposed to last fifty thousands kilometers.   X

해설 thousand라는 수단위명사가 fifty라는 특정 숫자와 함께 쓸 때는 단수로 써야 올바르다. thousands를 thousand로 고쳐야 적절하다.

125 My sister was upset last night because she had to do too many homeworks.   X

해설 homework는 셀 수 없는 명사이므로 -s를 쓸 수 없고, 셀 수 있는 명사를 수식하는 many가 아니라 셀 수 없는 명사를 수식하는 much로 고쳐야 한다. much homework가 올바른 형태이다.

126 All the audience were deeply moved.   O

해설 청중 구성원 개개인을 의미하므로 복수 취급해야 한다. 주어와 동사의 수를 일치시켜 동사 were가 올바르게 쓰였다.

127 My family are all early risers.   O

해설 가족 구성원 개개인을 나타내기 때문에 복수 취급하므로 동사 are가 적절하게 표현되었다.

128 My family consists of seven members.   O

해설 가족 전체 집단을 의미하므로, 단수 취급하여 동사 consists of가 바르게 쓰였다.

129 It is not talent but passion that leads you to success.   O

해설 'It - that'강조 구문이며 not A but B는 'A가 아니라 B'라는 의미의 상관접속사이므로 올바르게 쓰인 문장이다.

130 We were enough fortunate to visit Grand Canyon, that has much beautiful landscape.   X

해설 enough는 형용사를 수식하는 부사로 쓰이는 경우 후치수식을 하므로 fortunate enough가 되어야 하며, 콤마 다음에는 that을 쓸 수 없으므로 which로 고쳐야 적절하다.

131 To work is one thing, and to make money is another.   O

해설 A is one thing, and B is another가 'A와 B는 별개의 문제다'라는 의미로서 올바르게 사용되고 있다.

132 Anger is a normal and healthy emotion.   O

해설 normal과 healthy는 둘 다 emotion을 수식하는 형용사형이 적절하게 표현되었다.

133 Any vaccines don't exist to prevent infection.　　X

해설 부정문에서 any를 주어로 쓰지 않고 any+not의 의미인 no 또는 none을 주어로 쓴다. 'No vaccines exist ~'로 고쳐야 적절하다.

134 Every person at the meeting are fond of the idea.　　X

해설 부정형용사 every 뒤에는 단수 명사와 단수 동사가 와야 하므로 are를 is로 고쳐야 적절하다.

135 Humans share food, while monkeys fend for itself.　　X

해설 전치사 for에 대한 목적어가 주어와 같은 monkeys를 대신하는 것으로 재귀대명사인 itself를 themselves로 고쳐야 적절한 표현이 된다.

136 The actors seek advice from one another and ask for feedback.　　O

해설 one another는 세 명 이상일 경우 순서를 정하지 않고 '서로'를 의미하는 부정대명사이며 actors라고 했으므로 서로 조언을 찾는다는 내용의 one another가 올바르게 쓰였다.

137 She felt that she was good swimmer as he was, if not better.　　X

해설 as는 동등비교를 나타내므로 as good a swimmer as가 되어야 한다.

138 So vigorously did he protest that they reconsidered his case.　　O

해설 'so ~ that'구문에서 'so+부사'가 문두로 나가 도치가 된 문장이므로 올바르게 쓰였다.

139 Few living things are linked together as intimately than bees and flowers.　　X

해설 as 다음에는 as가 와야 하므로 than을 as로 고쳐야 적절하다.

140 The skeleton supporting this ancient shark's gills is completely different from those of a modern shark's.　　X

해설 those of에서 those는 skeleton을 받는 대명사이므로 단수형 that으로 고쳐야 적절하다.

CHAPTER 02 영작형 OX

01 나는 그 파티에 가지 말았어야 했다. ➡ I should not have gone to the party. O

해설 should not have p.p.는 과거 사실을 후회하는 데 사용되므로 옳게 표현하였다.

02 대학은 학생들이 수강신청을 좀 더 쉽게 할 수 있도록 해줘야 한다.
➡ The university should make it easier for students to register for classes. O

해설 '5형식 동사+가목적어 it+목적보어(easier)+for 의미상 주어+to 부정사' 구문이다.

03 내 기억에는 그가 나에게 그런 뻔뻔스러운 거짓말을 한 적이 없다.
➡ I don't remember for him telling me such a direct lie. O

해설 내 기억에는 거짓말을 한 적이 없다는 것은 과거에 거짓말을 했던 것을 기억하지 못한다는 뜻이 되므로 telling으로 적절하게 표현하였다.

04 우리는 더 많은 지식을 얻음으로써 의심을 없앨 수 있다.
➡ We can rid ourselves to our suspiciousness only by procuring more knowledge. X

해설 rid A of B로 'A에게서 B를 제거하다'는 표현이며 to를 of로 고쳐야 올바르다.

05 나는 그녀의 피아노 연주를 들으며 즐거웠다.
➡ I enjoyed listening to her play the piano. O

해설 enjoy는 다음에 동명사를 목적어로 취하며, listen to는 지각동사이므로 목적보어 자리에 동사원형을 쓴다.

06 그가 조만간 승진할 것이란 소문이 있다.
➡ The rumor says he will be promoted sooner or later. O

해설 promote는 '승진시키다'라는 의미의 타동사이므로 '승진되다'라고 할 때는 수동태가 되어야 한다.

07 우리는 폭풍우 때문에 야구를 하지 못했다.
➡ The heavy rain prevented us to playing baseball. X

해설 prevent는 금지동사로 'from+~ing'가 오는 것이 적절하다. to를 from으로 고쳐야 옳다.

08 그는 혼자 사는 데 익숙하다. ➡ He is used to live alone. X

해설 be used to는 '~ 사는 데 익숙하다'라는 의미 표현으로 to는 전치사이므로 다음에 동명사가 와야 옳다. live를 living으로 고쳐야 한다.

09 추운 날씨와 의사의 충고에도 굴하지 않고 할머니는 산에 올랐다.

➡ The cold weather and the doctor's advice couldn't deter the grandmother to climbing up the mountain. X

해설 deter는 '단념시키다'의 의미로 'from+~ing'가 오는 것이 적절하다. to를 from으로 고쳐야 옳다.

10 나는 뉴욕에 가본 적이 없어서 그곳에 가기를 고대하고 있다.

➡ I have never gone to New York, so I am looking forward to going there. X

해설 have gone to는 '~에 가버렸다'의 의미로 'have been to(~에 가본 적이 있다)'로 바꿔야 의미상 적절하다.

11 나의 삼촌은 파티에서 그녀를 만난 것을 기억하지 못했다.

➡ My uncle didn't remember to meet her at the party. X

해설 remember to meet는 '만날 것을 기억하다'라는 의미로 미래적인 뜻으로 그녀를 만난 것을 기억하지 못했다고 했으므로 '과거에 ~했던 것을 기억하다', 즉 remember meeting이 되어야 옳다.

12 나는 이 집으로 이사 온 지 3년이 되었다.

➡ It is three years since I moved to this house. O

해설 3년 전에 이사를 와서, 이사 온 지 3년이 된 것은 현재의 일이므로 'It is three years since ~'로 올바르게 표현이 되었다.

13 우리가 도착했을 때 영화는 이미 시작했었다.

➡ The movie has already started when we arrived. X

해설 우리가 도착한 것은 과거이고, 영화는 이미 시작한 것이므로 대과거 had p.p.로 써야 옳다.

14 부모는 자녀들에게 낯선 사람과 이야기하지 말라고 항상 가르쳐 왔다.

➡ Parents have always taught their children to not talk to strangers. X

해설 to 부정사의 부정은 부정사 앞에 부정어(not)를 쓰는 것이 적절하다. to not talk를 not to talk로 고쳐야 옳다.

15 제비들은 둥지를 만들기 위하여 자신들의 부리를 바늘처럼 사용한다.

➡ To build their nests, swallows use their bills as needles. O

해설 to build는 목적의 의미를 나타내는 to 부정사의 부사적 용법으로 사용된 적절한 문장이다.

16 그 가방은 너무 무거워서 내가 들어 올릴 수 없었다.
→ The bag was too heavy for me to lift it.

X

> 해설 to lift 뒤에 주어(the bag)로 이미 나와 있기 때문에 to 부정사 뒤에 it을 제거해야 한다. to lift it을 to lift로 고쳐야 한다.

17 지갑에 돈이 없었기 때문에 그는 10킬로미터 이상을 걸어가지 않을 수 없었다.
→ Having no money in his wallet, he had no choice but to walking more than ten kilometers.

X

> 해설 분사구문 형태로 he와 have가 능동의 관계로 having 이 올바르게 쓰였지만, 'have no choice but to V' 구문으로 '할 수밖에 없다', 즉 to walking을 to walk로 고쳐야 올바르다.

18 내가 처음 결혼했을 때를 돌이켜 보면, 정말 많은 실수를 했다고 생각해.
→ Thinking back to when I was first married, I realize that I made a lot of mistakes.

O

> 해설 분사구문이 '~을 해보면'으로 표현되어 올바르게 쓰였다.

19 나는 아직 오늘 신문을 못 읽었어. 뭐 재미있는 것 있니?
→ I have not read today's newspaper yet. Is there anything interesting in it?

O

> 해설 interest는 '관심을 가지게 하다' 감정유발 동사로서 현재분사 interesting은 '흥미를 유발하는', 과거분사 interested는 '흥미가 있는'을 의미한다. 문장에서는 '흥미로운 것'을 뜻하므로 현재분사 interesting이 올바르게 쓰였다

20 따분한 연설에 지루해져서 청중들이 빠져나갔다.
→ Boring by the tedious speech, the people in the audience drifted away.

X

> 해설 사람들이 따분해지는 것으로 수동의 관계이다. 따라서 boring을 bored로 고쳐야 올바르다.

21 협회를 대표하도록 선정된 후, 그녀는 짧은 수락 연설을 했다.
→ Selected to represent the Association, she gave a short acceptance speech.

O

> 해설 그녀가 선택하는 것이 아니라 선택되어지는 것으로 수동의 관계이다. 수동의 완료 분사구문인 (Having been) selected로 올바르게 쓰였다.

22 나는 매일 아침 7시에 일어나는 것을 규칙으로 삼았다.
→ I made it a rule to getting up at seven every morning.

X

> 해설 '~하는 것을 규칙으로 삼다'라는 뜻의 구문 표현은 'make a point of -ing', 'be in the habit of -ing', 'make it a rule to V'이다. 따라서 to getting을 to get으로 고쳐야 한다.

23 손을 흔들면서 그는 기차에 올랐다.
➡ Waving goodbye, he got on the train. O

해설 주어 he와 분사구문인 waving의 관계가 능동이다. 따라서 현재분사 waving이 옳게 쓰였다.

24 그녀가 혼란에 빠진 채로 회의실을 떠났다.
➡ Covering with confusion, she left the conference room. X

해설 그녀가 혼란에 빠져 있는 것이어서 수동의 의미가 된다. Covering을 Covered로 고쳐야 옳다.

25 길을 따라 걷다가 그녀는 나무뿌리에 걸려 넘어졌다.
➡ Walking along the road, she tripped over the root of a tree. O

해설 주어 she와 분사구문인 walking의 관계가 능동이다. 현재분사 walking이 옳게 쓰였다.

26 눈을 크게 뜬 채로 그녀는 그 남자를 응시했다.
➡ With her eyes wide open, she stared at the man. O

해설 'with+목적어+목적보어' 구문이다. 목적보어 wide open은 '크게 뜬' 형용사 의미로 바르게 쓰였다.

27 바깥 날씨가 추웠기 때문에 나는 차를 마시려 물을 끓였다.
➡ It being cold outside, I boiled some water to have tea. O

해설 주절의 주어는 I이고 분사구문의 주어는 비인칭이므로 생략을 해서는 안 된다. It being cold가 올바르게 쓰였다.

28 그는 옷을 모두 입은 채 물속으로 곧장 걸어갔다.
➡ He walked straight into the water with all of his clothes on. O

해설 with 분사구문으로 상태의 의미를 나타내면서 with clothes on은 '옷을 입은 상태로'의 의미가 된다.

29 시스템 업그레이드를 위해 해야 될 많은 일이 있다.
➡ There is a lot of work to be done for the system upgrade. O

해설 to be done은 work를 수식하는 to부정사의 형용사적 용법으로 쓰인 올바른 문장이다.

30 그녀는 문자 메시지에 너무 정신이 팔려서 제한속도보다 빠르게 달리고 있다는 것을 몰랐다.
➡ She was so distracted by a text message to know that she was going over the speed limit. X

해설 '너무 –해서 ~할 수 없다'라는 뜻이 되려면 'too ~ to' 구문을 써야 올바르다. so를 too로 고쳐야 한다.

31 '해리포터'의 엄청난 수치에도 불구하고, 일부 분석가들은 그것이 '타이타닉'을 대적하지 못할 것이라고 전망했다.

➡ Despite of Harry Potter's tremendous figures, some analysts predicted they could not match The Titanic.   X

> **해설** '~에도 불구하고'라고 할 때는 전치사 despite 또는 in spite of를 써야 한다. despite of(X)

32 말투에서 알 수 있듯이 그는 부산 출신이다.

➡ He comes from Busan province, as you can tell from his accent.   O

> **해설** 접속사 as는 '~하듯이, ~하는 것처럼'의 의미를 가지며 올바르게 쓰였다.

33 시간이 부족해서 시험을 끝낼 수 없었다.

➡ I couldn't finish the exam because I ran out of time.   O

> **해설** because는 접속사로 다음에 S+V 절이 오는 것이 적절하며, run out of는 '~바닥이 나다' 뜻으로 올바르게 쓰였다.

34 아무리 추워도 환기를 자주 시켜주어야 한다.

➡ No matter how cold it may be, you should let in some fresh air from time to time.   O

> **해설** '아무리 추워도' 부분은 형용사 cold를 수식해야 한다. '얼마나'를 뜻하는 how가 적절하게 쓰였다.

35 나는 뒤돌아보지 않고 앞문으로 걸어 나갔다.

➡ I walked out of the front door without looking back.   O

> **해설** without은 전치사이므로 뒤에 동명사를 쓰는 것이 적절하다.

36 그는 대통령 선거에서 누가 이기든 상관하지 않을 것이다.

➡ He won't care who wins the presidential election.   O

> **해설** 'who wins the presidential election'은 목적어 역할을 하는 명사절이다. 의문사 who가 명사절을 이끄는 접속사가 될 수 있으므로 바르게 쓰였다.

37 책임감이 그로 하여금 결국 자신을 희생하게 한 위험한 일을 맡도록 재촉하였다.

➡ His sense of responsibility urged him to undertake the dangerous task which he eventually sacrificed himself.   X

> **해설** 'he eventually sacrificed himself'는 주어, 동사, 목적어가 완전한 문장이므로 which를 for which로 바꿔야 적절하다.

38 네가 하는 어떤 것도 나에게는 괜찮아.
➡ Whatever you do is fine with me.   O

해설 복합관계대명사인 whatever가 쓰인 문장이며 whatever는 '~하는 무엇이든지'라고 해석하고, 명사 역할을 하므로 주어 자리에 올 수 있다.

39 상어로 보이는 것이 산호 뒤에 숨어 있었다.
➡ What appeared to be a shark was lurking behind the coral reef.   O

해설 'What appeared to be a shark'는 주어 역할을 하는 명사절로 appeared의 주어가 없는 불완전한 절이며 따라서 What이 적절하게 쓰였다.

40 지난여름 나의 사랑스러운 손자에게 일어난 일은 놀라웠다.
➡ What happened to my lovely grandson last summer was amazing.   O

해설 'What happened to my lovely grandson'는 주어 역할을 하는 명사절로 happened의 주어가 없는 불완전한 절이며 따라서 What이 적절하게 쓰였다.

41 대다수의 기관에서 가장 중요한 것은 유능한 관리자들을 두는 것이다.
➡ What matters most in the majority of organization is having competent managers.   O

해설 'What matters most'는 주어 역할을 하는 명사절이며, matter의 주어가 없는 불완전한 절이므로 What이 적절하게 쓰였다.

42 월급을 두 배 받는 그 부서장이 책임을 져야 한다.
➡ The head of the department, which receives twice the salary, has to take responsibility.   X

해설 선행사가 head로 사람이고 관계사절에서 주어 역할을 하므로 which를 who로 고쳐야 올바르다.

43 그는 시험에 떨어지지 않도록 열심히 공부했다.
➡ He studied hard lest he should not fail in the exam.   X

해설 lest는 '~하지 않도록'이라는 부정의 의미가 포함된 접속사이므로 다음에 오는 절에서 부정어를 사용하지 않는 것이 원칙이다. 따라서 'lest he should fail~'로 써야 한다.

44 그는 외출하면 반드시 무엇인가를 산다.
➡ He never goes out without buying something.   O

해설 '~하면 반드시 ~하다'는 '부정어(not/never)+without+~'로 표현한다.

45 시계가 9시를 치자마자, 그녀는 라디오를 켰다.
➡ As soon as the clock struck nine, she turned on the radio.   O

해설 '~하자마자'를 의미하는 접속사 'as soon as'가 적절하게 쓰였다.

46 편하실 때 언제든지 저를 만나러 오세요.
➡ Come and see me whenever it is convenient for you.

O

> **해설** 형용사 convenient는 행위의 편리함을 의미하므로 사람 주어 대신 행위를 의미하는 가주어(It)를 사용해서 구성한다.

47 나는 그들이 내게 한 짓을 기억하고 싶지 않다.
➡ I don't want to remember that they did to me.

X

> **해설** that이 동사 remember의 목적어 역할을 하는 명사절을 이끌고 있다. that명사절에서 did동사의 목적어가 없으므로 that을 what으로 고쳐야 한다.

48 그는 그것을 못할 만큼 겁쟁이는 아니다.
➡ He is not such a coward but he can do that.

X

> **해설** such/so는 뒤에 that과 어울리며 '~해서 -하다'의 의미가 된다. 따라서 but을 that으로 써야 적절하다.

49 비록 그 일이 어려운 것이었지만, Linda는 그것을 끝내기 위해 최선을 다했다.
➡ As difficult a task as it was, Linda did her best to complete it.

O

> **해설** 'As+형용사/부사+as+S+V'의 양보구문이다. 양보구문의 어순이 올바르게 쓰였다.

50 Thomas Edison은 "계속해서 노력하는 한 실패는 없다"라는 말을 믿었고, 한 가지 실험에 성공하기까지 수백 번의 실패를 거듭했다.
➡ Thomas Edison believed, "There is no failure by you fail to keep trying," and he experienced hundreds of failed experiments for each success.

X

> **해설** by는 전치사로만 사용되는 데 until은 전치사, 접속사로 사용이 가능하여 by 뒤에 주어 동사가 나오므로 by를 until로 고쳐야 옳다.

51 중요한 것은 사람됨이지 재산이 아니다.
➡ The important thing is not what you have but what you are.

O

> **해설** 'not A but B' 구문으로 'A가 아니라 B이다'로 해석이 되며 'what S have'는 '재산', 'what S be'는 '인격'으로 해석한다.

52 그는 가난할지라도 결코 그런 짓을 할 사람이 아니다.
➡ Though he is poor, he is the last man to do such a thing.

O

> **해설** 'the last man to V'는 '절대로 ~ 할 사람이 아니다'로 해석되며, 올바른 문장이다.

53 이것은 깨지기 쉬우니 깨뜨리지 않도록 조심해라.
➡ Since this is fragile, be careful lest you should not break it. ✕

해설 lest가 '~하지 않도록'이라는 부정의미의 접속사로 뒤에 다시 부정어(not)가 들어가면 안 된다.

54 상처에 염증이 나면 즉시 나에게 전화해.
➡ Should the wound be inflamed, call me at once. O

해설 가정법에서 조건절의 if가 생략되어 도치가 일어났다. 원래 문장은 'If the wound should be inflamed'로 가정법 미래의 문장이다.

55 그는 자기 이름조차 쓰지 못한다.
➡ He cannot so much as write his own name. O

해설 'not so much as+동사원형'은 '~조차도 않다'의 의미로 'cannot so much as write'는 '이름조차도 쓰지 못 한다'로 해석이 되어 올바르게 쓰인 문장이다.

56 물가 상승에 따라서 노동자들의 임금 인상 요구도 높아졌다.
➡ The higher prices rose, the more money the workers asked for. O

해설 'the 비교급, the 비교급' 구문으로 물가는 증가하는 것이어서 자동사 rise가 바르게 쓰였다.

57 그는 주먹다짐을 할 바에야 타협하는 것이 낫다고 생각한다.
➡ He would much rather make a compromise than fight with his fists. O

해설 'B보다는 A하는 것이 더 낫다'는 'would rather A than B'의 관용구로서 A와 B 자리에 모두 동사원형이 쓰인 적절한 문장이다.

58 내가 집을 나서자마자 비가 오기 시작했다.
➡ I had hardly left home than it began to rain. ✕

해설 '~하자마자 ~했다' 표현에 'no sooner 과거완료 than 과거'와 'hardly/scarcely 과거완료 when/before 과거'가 있다. 따라서 than을 when이나 before로 고쳐야 옳다.

59 뉴턴이 없었다면 중력법칙은 발견되지 않았을 것이다.
➡ If it was not for Newton, the law of gravitation would not be discovered. ✕

해설 과거 사실의 반대이므로 가정법 과거완료가 되어야 한다. 'If it had not been for Newton, the law of gravitation would not have been discovered'로 바꿔야 올바르다.

60 그 책이 있었다면, 너에게 빌려줄 수 있었을 텐데.
➡ Had I had the book, I could have lent it to you. O

해설 가정법 과거 완료 구문 'If I had had the book ~'에서 if가 생략돼 도치가 된 구문이다.

61 히틀러가 다른 유럽 국가를 침략하지 않았다면 2차 세계대전은 일어나지 않았을 것이다.
➡ If Hitler hadn't invaded other European countries, World War Ⅱ might not have been taken place.   O

해설 과거 사실의 반대를 가정하는 가정법 과거완료 구문으로 올바르게 쓰인 문장이다.

62 그가 전화를 하고 나서야 나는 지갑을 잃어버린 것을 알았다.
➡ I did not realize I had lost my wallet until he called me.   O

해설 '~하고 나서야 -하다'의 의미로 'not - until ~' 구조로 올바르게 쓰인 문장이다.

63 그의 최근 영화는 이전 작품들보다 훨씬 지루하다.
➡ His latest film is far more boring than his previous ones.   O

해설 far는 비교급 수식 부사이며 previous ones에서 ones는 films를 받는 대명사이다.

64 전 세계에서 Bolt보다 빠른 사람은 없다.
➡ Bolt is faster than any other men in the whole world.   X

해설 비교급으로 최상급을 나타내는 대용표현으로서 'S 비교급 than any other 단수명사'로 쓸 수 있다. 따라서 복수명사 men을 단수명사 man으로 고쳐야 올바르다.

65 그녀는 나의 어머니가 그랬던 것만큼이나 아메리카 원주민이라는 용어를 좋아하지 않았다.
➡ She didn't like the term Native American any more than mother did.   O

해설 'A not 동사 any more than B'는 'B처럼 A도 V 아니다'로 해석이 되는 비교급 관용구로 올바른 문장이다.

66 그들은 지구상에서 진화한 가장 큰 동물인데, 공룡보다 훨씬 크다.
➡ They are the largest animals ever to evolve on Earth, larger by far than the dinosaurs.   O

해설 ever는 최상급을 수식하는 부사로 쓰였고, by far(훨씬)는 비교급 강조 부사로 올바르게 사용되었다.

67 나이가 들어가면 들어갈수록 그만큼 더 외국어 공부하기가 어려워진다.
➡ The older you grow, the more difficult it becomes to learn a foreign language.   O

해설 the 비교급, the 비교급 구문으로 적절하며 it은 가주어이고 to learn이 진주어이다.

68 그녀가 콘서트에 왔었다면 좋아했을 것이다.
➡ Had she come to the concert, she would have enjoyed it.   O

해설 가정법 과거완료 구문으로 적절하게 쓰였다. 'If she had come to ~'에서 if가 생략되고 도치가 되었다.

69 수학 시험에 실패했을 때에서야 그는 공부를 열심히 하기로 결심했다.
➡ It was not until when he failed the math test that he decided to study hard. O

해설 not until 구문을 강조한 문장으로 when은 부사절을 이끄는 접속사가 아니라 앞에 the time이 생략되어 있는 관계부사이다.

70 그녀가 너무 꼴불견이어서 모든 사람들이 갑자기 웃기 시작했다.
➡ So ridiculous she looked that everybody burst out laughing. X

해설 'She looked so ridiculous that ~'에서 so ridiculous가 문두로 나가면서 도치가 되어야 한다. 'So ridiculous did she look that ~'으로 써야 올바르다.

71 당신 아들 머리는 당신 머리와 같은 색깔이다.
➡ Your son's hair is the same color as you. X

해설 비교 대상은 your son's hair와 you가 아니라 your hair가 되어야 하므로, '소유격+명사 = 소유대명사'로 yours가 되어야 올바르다.

72 어떠한 상황에서도 너는 이곳을 떠나면 안 된다.
➡ Under no circumstances should you leave here. O

해설 Under no circumstances는 부정의 부사구로 문두로 나가면 도치가 일어나므로 바르게 쓰인 문장이다.

73 누가 엿들을까봐 그는 목소리를 낮추었다.
➡ He lowered his voice for fear he should be overheard. O

해설 for fear(that)은 lest와 마찬가지로, '~하지 않기 위해서'라는 의미로 다음에 부정이 오면 안 되고 (should) V를 써야 한다. 따라서 올바르게 쓰인 문장이다.

74 그녀는 가족과 함께 있을 때 가장 행복하다.
➡ She is happiest when she is with her family. O

해설 다른 대상과의 비교가 아닌 동일물의 성질 비교인 경우이므로 정관사 없이 최상급을 쓴다.

75 30년 전 고향을 떠날 때, 그는 다시는 고향을 못 볼 거라고 꿈에도 생각지 않았다.
➡ When he left his hometown thirty years ago, little does he dream that he could never see it again. X

해설 little이라는 부정부사가 문두에 나가서 'little do S+V'의 어순이 적절하지만, thirty years ago이므로 과거 시제가 되어야 한다. 'little did he dream'으로 고쳐야 적절하다.

76 부모의 지도는 학교 교육 못지않게 중요하다.

➡ Parental guidance is no more important than school education.

해설 'A is no more B than C (C처럼 A도 B가 아니다)' 구문으로 '학교 교육처럼 부모의 지도도 학교 교육에 중요하지 않다'로 해석이 되어 해석상 맞지 않는다. '중요하다'의미가 되려면 'A is no less B than C' 구문을 써야 하며 'Parental guidance is no less important than school education'으로 고쳐야 올바르다.

X

77 이것은 우리가 예상했던 것만큼 그렇게 간단한 문제는 아니다.

➡ It is not so straightforward a problem as we expected.

해설 'as ~ as' 동등비교 구문에서 앞에 부정의 not이 있어서 as가 so로 바뀐 적절한 문장이다. 'so 형용사 a 명사' 어순 또한 적절하다.

O

78 오늘 밤 나는 영화 보러 가기보다는 집에서 쉬고 싶다.

➡ I'd rather relax at home than going to the movies tonight.

해설 'would rather A than B'의 관용구에서 A, B는 모두 동사원형을 써야 하므로, than going을 than go로 고쳐야 올바르다.

X

79 나는 그런 관대한 인물을 아직 본 적이 없다.

➡ Never have I met such a generous man before.

해설 부정부사 never가 문두로 나갔으므로 주어와 동사는 도치가 되어야 하며, 'such+a+형용사+명사'의 어순을 취하므로 올바르게 영작되었다.

O

80 그는 그것에 관해서 아무것도 모른다.

➡ He doesn't know everything about it.

해설 'not ~ everything'은 부분 부정이 되어 '모든 것을 다 아는 것은 아니다'라는 의미가 되어 우리 말과 달라지므로 아무것도 모른다고 표현하려면 'He knows nothing', 'He doesn't know anything'이라고 해야 한다. '부정어-every/all'은 부분부정을 나타낸다.

X

81 그 소녀는 어려운 상황에서도 항상 웃었다.

➡ The girl always smiled even in difficult situations.

해설 빈도부사 always는 일반동사보다 앞에 위치하므로, 어순이 적절하다.

O

82 언제 당신이 그녀의 어머니를 방문하는 것이 편하시겠습니까?

➡ When will you be convenient to visit her mother?

해설 convenient는 사람을 주어로 사용하지 못하는 형용사이므로 you를 it이라는 가주어로 바꾸고 to 부정사 앞에 의미상의 주어 for you를 넣어야 한다. 'When will it be convenient for you ~'라고 써야 올바르다.

X

83 우리 회사 모든 구성원의 이름을 기억하다니 그는 생각이 깊군요.
➡ It's thoughtful for him to remember the names of every member in our firm. X

해설 thoughtful은 사람의 성격을 나타내는 형용사로 to 부정사의 의미상의 주어로 for가 아닌 of로 쓰는 것이 적절하다.

84 나는 학생들이 수업시간에 지각하도록 내버려두지 않겠다.
➡ I won't have my students arrived late for class. X

해설 have는 사역동사이며 my students와 arrive의 관계가 능동이므로 현재분사가 나와야 옳다. 따라서 arrived를 arriving으로 고쳐야 한다.

85 그녀가 그렇게 어리석은 짓을 했을 리가 없다.
➡ She could have done such a stupid thing. X

해설 '~이었을 리가 없다'라는 표현은 'can't have p.p.'로 나타내야 한다.

86 두 명의 가수 모두 넓은 음역의 풍부한 목소리를 가지고 있다.
➡ Both of the singers have a rich voice with great range. O

해설 두 명의 가수 모두라고 표현했으므로 'Both of the singers have'가 옳게 표현되었다.

87 아프면 운전을 하지 말아야 한다.
➡ You not ought to drive if you're sick. X

해설 ought to의 부정은 ought not to이다.

CHAPTER 03 밑줄형 OX

01 The ideals ① <u>upon which</u> American society ② <u>is based</u> ③ <u>is primarily those</u> of Europe and not ones ④ <u>derived from</u> the native Indian culture.

① O
② O
③ X
④ O

해설 ③ 문장의 주어는 ideals이므로 동사의 수는 복수로 해야 옳다. 따라서 is를 are로 고쳐야 한다.

02 ① <u>Having spent</u> his last penny ② <u>for</u> the cheese, he ③ <u>was determined</u> to eat it all, even if it ④ <u>tasted bitterly</u> to him.

① O
② O
③ O
④ X

해설 ④ taste는 감각 동사로서 뒤에 부사가 아니라 형용사, 'like+명사, as if+S+V'가 와야 올바르다.

03 Death sentences have not ① <u>mitigated</u> the crises of ② <u>teeming</u> prison and a society of victims. Even the phrase death by ③ <u>electrocution</u> and death by injection sound ④ <u>absurdly</u> and incongruous with modern society.

① O
② O
③ O
④ X

해설 ④ sound는 감각동사로서 뒤에 부사가 아니라 형용사, 'like+명사, as if+S+V'가 와야 올바르다.

04 Advanced medical science ① <u>has made possible</u> for human beings ② <u>to lead</u> a ③ <u>much longer</u> life and ④ <u>suffer</u> less from different kinds of disease.

① X
② O
③ O
④ O

해설 ① make는 목적어가 기 경우 가목적어인 it을 사용한다. 따라서 'has made possible'을 'has made it possible'로 고쳐야 옳다.

05 His survival ① <u>over</u> the years since independence in 1961 does not alter the fact that the discussion of real policy choices in a public manner has ② <u>hardly</u> occurred. In fact, there ③ <u>has</u> always been a number of important policy issues ④ <u>which</u> Nyerere has had to argue through the NEC.

① O
② O
③ X
④ O

해설 ③ 주어가 'a number of issues'이므로 동사는 have가 아니라 has를 써야 올바르다.

06 The number of people ① <u>taken</u> cruises ② <u>continues to</u> rise and ③ <u>so does</u> the number of complaints about cruise lines. Sufficient ④ <u>information is</u> still missing.

① X
② O
③ O
④ O

해설 ① 다음에 목적어 역할을 하는 cruises가 있으므로 현재분사 taking으로 써야 옳다.
② 주어는 the number이므로 단수가 되어 continues가 적절하다.
③ 'so+V+S'는 'S도 역시 V하다' 구문이며, 수의 일치에 주의해야 한다. the number가 주어이므로 does가 적절하게 표현되었다.
④ information은 불가산명사로서 항상 단수로 사용한다.

07 Code talkers was a term used to describe people ① who talk using a coded language. It is frequently used to describe Native Americans who served in the United States Marine Corps ② whose primary job was the transmission of secret tactical messages. Code talkers transmitted these messages over military telephone or radio communications nets ③ used formal or informally developed codes built upon their native languages. Their service was very valuable because it enhanced the communications security of vital front line operations ④ during World War II.

① O
② O
③ X
④ O

> 해설 ③ code talkers가 의미상 주어가 되며, 둘의 관계는 능동이므로 현재분사를 쓰는 것이 적절하다. 따라서 used를 using으로 고쳐야 한다.

08 When the Dalai Lama fled across ① the Himalayas into exile in the face of ② advanced Chinese troops, ③ little did the youthful spiritual leader know ④ that he might never see his Tibetan homeland again.

① O
② X
③ O
④ O

> 해설 ② 군대(troops)가 진군하는 것이므로 능동이 되고, 따라서 현재분사(advancing)가 적절하다.

09 Any manager of a group that wants to achieve a meaningful level of acceptance and commitment to ① a planning change must present the rationale for the contemplated change as ② clearly as possible and provide opportunities for discussion ③ to clarify consequences for those who will ④ be affected by the change.

① X
② O
③ O
④ O

> 해설 ① planning은 change를 수식하는 분사이며, '계획된' 변화이므로 수동의 의미인 과거분사 planned로 바꿔야 적절하다.
> ② 부사 clearly 동사 present를 수식하므로 올바르게 쓰였다.
> ③ for discussion은 to 부정사의 의미상 주어이기 때문에 to V를 쓰는 것이 적절하다.
> ④ 행위를 하는 by the change로 보아 수동태가 올바르다.

10 Risk is a fundamental element of human life in the sense ① that risk is always a factor in any situation where the outcome is not precisely known. In addition, the necessary calculations that we make about the probability of some form of harm resulting from an action that we take ② are generally a given in our decision processes. Whether the risk assessment involves decisions about a major corporate initiative or just making the decision ③ walk down the street, we are always anticipating, identifying, and evaluating the potential risks involved. In that respect, we can be said to be constantly managing risk in everything ④ that we do.

① O
② O
③ X
④ O

> 해설 ③ 'walk down ~'은 decision을 수식하므로 'decision to walk down'이 되어야 적절하다.

11 Chile is a Latin American country ① which throughout most of the twentieth century ② were marked by a relatively advanced liberal democracy on the one hand and only moderate economic growth, ③ which forced it to become a food importer, ④ on the other.

① O
② X
③ O
④ O

> 해설 ① 'Latin American country'가 선행사로 were marked의 주어 역할을 하는 주격 관계대명사 which가 올바르게 쓰였다.
> ② 선행사가 country이며 선행사에 수를 일치시켜 were를 was로 써야 옳다.
> ③ which의 선행사는 'economic growth'이며 동사 forced의 주어 역할을 하는 주격 관계대명사 which가 적절하다.
> ④ 'on the one hand'와 대비되는 'on the other (hand)'가 적절하다.

12 Bananas contain resistant starch which research ① show ② blocks conversion of some carbohydrates into fuel, ③ boosted fat burning by ④ forced your body to rely on fat stores instead — a sure aid to sustainable weight loss.

① X
② O
③ X
④ X

> 해설 ① 주어는 단수인 research이므로 단수동사 shows가 되어야 옳다.
> ② research show는 삽입구이며 block의 선행사는 which앞 resistant starch이므로 단수 주어에 맞게 단수 동사 blocks로 올바르게 쓰였다.
> ③ 능동적으로 지방이 타는 것을 증가시키는 것으로 현재분사의 형태인 boosting으로 해야 올바르다.
> ④ 전치사 by 뒤에 위치하였으므로 동명사의 형태인 forcing으로 바꿔야 옳다.

13 As artists, ① that drives us is the desire to make our lives ② run more ③ smoothly, with less angst, ④ fewer voids and a minimum of bother.

① X
② O
③ O
④ O

> 해설 ① drives의 주어가 없는 불완전한 절이므로 That을 What으로 고쳐야 올바르다.

14 Sometimes there is nothing you can do ① to stop yourself falling ill. But if you lead a healthy life, you will probably be able to get better ② very more quickly. We can all avoid doing things that we know ③ damage the body, such as smoking cigarettes, drinking too much alcohol or ④ taking harmful drugs.

① O
② X
③ O
④ O

> 해설 ① to stop은 '멈추기 위해서'라는 의미의 to부정사의 부사적 용법으로 쓰였다.
> ② very는 비교급을 수식하는 부사로 쓸 수 없고, much로 고쳐야 옳다.
> ③ 선행사는 things이고 we know는 삽입구이다. 주격 관계대명사 뒤에 동사는 선행사(things)에 수를 일치하므로 damage로 올바르게 쓰였다.
> ④ smoking, drinking, taking은 등위 접속사로 연결되어 같은 형태의 병렬 구조로 적절하게 쓰였다.

15 Linguistics shares with other ① <u>science</u> a concern to be objective, systematic, ② <u>consistent</u>, and ③ <u>explicit</u> in ④ <u>its</u> account of language.

① X
② O
③ O
④ O

> 해설 ① other는 다음에 셀 수 있는 명사를 쓸 때는 복수형으로 써야 하기 때문에 sciences로 고쳐야 올바르다.
> ②, ③ 형용사 objective, systematic, consistent, explicit 병렬구조로 연결된 것으로 형용사형으로 올바르게 쓰였다.
> ④ its는 linguistic을 지칭하는 대명사로, 학문명은 단수 취급하여 its로 올바르게 쓰였다.

16 Strange as ① <u>it may</u> seem, ② <u>the Sahara</u> was once an expanse of grassland ③ <u>supporting</u> the kind of animal life ④ <u>associating</u> with the African plains.

① O
② O
③ O
④ X

> 해설 ① 'Though it may seem strange'에서 보어 strange가 문두로 나가면서 'Strange as it may seem'으로 바르게 된 표현이다.
> ② 사막 이름 앞에는 정관사 the를 써서 표현한다.
> ③ support의 목적어가 있으므로 능동의 의미인 현재분사 supporting으로 올바르게 쓰였다.
> ④ 아프리카 평원과 연관된 동물의 삶이므로 '~와 연관된' 수동의 의미다. 따라서 과거분사인 associated with로 표현해야 적절하다.

CHAPTER 04 빈칸 선택형

✏️ 적절한 것을 고르시오.

01 In the mid 1990s, it was estimated that 9 million Americans were planning a summer vacation alone Since then, the number of solo travelers [**has increased** / have increased].

> 해설 주어가 the number이므로 단수동사 has가 되어야 하며 시간의 부사 since then이 있으므로 현재완료 시제로 써야 옳다.

02 In Rome, Italy, a store burglary suspect, when caught in a store after closing hours, [**explained to the police that he suffered from** / explained to the police that he is suffered from] a desire to sleep constantly and had fallen asleep inside the store. To prove his point, he kept falling asleep during police questioning.

> 해설 explain은 3형식 동사이므로 '~에게'라고 할 때 전치사 to를 써서 표현해야 하고 suffer from은 수동불가동사이므로 정답은 'explained to the police that he suffered from'이 옳다.

03 We can all avoid [to doing / **doing**] things that we know damage the body, such as smocking cigarettes, drinking too much alcohol or taking harmful drugs.

> 해설 avoid는 동명사를 목적어로 취한다. 따라서 doing이 옳다.

04 This difference is of great importance in explaining how the English language [**has changed** / had changed] over time.

> 해설 주어는 the English language이고, over time으로 보아 현재완료 시제가 되어야 한다. 따라서 has changed가 적절하다.

05 The flight proved highly [embarrassed / **embarrassing**] to the U.S. government, which through the army had given seed money to a similar program under the direction of Samuel P. Langley.

> 해설 prove의 보어 역할을 하는 분사가 필요하며 비행은 미국 정부를 당황시키는 것이므로 능동의 의미가 되어 현재분사 embarrassing이 들어가야 적절하다.

06 Most of the art [displaying / **displayed**] in the museum is from Italy in the 19th century.

> 해설 is가 동사이고, 빈칸에는 분사가 필요하다. 미술작품은 전시되는 것이므로 과거분사 displayed가 적절하다.

07 Jenny worked as a feature writer in the Post's "Accent" section; I was a news reporter at the [**competing** / competed] paper in the area, the South Florida Sun-Sentinel, based an hour south in Fort Lauderdale.

해설 빈칸에는 분사가 들어갈 자리이며, 신문들이 경쟁을 하므로 현재분사가 필요하다. 따라서 competing이 적절하다.

08 Animal conservationists argue that removing some endangered species from environments where they are at risk is necessary if they [**are to survive** / are to be survived] in the long term.

해설 'be 동사+to 부정사'는 예정, 가능, 의무, 의도, 운명 등의 의미로 사용된다. 조건의 접속사인 if와 함께 사용되어 '~하려면' 의도의 의미로 자주 쓰이며 '생존하려면'이라는 의미가 가장 적절하므로 'are to survive'가 정답이 된다.

09 Moreover, when performers receive and react to visual feedback from the audience, a performance can become truly interactive, [**involving** / involved] genuine communication between all concerned.

해설 접속사가 없고 분사가 들어가야 적절하다. 다음에 목적어가 있으므로 현재분사 involving이 들어가야 올바르다.

10 Most of the time journalism cannot possibly offer anything but a fleeting record of events [**compiled** / are compiled] in great haste.

해설 record를 수식하는 분사 자리이며, 기록은 편찬되는 것이므로 과거분사 compiled를 써야 한다.

11 Acute discomfort can occur when another person stands or sits within the space [**identified** / identifying] as inviolate.

해설 space를 수식하는 분사가 들어갈 자리이다. '불가침한 것으로 인지되는 공간'이므로 수동의 의미가 되어 과거분사인 identified가 들어가야 올바르다.

12 Most studies have affirmed the positive effects of friendship, with some [**exploring** / explored] whether you're better off having many companions or just one good one.

해설 with 분사구문으로 'with+명사+분사'가 적절하고, 빈칸 뒤 'whether~'은 목적어로 능동을 의미하므로 현재분사인 exploring이 옳다.

13 We can measure the amount of chemicals [**introduced** / introducing] into the air, whereas it is extremely difficult to monitor cumulative exposure to noise.

해설 분사가 들어갈 자리이고 chemicals를 수식하고 있으며 '공지 중에 유입된' 수동의 의미로 과거분사인 introduced가 옳다.

14 It helps Blacks purge themselves of self-hate, thus [asserted / **asserting**] their own validity.

> 해설 접속사가 없으므로 서술어가 아니라 분사가 필요하며 뒤에 목적어가 있으므로 능동의 의미가 된다. 따라서 현재 분사인 asserting이 적절하다.

15 The supervisor was advised to give the assignment to [**whoever** / whomever] he believed had a strong sense of responsibility and the courage of his conviction.

> 해설 선행사의 역할을 하는 명사가 없으므로 복합 관계 대명사를 쓰는 것이 적절하며 관계사 절에서 동사 had의 주어이므로 주격을 써야 한다.

16 [Where / **That**] the adult smoking rate is gradually dropping is not good news for big tobacco companies.

> 해설 절이 나오고 그 뒤에 본동사(is)가 나온다. 명사절을 이끄는 접속사 필요하며 뒤에 절이 완전한 절이므로 That이 가장 적절하다.

17 He is one of the few boys who [**have** / has] passed the entrance examination.

> 해설 관계대명사 who의 선행사는 few boys 복수 명사이므로 뒤에 오는 동사는 have로 써야 올바르다.

18 When Dr. Kozyrev first published [that / **what**] he thought he had seen on the moon, his interpretation was doubted by many astronomers in other lands. Subsequently, however, astronomers here have seen color changes [**which** / where] they, too, believe are signs of continuing volcanic activity on the previously supposed dead body of the moon.

> 해설 • he thought he had seen에서 동사 had seen의 목적어가 없는 것으로 보아 what이 들어가야 옳다.
> • 동사 are의 주어가 없는 불완전한 절이므로 관계대명사 which가 들어가야 적절하다.

19 A mutual aid group is a place [**where** / which] an individual brings a problem and asks for assistance.

> 해설 선행사는 a place이며, 관계사절에서 장소의 부사이므로 관계부사 where이 적절하다.

20 Cooper is a private-security detective, one of many [whose / **who**] patrol once prosperous enclaves like Palmer Woods.

> 해설 선행사는 many이며, 관계사 절에서 patrol이라는 동사의 주어 역할을 해야 하기 때문에 주격 관계 대명사 who가 되어야 한다.

21 All [what is needed / **that is needed**] is a continuous supply of food and water.

> 해설 All이 선행사로 쓰일 때 관계대명사 that을 사용한다. 'All that is needed ~'가 적절한 표현이다.

22 They study the remains of long-extinct animals and they speculate about [**how** / what] the animals might have looked when they were alive. Anything [which / **that**] is unexplained is fascinating to people who love a mystery.

> 해설 • 전치사 about의 목적어 역할을 하는 명사절에서 look의 보어 역할을 하는 형용사가 없으므로 의문부사 how가 적절하다.
> • 주격 관계대명사가 필요하며, 선행사가 '-thing'인 경우에는 that만 사용이 가능하다.

23 The population of Easter Island is now around 5000 nearly double [**what** / that] it was twenty years ago.

> 해설 '배수사+명사'는 '~의 몇 배'의미로 배수사 double 다음에 명사를 써야 하는데, 주어 동사가 있는 절이 있으므로 명사절로 바꿔야 한다. 따라서 명사절을 이끄는 접속사를 써야 하고 was의 보어 역할을 하는 명사가 없으므로 정답은 what이 된다.

24 It is high time that we [**reviewed** / review] our foreign policy in th Middle East.

> 해설 'It is high[about] time S+과거동사'를 쓴다. 따라서 정답은 reviewed이다.

25 Had I started studying Russian a few years earlier, I [would have spoken / **would speak**] Russian better now.

> 해설 가정법 혼합 구문으로 'a few years earlier'를 보아 조건절은 과거의 일을, now를 보아 주절은 현재의 일을 가정하므로 가정법 과거인 would speak가 들어가는 것이 적절하다.

26 It was very [considered / **considerate**] of you to give a welcoming speech to the delegates.

> 해설 의미상의 주어가 of you로 보아, 빈칸에는 사람의 인성형용사가 들어가야 올바르며 '사려깊은'이라는 의미가 정답이 된다.

27 I wish Liz would drive us to the airport but she has [**too small a car** / very small a car] to take us all.

> 해설 to take us all과 어울리는 것은 '너무 ~해서 -할 수 없다' 의미의 'too ~ to' 용법이다. 'too 형용사 a/an 명사'의 어순에 따라서 'too small a car'가 올바르다.

28 Jane went to the movies, [and did her sister so / **and so did her sister**].

> 해설 앞 문장에 이어 '~도 또한 ~하다'는 표현을 할 때는 'so V S'의 형태로 쓴다. 이때 동사로는 앞 문장의 동사가 be동사나 조동사일 경우 그대로 쓰며 일반 동사인 경우 'do/does/did'로 대신 쓴다. went가 일반 동사이고 과거이므로 did를 써야 적절하다.

04. 전범위 필수 100제

01
정답 ①

해설
① 'resemble, cost, lack' 등의 상태 동사는 수동태로 표현할 수 없다. 따라서 'He resembles his father'로 표현해야 한다.
② want의 목적어가 주어의 행동을 받는 입장일 때에는 목적어를 'to be p.p.' 또는 '~ing'로 표현하므로 문법적으로 옳다.
③ look(보이다)의 주격 보어로 형용사가 역할을 하므로, 'looks young'은 문법적으로 옳다.
④ 현재시점기준에 기간의 'how long'과 결합하는 동사의 시제는 현재완료이므로 문법적으로 옳다.

해석
① 그는 아버지를 닮았다.
② 내 가방은 수선할 필요가 있다.
③ 그녀는 나이에 비해 젊어 보인다.
④ 결혼한 지 얼마나 됐습니까?

02
정답 ③

해설
③ '~ago'는 과거시간부사이므로 문장의 동사는 과거시제 finished로 일치시켜야 한다.
① 시간·조건·양보의 부사절 내의 현재시제는 미래의 의미를 가지므로 'If it is fine tomorrow'은 문법적으로 옳다.
② inform A of B는 'A에게 B를 알리다'라는 뜻으로 옳게 쓰였다. '전화로 (by telephone)'에서의 by는 목적어로 '무관사 명사'를 취한다.
④ 문장의 주어가 'A and B'의 형태로 표현이 되어 있으나, '단일한 개념'을 의미하므로 단수동사 makes로 일치시킨다.

해석
① 만약 내일 날씨가 좋다면 나는 낚시를 갈 것이다.
② 그녀는 그 소식을 전화로 내게 알렸다.
③ 나는 한 시간 전에 일을 끝냈다.
④ 일만 하고 놀지 않으면 둔한 소년이 된다.

03
정답 ②

해설
② 동사의 태 일치에 대한 문제로 타동사 treat 다음에 목적어가 없으므로 treat을 수동형인 'be treated'로 고쳐야 한다.
① 'A를 B에게 소개하다'라는 의미의 introduce는 'introduce A to B'로 표현한다. 따라서 문법적으로 옳다.
③ 동사의 목적절은 명사절로 미래의 의미는 '미래시제'로 표현한다.
④ make의 목적보어로 명사구 및 명사절(what절)이 나올 수 있다. 따라서 '오늘날의 그의 모습'으로 'what he is'는 문법적으로 옳다.

해석
① 그는 그의 여자 친구를 나에게 소개했다.
② 당신이 대접받고 싶은 대로 남들을 대하라.
③ 그녀가 내일 올지 여부를 모르겠다.
④ 열심히 일하는 것은 그를 오늘날의 그로 만들었다.

04
정답 ④

해설
④ '시간, 조건'을 나타내는 양보의 부사절에서는 '현재동사'가 미래의 의미를 갖는다. 따라서 'will rain'을 현재동사 'stops'로 바꾸어야 문법적으로 옳다.
① 주어가 실내에 유지시키는 행위의 대상이 되므로 수동의 'have been keep indoors'는 문법적으로 옳고, '실내에서'라는 뜻을 'indoor'가 아닌 'indoors'로 표현했으므로 문법적으로 옳다.
② 과거완료에 대한 문제이다. 주절의 시제가 '과거완료'이므로, 'before+주어+과거동사'가 문법적으로 옳다.
③ 동사의 태 일치에 대한 문제로, 사람의 감정 상태는 수동태로 표현하므로 'was not a little surprised'는 문법적으로 옳다.

해석
① 아이들은 겨울 내내 집안에 틀어박혀 있다.
② 내가 기다린 지 한 시간 만에 그가 나타났다.
③ 나는 그의 실패에 적지 않게 놀랐다.
④ 비가 그치면 나는 외출할 것이다.

05

정답 ①

해설

① 'took good care of'의 수동태는 'was taken good care of'이다. 따라서 'was taken care'를 'was taken care of'로 표현해야 문법적으로 옳다.
② rob는 '사람에게서 사물을 강탈하다'의 타동사로 'rob 사람 of 사물'로 표현하며 사람은 강탈당한 입장이므로 'be robbed of 사물'로 표현한다. 따라서 'Peter was robbed of her bag ~'은 문법적으로 옳다.
③ 'since절'은 현재완료시제와 함께 쓰이므로 문법적으로 옳다.
④ 'ran over(치다)'의 수동태는 'was run over'이므로 주어진 문장은 옳다.

해석

① 나의 남동생이 나의 개를 잘 돌보았다.
② Peter는 집에 돌아오는 길에 그녀의 가방을 강탈당했다.
③ 그의 어머니가 돌아가신 지 10년이 지났다.
④ 어제 한 할머니가 버스에 치였다.

06

정답 ②

해설

② '시간·조건·양보'의 부사절에서는 현재시제가 미래의 의미를 갖는다. 따라서 'unless it will rain'을 'unless it rains'로 표현해야 문법적으로 옳다.
① 시점기준이 과거(when he came)이고, 기간(How long)의 표현이 있으므로, 과거완료시제 'had you been'은 문법적으로 옳다.
③ wonder(궁금해 하다)의 목적어 역할을 하는 if절의 시제 일치에 대한 문제로, 명사절 내에서 미래는 미래시제로 표현하므로 'will attend'는 문법적으로 옳다.
④ 주격 보어 역할을 하는 준동사의 태 일치의 기준은 문장의 주어이다. 문장의 주어인 whether절은 '보는 행위'를 당하는 입장이므로, '두고 볼일이다'는 'remain to be seen'으로 표현한다.

해석

① 그가 왔을 때 얼마나 기다렸나요?
② 비가 오지 않으면 우리는 내일 떠날 것이다.
③ 나는 그가 오늘밤에 파티에 올 수 있을지 궁금하다.
④ 그가 진실을 말했는지 여부는 두고 볼 일이다.

07

정답 ②

해설

② 'diagnose(진단하다)'는 타동사로 목적어를 필요로 하는데, 문장의 주어는 '진단하는 행위를 당하는' 입장이므로 수동태 'had been diagnosed'로 표현해야 문법적으로 옳다.
① already를 통해 영화가 시작한 시기는 우리가 도착했던 과거 시점보다 이전이므로 과거완료 'had already started'로 표현한 것은 옳다.
③ make의 목적보어로 '명사, 형용사'가 역할을 하므로 형용사 accurate는 문법적으로 옳다.
④ 주어 'B as well as A'는 'B'에 일치시키며, '주어가 비난받아야 한다'는 'S be동사 to blame'으로 표현한다. 따라서 동사 'are to blame'은 문법적으로 옳다.

해석

① 우리가 도착했을 때 영화는 이미 시작했었다.
② 그 아이들은 질병 진단을 받았었다.
③ 보고서를 가능한 한 정확하게 작성해 주십시오.
④ 그뿐만 아니라 너도 그 사고에 대해 비난받아야 한다.

08

정답 ④

해설

④ 동사 keep의 목적보어에 대한 문제이다. '목적어를 ~상태로 유지시키다'는 'keep 목적어 보어'로 표현하며, 보어로 '형용사, 명사'가 올 수 있다. 따라서 'keep things clean'으로 표현해야 한다.
① 문장의 주어가 '강탈하는 행위'를 당하는 입장이므로 수동의 'was robbed'는 문법적으로 옳다.
② raise(올리다, 제기하다)는 타동사로 목적어가 없으면 수동태로 표현한다. 또한 문장의 주어인 '몇 가지 문제'는 '제기하는 행위'를 받는 입장이므로 수동의 'have been raised'는 문법적으로 옳다.
③ 'listened to'를 수동태로 표현하면 'was listened to'이므로 주어진 문장은 문법적으로 옳다.

해석

① 그는 집으로 돌아오는 길에 지갑을 도둑맞았다.
② 새로운 회원들 때문에 몇 가지 문제가 제기되었다.
③ 청중들은 주의 깊게 그의 연설을 경청했다.
④ 존은 정말로 물건들을 깨끗하게 유지하려고 노력한다.

09
정답 ④

해설

④ 구동사의 수동태에 대한 문제로, 'paid no attention to'의 수동태는 'was paid no attention to'이다.
① 재봉틀은 수리되는 대상이므로 현재진행수동태는 문법적으로 옳다.
② '행위의 완료'를 현재 시점 기준으로 '현재완료'로 표현하므로 문법적으로 옳다.
③ 구동사 'spoke to(에게 말을 걸다)'의 수동태는 'was spoken to'이므로 문법적으로 옳다.

해석

① 그 재봉틀은 그의 어머니에 의해 수리되고 있는 중이다.
② 그는 다음주 일요일로 이미 예약을 마쳤다.
③ 그가 너무 화가 나 있어서 아무도 그에게 말을 걸지 않았다.
④ 그의 제안은 상사들의 주의를 끌지 못했다.

10
정답 ①

해설

① to부정사의 형용사적 용법에 대한 문제로, '~을 두려워하다'는 'be afraid of~'로 표현하므로 'We have nothing to be afraid of'으로 표현해야 문법적으로 옳다.
② 수식받는 명사 'game'은 감정을 불러일으키는 입장이므로 능동의 현재분사 'exciting'은 문법적으로 옳다.
③ to부정사가 forbid(금하다)의 목적보어 역할을 하므로 문법적으로 옳다.
④ want는 목적보어로 'to부정사'를 취하므로 주어진 문장은 문법적으로 옳다.

해석

① 우리는 두려워할 것이 없다.
② 하키는 흥미진진한 게임이다.
③ 아버지는 내가 담배를 피우는 것을 금했다.
④ 그들은 네가 시험에 통과하길 원한다.

11
정답 ④

해설

④ '제안하다(suggest), 고려하다(consider), 허락하다(allow)'등의 동사는 동명사를 목적어로 취하는 동사이다. 따라서 'to quit'을 'quitting'으로 고쳐야 문법적으로 옳다.
① '과거에 하곤 했다'는 'used to부정사' 혹은 'would 동사원형'으로 표현하므로 주어진 문장은 문법적으로 옳다.
② 'would like' 등의 '기대희망'동사는 목적보어로 to부정사를 취하므로 문법적으로 옳다.
③ 목적어인 그는 '한 권의 책을 사는 입장'이므로 능동의 현재분사 'buying'은 문법적으로 옳고, worth는 목적어로 (동)명사를 취하는 형용사로, 동명사는 반드시 능동태로 표현하므로 'reading' 또한 문법적으로 옳다.

해석

① 그는 매일 아침 산책을 하곤 했다.
② 나는 네가 더 부지런했으면 좋겠다.
③ 나는 그가 읽을 가치 있는 책 한 권을 사는 것을 봤다.
④ 나는 일을 그만두는 것을 고려하고 있다.

12
정답 ③

해설

③ 지각동사의 목적보어는 능동의 의미일 때에는 '원형부정사' 혹은 '현재분사'로 표현하고, 수동의 의미일 때에는 '과거분사' 혹은 'being 과거분사'로 표현한다. 'talk about' 다음에 목적어가 있으므로 능동의 'talk' 혹은 'talking'으로 표현해야 한다.
① 독립분사구문의 태 일치에 대한 문제로, 분사의 의미상 주어인 'his arms' 입장에서는 '행위를 받는' 입장이므로 수동의 과거분사 'folded'는 문법적으로 옳다.
② 지각동사 saw의 목적보어에 대한 문제로, 목적어인 은행은 '강탈하는 행위'를 당하는 입장이므로, 수동의 'being robbed'는 문법적으로 옳다.
④ 분사의 의미상 주어는 춤을 추는 행위(dance)를 하는 입장이므로 능동의 현재분사 'dancing'은 문법적으로 옳다.

해석

① 그는 팔짱을 끼고 그 자리에 서 있었다.
② 어제 은행이 강탈당한 것을 보았다.
③ 나는 그 남자가 나에 대해 말하는 것을 들었다.
④ 함께 춤을 추면서 우리는 즐거운 시간을 보냈다.

13
정답 ②

해설

② 지각동사의 수동태에 대한 문제이다. 수동의 동사 다음에 원형부정사가 나올 수 없으므로, 'swim'을 'to swim' 혹은 'swimming'으로 수정해야 문법적으로 옳다.
① help의 목적보어로 'to부정사'와 '원형부정사'를 취하므로 문법적으로 옳다.
③ 독립분사의 태 일치에 대한 문제로 수식받는 명사 'your eyes'는 닫는 행위를 받는 입장이므로 수동의 과거분사는 문법적으로 옳다.
④ 분사의 의미상 주어는 '기대는 행위'를 하는 입장이므로 능동의 현재분사 'leaning'은 문법적으로 옳다.

해석

① 우리는 그 사람이 상자를 옮기는 것을 도왔다.
② 우리는 그가 강에서 수영하는 것을 보았다.
③ 눈을 감고 말하지 말라.
④ 그는 벽에 기대어 서 있었다.

14
정답 ④

해설

④ remember는 뒤에 동명사(~ing)를 취할 때 과거 내용을, to부정사를 취할 때는 미래 내용을 나타낸다. 문맥에서 미래를 나타내는 표현인 'next Sunday'가 있으므로 목적어로 to부정사가 나와야 문법적으로 옳다.

① 독립분사구문에 대한 문제이다. 문장의 주어와 분사의 주어가 다를 경우, '명사+분사, 주어 동사 ~'로 표현하므로, 'It being bad weather'는 문법적으로 옳다.

② 'used to 부정사'는 과거의 사실을 나타내므로 문법적으로 옳다.

③ to부정사의 형용사적용법에 대한 문제로, 'There be동사 주어'를 수식하는 to부정사는 '능동태와 수동태'로 다 표현할 수 있으므로 문법적으로 옳다.

해석

① 날씨가 나빠서 우리는 외출할 수 없었다.
② 예전에는 바로 이곳에 야구장이 있었다.
③ 읽을 수 있는 많은 흥미로운 책들이 있다.
④ 다음 주 일요일에 그를 만난 것을 기억해야 한다.

15
정답 ②

해설

② enable(가능하게 하다)은 목적보어로 to부정사를 취하므로 buying을 'to buy'로 바꿔야 문법적으로 옳다.

① to 부정사의 시제 일치에 대한 문제로, 현재 시점에서 과거사건을 진술하고 있으므로 'to have written'은 문법적으로 옳다.

③ 가목적어 구문은 '타동사(think, find, call, make)+it+목적보어(명사, 형용사)+진주어(준동사/명사절)'로 표현하므로 'make it a rule to부정사구'는 문법적으로 옳다.

④ 문장의 주어 입장에서는 '대우를 받는 입장'이므로 'object to (반대하다)'의 목적어로 수동의 동명사 'being treated like that(그렇게 대우 받는 것)'은 문법적으로 옳다.

해석

① Bob이 그 편지를 썼다고 한다.
② 대출을 해서 그는 그 집을 살 수 있었다.
③ 그는 일찍 자는 것을 원칙으로 한다.
④ 그는 그렇게 대우받는 것을 반대했다.

16
정답 ③

해설

③ to부정사의 시제 일치를 물어보는 문제로, 현재 시점 기준(is reported)에 과거(in the war)에 대한 진술을 하고 있으므로 'to be killed'를 'to have been killed'로 수정해야 옳다.

① 분사구문의 부정에 대한 문제로, not이 분사 앞에 위치하므로, 옳은 문장이다.

② to부정사의 부사적 용법을 물어보는 문제로 'and he become a fine man'을 'to be a fine man'으로 옳게 표현한 문장이다.

④ 의견을 물어보는 의문문은 'What do you say to 동명사?'로 표현한다.

해석

① 무슨 말을 해야 할지 몰라서, 나는 조용히 있었다.
② 소년은 자라서 훌륭한 청년이 되었다.
③ 그는 전쟁에서 사망한 것으로 보고되었다.
④ 산책 가는 거 어때요?

17
정답 ②

해설

② worth는 목적어로 능동의 동명사와 명사를 취하므로 'worth reading'으로 고쳐야 옳다.

① let의 목적보어는 능동의 의미일 때에는 '원형부정사'로 표현하므로 'stay'는 옳고, '늦게'의 의미로 'late' 또한 옳게 쓰였다.

③ 펜은 쓰는 행위의 대상이 아니라, '가지고 쓰는 도구'에 해당되기 때문에 도구의 전치사 with가 필요하다. 따라서 'to write with'는 옳다.

④ 독립분사의 태 일치에 대한 문제로 수식받는 명사 'The work'는 행위를 받는 입장이므로 수동의 과거분사 'done'은 옳다.

해석

① 우리 부모님은 내가 늦게까지 밖에 있도록 허락하지 않으신다.
② 이 책은 주의 깊게 읽을 가치가 있다.
③ 그녀는 쓸 만년필이 없다.
④ 그는 일을 마치고 산책하러 밖으로 나갔다.

18
정답 ④

해설

④ 주어 동사의 수의 일치에 대한 문제이다. 주어 'B as well as A'의 수는 'B'에 일치시키므로 am을 are로 고쳐야 한다.

① '~하지 않을 수 없다'는 'can't but 동사원형 = can't help 동명사 = have no choice but to 부정사' 등으로 표현하므로 주어진 문장은 옳다.

② '~할 필요가 없다'라는 'don't need to부정사 = don't have to 부정사 = need not 동사원형'으로 표현할 수 있으므로 옳다.

③ 분사구문의 태 일치에 대한 문제로, 'the enemies(적들)'은 수적으로 압도되는 입장이므로 수동의 과거분사 outnumbered를 쓴 것은 옳다.

해석

① 항복할 수밖에 없다.
② 너는 일요일에는 학교에 갈 필요가 없다.
③ 수적으로 열세이기 때문에, 적들은 두려워하고 있다.
④ 나는 물론이고 너도 죄가 있다고 생각한다.

19

정답 ④

해설

④ 원급비교구문은 'as 원급 as'로 표현해야 한다. 따라서 'as better as'를 'as good as'로 표현해야 문법적으로 옳다.
① 과거 시점에 대한 아쉬움을 '과거조동사 have p.p.'로 표현할 수 있고, leave는 목적보어로 '명사, 형용사'를 취하며 분사의 태 수동 일치는 목적어 입장에서 결정된다. 목적어 it은 '말하는 행위'를 받는 입장이므로 수동의 과거분사 'unsaid'는 옳다.
② 이유나 양보를 나타내는 as절에서 '명사'를 강조하기 위해 도치가 일어날 때는, 명사 앞에 관사를 붙이지 않는다. 따라서 'Millionaire as he was'는 옳다.
③ 부정주어와의 비교 대상으로 동명사(traveling)는 옳은 표현이다.

해석

① 그 말을 하지 않는 것이 더 현명했을 텐데.
② 백만장자였던 그는 계속 열심히 일했다.
③ 여행을 하는 것이 이 세상에서 가장 즐거운 일이다.
④ 사업이 지금처럼 잘된 적은 없었다.

20

정답 ①

해설

① 최상급 표현에 대한 문제이다. 'the 최상급'은 세 개 이상을 비교할 때 사용하는 표현이고, between은 비교 대상이 둘일 때 사용하는 표현이다. 따라서 'He is the brightest boy of them all'로 고쳐야 한다.
② 비교의 의미를 갖는 preferable(선호하는)은 비교 대상을 to로 연결하므로 옳다. '~or'에는 비교의 의미가 있으므로 'more ~ than'이 아니라 '~or to'로 비교 대상을 연결해야 함을 기억해야 한다.
③ 과거 시점에 대한 소망이므로 과거완료 'had not wasted'는 옳게 쓰였다.
④ 원급 비교 구문은 '긍정문'에서 'as ~ as'로 표현한다. 문장의 동사를 수식하고 있으므로 부사 well을 넣어 'as well as'로 나타낸 것은 옳다.

해석

① 그는 그들 중에서 가장 총명한 소년이다.
② 이것은 그것보다 더 선호되는 것 같다.
③ 내가 젊었을 때 시간을 낭비하지 않았더라면 좋았을 걸.
④ 그들은 내가 지금까지 들어본 것 중 가장 훌륭한 음악을 연주했다.

21

정답 ③

해설

③ I wish 가정법에 대한 문제이다. I wish 가정법은 '현재시제'로 표현할 수 없다. 따라서 현재 시점에 대한 가정이므로 are를 were로 고쳐야 한다.
① '~해야 할 시간이다'라는 표현은 'It is (about/high) time' 다음에는 'that 주어 should 동사원형' 또는 'it is 과거동사'를 써서 표현하므로 'It is about time that you went home'은 옳다.
② 부정문의 '동의부사'가 이끄는 도치구문을 물어보는 문제이다. 앞의 부정문에 대해 '또한 그렇다'라고 표현할 때는 'neither 동사 주어'를 사용하며, 앞 문장의 동사를 대신하여야 한다. 따라서 옳다.
④ 비교 대상의 일치를 물어보는 문제로 '당신 아들 머리(Your sone's hair)'와 '당신의 머리(yours)'는 비교 대상이 일치하므로 옳다.

해석

① 이제 네가 갈 때가 되었다.
② 그녀는 커피를 좋아하지 않고, 나 또한 그렇다.
③ 우리가 지금 소풍 중이라면 좋을 텐데.
④ 당신 아들 머리는 당신 머리와 같은 색깔이다.

22

정답 ②

해설

② 과거시점의 가정법의 표현으로 'if 주어 과거완료, 주어 과거조동사 완료'로 표현하므로, 주절의 'would not believe it'을 'would not have believed it'으로 표현해야 한다.
① ③ ④ 과거시점의 가정법의 표현으로 'if 주어 과거완료, 주어 과거조동사 완료'로 표현하므로 주어진 문장은 옳다.

해석

① 만약 내가 너의 이메일 주소를 알았더라면, 내가 너에게 글을 썼을 텐데.
② 만약 내가 너에게 진실을 말했더라면, 당신은 그것을 믿지 않았을 것이다.
③ 만약 내가 더 열심히 연습했다면, 나는 그 게임을 이겼을 것이다.
④ 만약 날씨가 더 좋았더라면, 우리는 소풍을 갔을 것이다.

23

정답 ③

해설

③ 'I would rather'는 'I wish'와 같은 가정법 용법으로 that절에는 현재동사가 나올 수 없다. 따라서 'can help'를 'could help'로 바꿔야 옳다.
① 'compare A to B'는 'A를 B와 비교/비유하다'의 의미로 옳게 쓰였다.
② 도치구문 내에 있는 동사의 수 일치에 대한 문제로, 문장의 주어가 복수명사 'four goldfish'이므로 복수동사 live는 옳다.
④ 시점에서 가정하여 '마치 ~처럼'이라는 의미를 나타내기 위해 과거 동사 knew를 쓴 것은 적절하다.

해석

① 그는 심장을 펌프에 비유했다.
② 우리 집 어항에는 4마리의 금붕어가 살고 있다.
③ 차라리 그가 나를 도울 수 있으면 좋을 텐데.
④ 너는 모든 것을 안다는 듯이 말하는구나.

24

정답 ③

해설

③ 비교 대상의 일치에 대한 문제이다. '당신 아들의 머리'와 '당신의 머리'가 비교의 대상이므로 문장 마지막에 나오는 you를 소유격대명사 yours로 고쳐야 한다.
① 중국어를 배웠으면 좋았을 것이라고 생각한 시기가 'when I was young(내가 더 어렸을 때)', 즉 과거이다. 따라서 현재 시점에서 과거에 대한 소망을 나타내려면 'I wish 주어 과거완료' 형태로 써야 하므로 주어진 문장은 문법적으로 옳다.
② 라틴어의 어원을 갖는 superior는 비교의 의미를 가지고 있으므로 비교 대상을 'more ~ than'으로 표현하지 않고, '~ to'로 표현한다.
④ 부정부사 little이 이끄는 도치구문에 대한 문제로 'did I know ~'라는 도치구문은 문법적으로 옳다.

해석

① 내가 어렸을 때 중국어를 배웠더라면 좋았을 텐데.
② 그는 자신의 형보다 근면성에 있어 훨씬 낫다.
③ 당신 아들 머리는 당신 머리와 같은 색깔이다.
④ 나는 그녀가 어떻게 나의 삶을 바꿀 것인지 전혀 알지 못했다.

25

정답 ④

해설

④ Only가 이끄는 부사구절은 문장 앞에서 도치가 발생해 '동사 주어'의 어순을 이끈다. 따라서 'Only recently I knew the fact'를 'Only recently did I know the fact'로 표현해야 한다.
① '과거에 ~했다면 현재 …할 텐데'라는 의미를 가지는 가정법혼합은 if절은 '과거완료'로, 주절은 '과거조동사 원형'으로 옳게 표현한 문장이다.
② 'I wish'가 이끄는 가정법의 시제 일치를 물어보는 문제이다. '현재 시점' 기준에서 '과거에 대한 소망'은 '~했다면 좋을 텐데'이다. 과거 시점에 대한 소망이므로 '과거완료' 시제는 문법적으로 옳다.
③ 비교 대상의 일치를 물어보는 문제로 '나의 아들의 머리카락(my son's hair)'과 '나의 머리카락(mine)'은 비교 대상이 일치하므로 문법적으로 옳다.

해석

① 나는 걸어서 가는 것보다 택시를 타는 것이 더 좋다.
② 지금 아는 것을 그 때 알았더라면 좋았을 텐데.
③ 나의 아들의 머리카락은 나의 머리카락과 같은 색깔이다.
④ 최근이 되어서야 나는 그 사실을 알았다.

26

정답 ①

해설

① 'A라기 보다는 B이다'의 원급비교구문은 'not A so much as B = not so much A as B'로 표현해야 하나, 영문에서는 'not A any more than B'의 '양자부정'의 표현이 나왔으므로 틀린 문장이다. 따라서, 본문의 'any more than'을 'so much as'로 바꾸어야 문법적으로 옳다.
② 비교구문을 이용한 전부 부정(양자부정)과 전부 긍정(양자긍정)에 대한 문제이다. 'A is no more B than C is D'는 'C가 D가 아니듯이 A는 B가 아니다'라는 의미이며 'A is no less B than C is D'는 'C가 D이듯이 A는 B이다'라는 의미이다. 따라서 주어진 문장은 옳다.
③ 라틴비교급 superior의 비교 대상 앞에는 전치사 to를 쓴다. 또한 비교급을 강조하게 위해 far를 쓴 것도 적절하다.
④ 'wish 가정법'의 시제 일치를 물어보는 문제이다. 'I wish 가정법'은 '동일 시점 또는 미래에 대한 소망'은 '과거시제'로, '주절보다 앞선 과거에 대한 소망'은 '과거완료시제'로 표현한다.

27

정답 ②

해설

② 비교의 의미를 갖는 preferable(선호하는)은 more than과 결합하지 않는다. 따라서 more preferable을 preferable로 고쳐야 한다.
① 배수비교는 '배수사+as ~ as', 혹은 '배수사+more ~ than'의 구조로 표현하므로 'four times as great as'는 문법적으로 옳다.
③ '전치사 none'은 '부정부사'로 문장 앞에서 '동사 주어'의 도치구문을 이끈다. 따라서 문법적으로 옳다.

④ I wish가 이끄는 가정법을 물어보는 문제로 소망시점과 바라는 것의 시점이 일치하므로 과거동사로 표현한 것은 문법적으로 옳다.

해석
① 수요는 공급의 4배에 달한다.
② 이것은 그것보다 더 선호되는 것 같다.
③ 부는 현명한 사람들에게만 행복을 가져올 수 있다.
④ 내가 지금 원어민만큼 유창하면 좋을 텐데.

28
정답 ①

해설
① 등위접속사 'either A or B'의 수 일치에 대한 문제이다. 동사에 가까운 'B'에 해당하는 'he'에 일치시켜야 하므로 'are'를 'is'로 고쳐야 옳다.
② 앞 문장 전체가 선행사일 때 관계대명사는 which로 표현하므로 주어진 문장은 옳게 쓰였다.
③ 'not+always'는 '항상 ~하는 것은 아니다'라는 부분부정의 의미이고, '나이, 형태, 색깔' 등의 명사는 같을 때, 전치사 of로 표현한다.
④ 단위는 전치사 on이 연결하므로 'on Sundays'는 문법적으로 옳다.

해석
① 그 사고에 대해 너나 그 둘 중 한 사람이 책임을 져야 한다.
② 나는 조용히 있었는데, 그것이 그를 훨씬 더 화나게 만들었다.
③ 두 소녀의 나이가 같다고 해서 반드시 생각이 같은 것은 아니다.
④ 일요일에 당신은 오전 10시부터 오후 2시까지 나를 만날 수 있다.

29
정답 ②

해설
② 복합관계대명사가 '주어가 없는 불완전한 절'을 이끌고 있으므로 'whomever'를 'whoever'로 바꾸어야 옳다.
① 문장의 주어 입장에서 '뒤돌아보는 행위'를 하고 있으므로 능동의 'looking back'은 옳다.
③ 명사절 접속사 whether는 'The question'의 주격 보어 역할을 하면서 완전한 절을 이끌 수 있다.
④ 선행사를 수식하면서 목적어가 없는 불완전한 절 'we respect most(우리가 가장 존경하는)'를 이끌 수 있다.

해석
① 나는 뒤돌아보지 않고 앞문으로 걸어 나갔다.
② 그는 자신에게 조언을 구하러 오는 사람이라면 누구에게나 미소를 지었다.
③ 문제는 그가 다음날 올지 여부이다.
④ 우리가 가장 존경했던 선생님께서 지난달에 은퇴하셨다.

30
정답 ③

해설
③ 등위상관접속사 'not only ~ but also …'가 이끄는 주어의 수 일치에 대한 문제이다. 'Not only you but also she'에서 'she'를 강조하므로 동사는 is로 일치시켜야 한다.
① 'I think'가 삽입절로 문장의 구성에 영향을 주지 않으므로, 주어가 없는 불완전한 절 'is willing ~'을 이끌 수 있는 것은 who이고 수식받는 명사가 단수명사이므로 단수동사 is로 일치하고 있으므로 옳게 쓰였다.
② 선행사가 사물인 소유격관계대명사 'whose 명사 = of which the 명사 = the 명사 of which'로 표현하므로 주어진 문장은 옳다.
④ '~임에도 불구하고'라는 뜻의 전치사 'in spite of'가 명사를 이끌고 있으므로 옳다.

해석
① 다니엘은 내가 생각하기에 기꺼이 너를 도울 사람이다.
② 우리가 지붕을 보는 그 건물은 아름답다.
③ 당신뿐만 아니라 그녀 또한 이 프로젝트에 필요하다.
④ 우리는 그런 날씨에도 불구하고 정말로 즐겁게 놀았습니다.

31
정답 ④

해설
④ 복합관계부사 'However'는 '형용사, 부사'를 수식하면서 절을 이끌므로 'However clever you may be'로 표현해야 한다.
① '~하는 한'이라는 의미의 부사절 접속사 'as long as'가 이끄는 부사절구문으로 옳은 문장이다.
② 주격 관계대명사 who는 사람인 선행사를 수식하면서 주어가 없는 불완전한 절을 이끈다. 그리고 나의 눈을 쳐다보다는 'look me in the eye'로 표현한다.
③ nothing을 수식하는 절 'I can tell you about her'에 대한 문제이다. 수식받는 명사가 tell의 목적어 역할을 하므로 목적격 관계대명사 that은 생략이 가능하므로 옳다.

해석
① 당신이 즐겁게 지냈다면 휴가 비용은 문제가 되지 않는다.
② 나는 대화할 때 내 눈을 보는 사람들을 좋아한다.
③ 그녀에 관해서라면, 나는 너에게 말할 게 없다.
④ 당신이 아무리 영리할지라도 당신은 그 문제를 풀 수가 없다.

32
정답 ①

해설
① 주어 'B as well as A'의 수는 'B'에 일치시킨다. 문장의 주어인 'His parents(그의 부모들)'에 일치시켜야 하므로 단수동사 is가 아니라 are로 일치시켜야 옳다.
② 전치사 except의 목적어 역할 해야 하므로 him은 옳다.
③ 유사관계대명사 but은 'that+not'의 의미가 있으므로, but 다음에는 긍정문이 나와야 한다.
④ 복합관계대명사 whoever의 격 일치에 대한 문제로 동사의 주어가 없는 불완전한 절을 이끌고 있으므로 주격 'whoever'는 옳게 쓰였다.

해석
① 그의 여동생뿐만 아니라 그의 부모도 이곳에 오기로 되어 있다.
② 그를 제외하고는 아무도 그녀가 집에 들어가는 것을 보지 못했다.
③ 실수하지 않는 사람은 없다.
④ 그는 그에게 다가오는 누구에게나 매력적인 미소를 보냈다.

33
정답 ②

해설
② 복합관계대명사의 격의 일치를 물어보는 문제로, 복합관계대명사가 동사 'completes'의 주어 역할을 하므로 주격 'whoever'로 표현해야 한다.
① 등위접속사 but을 중심으로 독립절(완전한 문장)이 병렬되고 있으며, 대조되는 내용을 연결하고 있으므로 옳다.
③ '둘 다 아니다'의 의미를 가지는 비교구문은 '주어 동사 not ~ any more than 주어 대동사' 혹은 '주어 동사 no more ~ than 주어 대동사'로 표현하며, 대동사는 반드시 긍정으로 표현해야 한다.
④ 관계대명사의 소유격 whose에 대한 문제이다. 수식받는 명사가 사람이고 'father is a famous pianist'라는 완전한 문장을 이끌 수 있으므로 옳다.

해석
① 한때 인기 선수였던 그도 이제 사양길로 접어들었다.
② 설문지를 완성하는 누구에게나 선물카드가 주어질 예정이다.
③ 그는 나만큼이나 그 지휘자를 싫어한다.
④ 그에게는 아버지가 유명한 피아니스트인 친구가 있다.

34
정답 ③

해설
③ 타동사의 목적어의 역할을 하면서, 불완전한 절 'she went through'를 이끌 수 있는 명사절접속사는 how가 아니라 what이다.
① 목적절로 완전한 절을 포함한 that절이 온 것도 적절하고 타동사 concern이 전치사 없이 목적어를 동반한 것도 옳다.
② 복합관계부사 No matter how (= However)는 '형용사, 부사'를 수식하면서 문장을 이끈다. 따라서 'No matter how humid it may be'는 옳게 쓰였다.
④ 목적격 관계대명사는 생략할 수 있으므로 목적격 관계대명사가 생략된 'The new teacher (that) I told you about'은 옳다.

해석
① 이 주제들이 많은 노령층과 관련이 있다는 것을 명심하라.
② 아무리 습해도 겨울보다 여름이 더 좋다.
③ 그녀가 목표를 성취하기 위해 무엇을 겪었는지를 너는 결코 알 수 없을 것이다.
④ 제가 당신께 말씀드렸던 새로운 선생님은 원래 페루 출신입니다.

35
정답 ④

해설
④ 복합관계대명사의 격의 일치에 대한 문제로 '주어가 없는 불완전한 절'을 이끌 수 있는 것은 whoever이므로 whomever를 whoever로 수정해야 한다.
① 관계부사절의 시제를 물어보는 문제로 형용사절은 미래를 미래시제로 표현하므로 옳게 쓰였다.
② that이 이끄는 관계대명사절에 대한 문제로 불완전한 절을 이끌고 있으므로 that은 옳게 쓰였다.
③ 관계대명사의 소유격 whose에 대한 문제이다. 수식받는 명사가 사람이고 'father is a famous pianist'라는 완전한 문장을 이끌 수 있으므로 옳게 쓰였다.

해석
① 그의 꿈이 실현되는 날은 반드시 올 것이다.
② 우리에게 일어난 모든 일들은 우리의 통제를 넘어섰다.
③ 그에게는 아버지가 유명한 피아니스트인 친구가 있다.
④ 수수께끼를 푸는 사람에게 상을 주기로 약속되어 있다.

36
정답 ④

해설
④ 진지사와 접속사의 구분 문제로, 문장 'slavery ended'를 이끌 수 있는 것은 전치사 Despite가 아니라 접속사 Though이다.
① what은 동사의 목적어의 역할을 하면서 불완전한 절 'I said about my feeling'을 이끌 수 있다.
② 접속사 while 뒤에 현재분사 'admitting'이 올바르게 쓰였다.
③ 목적격 관계대명사가 생략된 형용사절에 대한 문제로, '(whom) he thought to be diligent'는 옳다.

해석
① 그녀는 내 감정에 대해 말한 것을 믿지 않는 듯하다.
② 나는 그 여자를 좋아하기는 하나 그녀에게 말을 걸어본 적이 없다.
③ 그는 자신이 근면하다고 생각한 사람을 진급시켰다.
④ 비록 노예제는 끝났지만 미국 흑인들은 평등권을 얻지 못했다.

37
정답 ①

해설
① 과거동사 'laid'에 대한 문제로, '나무 아래 누워 잠이 들었다'라는 문맥상 의미에서 타동사가 아니라 자동사 lie(눕다)의 과거동사 lay가 옳음을 알 수 있다.
② 주의할 동사 'lay'의 과거동사 'laid'에 대한 문제이다. 목적어 his glasses가 있으므로 동사는 타동사 lay의 과거동사 laid는 옳다.
③ 가목적어 it이 진목적어 'to see a doctor'를 대신하고 있고, 목적보어로 형용사 'necessary'가 역할을 하므로 문법적으로 옳다.
④ 'take ~ for granted'는 '~을 당연시하다'의 의미로 목적어가 'that절'이므로 가목적어 구문으로 옳게 표현되었다.

해석
① Joe는 나무 아래 누워 잠이 들었다.
② Tom은 책상 위에 그의 안경을 두었다.
③ 나는 네가 진찰을 받을 필요가 있다는 것을 알게 되었다.
④ 그는 그녀가 그 차를 사는 것을 당연시했다.

38
정답 ②

해설
② 사역동사 let의 목적보어로 원형부정사가 역할을 해야 하므로 'to eat'를 'eat'로 고쳐야 옳다.
① '해로움을 끼치다'라는 표현과 관련된 문제로, 'do 사람 hard'를 'do harm to 사람'으로 표현할 수 있으므로 'does a lot of harm to anyone'은 옳게 쓰였다.
③ 과거동사 'laid'에 대한 문제로, '나무 아래 누워 잠이 들었다'라는 문맥상 타동사가 아니라 자동사 lie(눕다)의 과거동사 lay가 옳음을 알 수 있다.
④ 지각동사 'heard'의 목적보어로 '원형부정사' 혹은 '분사'가 나올 수 있고, 목적어 입장에서는 행위를 하는 입장이므로 능동의 현재분사 'playing'은 옳다.

해석
① 과음은 누구에게나 많은 해를 끼친다.
② 그 여성은 아이가 캔디를 먹도록 허락하지 않았다.
③ Oliver는 나무 아래 누워 잠이 들었다.
④ 우리는 때때로 그가 기타 연주하는 것을 듣는다.

39
정답 ③

해설
③ cause의 목적보어의 태를 묻는 문제이다. boss(상사)에 의해 you(너)는 해고를 당하는 입장이므로 수동태로 표현해야 한다. 따라서 'to fire'를 'to be fired'로 바꿔야 옳다.
① 동사 rises의 일치에 대한 문제이다. 기준 시점이 과거이지만 전달되는 내용이 '불변의 진리'이므로 현재동사로 표현하며, rise는 자동사이므로 능동으로 표현하여 옳다.
② interest는 '~의 관심을 끌다'를 의미하는 감정유발동사로 주어의 감정을 표현하려면 수동태로 사용되어야 하므로 is interested는 옳다.
④ 'keep+목적어+목적보어'가 옳게 쓰였다.

해석
① 나는 초등학교 때 태양이 동쪽에서 뜬다는 것을 배웠다.
② Paul은 곧 작은 인쇄회사를 매입하는 데 관심이 있다.
③ 너무 많은 실수를 하는 것은 네 상사가 너를 해고하게 할 것이다.
④ 네가 계속 깨어있고 계속 살아가려면 아직 동기부여가 필요하다.

40
정답 ②

해설
② 'belong'은 자동사로 수동태로 표현할 수 없으므로 'are belonged to'를 'belong to'로 고쳐야 옳게 쓰였다.
① 'before 주어 과거동사' 형태의 부사절과 일치하는 동사의 시제는 '과거완료'이므로 'had not gone ~'은 옳다.
③ 동사의 태의 일치를 물어보는 문제이다. '기계류'는 '점검을 받는 입장'이므로 수동의 'should be checked carefully'는 옳다.
④ 동사의 태의 일치에 대한 문제로, 이메일은 차단되는 대상이므로 현재완료수동태는 옳다.

해석
① 우리는 간 시 얼마 되지 않아 목적지에 도착했다.
② 거의 모든 아이들은 한두 개의 또래 집단에 속해 있다.
③ 기계류는 작동 전에 신중히 점검을 해야 한다.
④ 그에게 보내진 이메일은 도중에 차단되어 왔다.

41
정답 ①

해설
① 주어 'Every effort'는 행위를 받는 입장이므로 수동태 'is being made'로 바꿔야 옳다.
② 주어 'Your pets' 입장에서는 돌보는 행위를 받는 입장이므로 수동의 'will take good care of'의 수동태 'will be taken good care of'는 옳게 쓰였다.
③ 구동사 'look up to A(A를 존경하다)'의 수동태에 대한 문제로, 문맥상 존경의 대상은 주어인 My mother이기 때문에 수동태인 'is looked up to'를 쓴 것은 옳다.
④ 시간·조건의 부사절은 현재시제로 미래에 일어날 일을 나타내므로 'when I am lying ~'은 옳다.

해석
① 그런 문제가 재발하지 않도록 확실히 하기 위해 모든 노력을 기울이고 있다.
② 너가 없는 동안 애완동물들은 잘 보살펴질 것이다.
③ 나의 어머니는 그 마을의 많은 이들에게 존경받는다.
④ 다음 주 해변에 누워 있을 때 네 생각을 하겠다.

42
정답 ④

해설
④ rise는 자동사로 수동태로 표현할 수 없다. 따라서 수동의 동사 'has been risen'을 'has risen'으로 고쳐야 문법적으로 옳다.
① 'since 주어 과거동사'는 현재완료시제와 일치하므로 옳다.
② 구동사의 수동태를 물어보는 문제로 'running over 목적어'를 'being run over by'로 표현한 것으로 옳다.
③ 가주어 진주어 구문으로 '너에게 어울리지 않다'의 서술어로 'doesn't become you'는 옳은 표현이며, '남의 약점을 이용하다'의 표현으로 'turn other's weakness to your advantage'의 구동사 표현도 옳다.

해석
① 그 사람이 그 나라로 떠난 지 2주일이 지났다.
② 어제 한 할머니가 거의 버스에 치일 뻔 했다.
③ 타인의 약점을 자신에게 유리하게 돌리는 것은 너에게 어울리지 않는다.
④ 폭우로 인해 그 강은 120cm 상승했다.

43
정답 ②

해설
② 동사 owe의 용법에 대한 문제이다. 'A에게 B의 빚을 지다'는 'owe A B' 또는 'owe B to A'로 써야 하므로 'we owe much for the mercy of nature'를 'we owe much to the mercy of nature'로 고쳐야 옳다.
① 동사의 시제 일치에 대한 문제이다. 시간부사 'since 2000'과 일치하는 시제는 현재완료 'has been run(운영되어져 왔다)'이므로 옳다.
③ 'since 주어 과거동사'의 부사절과 일치하는 시제는 현재완료이므로 옳은 문장이다.
④ 주절의 동사는 과거시제인 reminded이지만 종속절의 내용인 '빛이 엄청난 속도로 이동한다'는 것은 과학적 사실이므로 시제 일치와는 예외적으로 현재시제 travels를 쓴다.

해석
① 이 가게는 2000년 재건축 이후 주인이 운영하고 있다.
② 우리는 자연의 자비심에 힘입은 바가 크다는 것을 인식해야 한다.
③ 내가 뉴욕으로 이사 간 이후로 거의 7년 동안 스키를 계속 탔다.
④ 그 과학자는 우리에게 빛이 엄청난 속도로 이동한다는 사실을 상기시켜 주었다.

44
정답 ④

해설
④ cause의 목적보어의 태 일치에 대한 문제이다. rise(오르다)는 자동사로 수동태로 쓸 수 없다. 따라서 'to be risen'을 'to rise'로 표현해야 옳다.
① 시간의 부사절 'When Professor Kim retires next month'는 미래사건을 나타낸다. 이 미래 시점 기준에 더해, 기간의 표현인 'for 30 years(30년 동안)'이 있으므로, 주절에는 미래완료 시제인 'will have taught'가 오는 것은 적절하다.
② 미래 시점 기준(next month)에 기간의 표현(for 30 years)이 있으므로 미래완료 'will have taught'는 문법적으로 옳다.
③ 시간·조건·양보의 부사절에는 현재(완료)가 미래(완료)의 의미를 가지므로, before절의 주어이자 단수 명사구인 'the presentation for the bid'에 대해 현재동사 starts를 쓴 것은 적절하다.

해석
① Kim 교수가 다음 달에 퇴직할 때, 그의 교수 경력은 30년일 것이다.
② 김 교수가 다음 달에 은퇴할 때면, 30년 동안 가르쳐 온 게 될 것이다.
③ 입찰을 위한 발표 시작 전까지 Tom과 Jerry에게는 겨우 10시간밖에 없다.
④ 폭우로 인해 그 강은 100cm 상승했다.

45
정답 ④

해설
④ make의 목적보어에 대한 문제이다. '형용사·명사'가 make의 목적보어 역할을 해야 하므로, strongly를 strong으로 고쳐야 한다.
① make의 목적보어는 명사 또는 형용사이다. 따라서 political은 문법적으로 옳다.
② remain은 보어로 명사, 형용사를 취할 수 있으므로 형용사 high는 문법적으로 옳다.
③ 목적어 역할을 하는 what절이 역할을 하며, make는 목적어와 목적보어가 능동 관계일 때 목적보어로 동사원형 'come true (실현되다)'를 취한다.

해석
① 그 과정을 더 정치적으로 만드는 것은 적절한 것처럼 보이지 않는다.
② 그의 인기는 첫 번째 재직기간 동안 높은 상태를 유지했다.

③ 당신의 꿈을 실현시키기 위하여 할 필요가 있는 것을 결정하세요.
④ 어른 다섯 명을 태울 수 있을 정도로 이 짐차를 튼튼하게 만들었다.

46
정답 ①
해설
① 종이는 행위를 받는 입장이므로 consuming을 consumed로 고쳐야 하고, 문장의 주어가 단수명사 amount이므로 단수동사 is로 일치시켜야 한다.
② allow 동사의 목적어를 물어보는 문제이다. allow(허락하다)는 동명사를 목적어로 취하므로 문법적으로 옳다.
③ stop은 목적보어로 'from 동명사'를 취하므로 'stop people from committing suicide'는 문법적으로 옳다.
④ worth는 목적어로 (동)명사를 취하는 형용사로, 동명사는 반드시 능동태로 표현해야 한다. 따라서 reading은 문법적으로 옳다.
해석
① 우리 지역에서 사용되는 종이의 양은 매년 증가하는 중이다.
② 그 회사는 실내에서의 흡연을 허락하지 않는다.
③ 우리는 사람들이 자살하는 것을 막아야 한다.
④ 나는 네가 읽을 가치가 있는 책을 읽었으면 좋겠어.

47
정답 ②
해설
② 주어 동사의 수의 일치를 물어보는 문제이다. 문장의 주어는 'one of the situations'로 단수명사이므로 단수동사 is로 일치시켜야 한다.
① '~하기를 기대하다'는 'look forward to (동)명사로 표현하므로 문법적으로 옳다.
③ appreciate(감사하다, 감상하다)는 사람을 목적어로 취하지 않은 동사로 목적어로 동명사를 취하는 것은 문법적으로 옳다.
④ '~때문에 비난받다'는 'be blamed for ~'로 표현하며, 과거 시점보다 더 앞선 과거 사실에 대한 동명사 시제는 완료형으로 표현하므로 'having done ~'은 문법적으로 옳다.
해석
① 나는 곧 너를 다시 만나기를 고대하고 있어.
② 사람을 매우 불안하게 만드는 상황 중 하나가 취업 면접이다.
③ 제 친구로부터 편지를 받아 주어 감사해요.
④ 그는 자신의 숙제를 마치지 않아서 비난받았다.

48
정답 ②
해설
② 동사의 수 일치에 대한 문제로 문장의 주어가 단수명사 'a coffee machine'이므로 복수동사 'are supposed to be'로 일치시켜야 한다.
① deserve는 '수동의 의미의 목적어'를 능동의 동명사로 취하는 동사이므로 'deserves reading'은 문법적으로 옳다.
③ 강조구문 내의 동사의 주어는 'every boy'로 단수명사이다. 따라서 단수동사 gets를 쓴 것은 옳다.
④ 강조구문 내 동사의 수 일치에 대한 문제이다. 문장의 주어가 단수명사 'vitamin C'와 단수동사 is가 일치하므로 문법적으로 옳다.
해석
① 이 책은 반복해서 읽을 가치가 있다.
② 아 근처에 커피숍이 있어야 하는데.
③ 모든 소년들이 그렇게 좋은 기회를 가진 것은 아니다.
④ 다른 비타민들보다는 비타민 C가 인간의 몸에 의해서 쉽게 흡수된다.

49
정답 ①
해설
① 주어 'Not only A but also B = B as well as A'는 B에 일치시키므로, you를 기준으로 동사 am을 are로 고쳐야 문법적으로 옳다.
② 타동사구 'stand up(바람맞히다)'에 대한 문제이다. 현재 시점 기준에서 과거 사건을 표현할 때는 '완료부정사'를 써야 한다. 또한 'stand up'은 '바람맞히다'라는 뜻의 타동사 의미를 갖는 동사구인데, She는 '바람맞히는 행위'를 당한 입장이므로 stand up은 수동태로 쓰여야 한다. 따라서 'sees to have been stood up'은 문법적으로 옳다.
③ rob(강탈하다)는 'rob 사람 of 사물'로 표현하며, 사람은 '강탈을 당하는 입장'이므로 수동태 'was robbed of'는 문법적으로 옳고, 시간의 접속사 while 다음에 분사가 나올 수 있으며 주어는 '여행하는 행위'를 하는 입장이므로 능동의 현재분사 'while travelling'은 문법적으로 옳다.
④ 분사구문의 태의 일치를 물어보는 문제이다. 문장의 주어는 '쓰는 행위'를 받는 입장이므로 과거분사 Written은 문법적으로 옳다.
해석
① 나뿐만 아니라 너 또한 죄가 있다고 생각한다.
② 그녀는 어제 바람 맞은 것 같다.
③ 그녀는 여행하는 동안 그녀의 가방을 강탈당했다.
④ 서둘러 쓴 이 책에는 많은 오류가 있다.

50

정답 ②

해설

② 사역동사 let의 목적보어로 능동의 의미일 때에는 '원형부정사'가, 수동의 의미일 때에는 'be 과거분사'가 나와야 하므로 catching을 catch로 수정해야 문법적으로 옳다.

① 사역동사 let의 목적보어는 능동의 의미일 때는 '원형부정사'로, 수동의 의미일 때에는 'be 과거분사'로 표현한다. 따라서 'attend'는 문법적으로 옳다.

③ teach는 목적어를 두 개 취하는 동사로, '가르침을 받다'라는 의미로 'be taught 목적어'로 표현할 수 있다. how는 완전한 구조의 'to부정사구'를 취하므로 'how to pronounce English words'는 옳다.

④ to부정사구의 부정에 대해 물어보는 문제로, 'not'은 'to부정사' 앞에 위치하므로 문법적으로 옳다.

해석

① 그들은 내가 기념일에 참석하도록 허락하지 않았다.
② 너희들이 싸운다는 걸 내게 들키지 마.
③ 그는 어떻게 영단어들을 발음하는지 배웠다.
④ 그는 그 시험에 실패하지 않도록 열심히 공부했다.

51

정답 ②

해설

② '미래에 ~할 것을 기억하다'는 'remember to부정사'로 표현해야 하므로 buying을 to buy로 수정해야 문법적으로 옳다.

① to부정사구가 앞 문장(판단)의 근거를 나타내고 있으므로 문법적으로 옳다.

③ 앞 명사(the company)를 수식하는 'run by five executives'의 태 일치에 대한 문제이다. 수식받는 명사는 '5명의 임원들이 운영하는 행위를 받는' 입장이므로, 능동이 아닌 수동의 과거분사 'run by five executives'는 문법적으로 옳다.

④ 부정부사는 분사 앞에 위치하므로 'Not having seen ~'은 문법적으로 옳다.

해석

① Mary가 그 장소를 바로 떠난 것은 잘한 것이다.
② 집에 올 때 계란 몇 개 사는 것을 기억하세요.
③ 그는 5명의 임원이 운영하는 회사에 입사했다.
④ 아직 그것을 본 적이 없기 때문에 나는 그것을 잘 알지 못한다.

52

정답 ②

해설

② 'the number of 복수명사'는 '복수명사의 수'의 의미로 가지며 단수 취급을 한다. 따라서 문장의 동사 have를 has로 바꾸어야 문법적으로 옳다.

① when절이 이끄는 분사구문의 태 일치를 물어보는 문제로, '감정의 상태'는 수동태로 표현하므로 embarrassed는 문법적으로 옳다.

③ 분사 다음에 목적어 'nearly 50 people'이 나오므로 능동의 현재분사 killing은 문법적으로 옳다.

④ '~하지 않을 수 없다'는 'can't but 동사원형 = can't help 동명사 = have no choice but to부정사'로 표현하므로 주어진 문장은 옳다.

해석

① 그녀는 당황하면 웃는 경향이 있다.
② 차들의 수가 대단히 증가했다.
③ 두 대의 버스가 충돌해서 거의 50명의 사상자가 발생했다.
④ 그가 아직 살아 있다는 생각을 하지 않을 수 없다.

53

정답 ②

해설

② 동명사의 의미상 주어와의 일관성에 대한 문제이다. 'On hearing the news'의 의미상의 주어가 문장의 주어와 일치해야 하는데, 'tears(눈물들)'는 소식을 듣는 주체가 될 수 없으므로 틀린 문장이다. 따라서 주어진 문장을 'On hearing the news, she began to shed tears from her cheeks.'로 고쳐야 한다.

① 분사의 의미상의 주어가 문장의 주어와 일치하지 않을 때에는 분사 앞에 그 의미상의 주어로 '(with) 명사'를 두어야 한다. 예를 들어 '날씨가 좋아서'는 'it being fine (weather)'로, '버스가 없어서'는 'there being no bus'로, '눈을 감은 채로'는 '(with) eyes closed'로 표현한다. 따라서 'It being warm'은 문법적으로 옳다.

③ 전치사 by와 사역동사에 대한 문제이다.
  (1) by 수단명사: by의 목적어로 수단명사가 결합할 때에는 'by 무관사 단수명사'로 표현하므로 'by telephone'은 문법적으로 옳다.
  (2) 사역동사: let의 목적보어 자리에 원형부정사가 오므로 'let me know it'은 문법적으로 옳다.

④ 사역동사의 목적보어에 대한 문제로, lady가 가방을 여는 주체이므로 make의 목적보어는 능동의 의미를 갖는 '원형부정사'가 오는 것이 옳다.

해석

① 날씨가 따뜻했기 때문에, 우리는 등산을 가기로 결정했다.
② 그 소식을 듣자마자 그녀의 뺨에서 눈물이 떨어지기 시작했다.
③ 그것을 전화로 알려 주시오.
④ 세관 공무원은 그녀가 가방을 열도록 했다.

54
정답 ④

해설

④ 주어와 동사의 수 일치에 대한 문제로, 'The news'는 복수의 형태이나 단수 취급하므로 were를 was로 고쳐야 문법적으로 옳다.
① '수고스럽게도 ~하다'는 'have pains to부정사'로 표현하므로 문법적으로 옳다.
② 사역동사에서 목적어가 행동의 주체일 때에는 목적보어는 '원형부정사'가, 행동의 대상일 때에는 '과거분사'가 나온다. the man은 묶임을 당하는 입장이므로 목적보어로 tied up을 쓴 것은 적절하다.
③ 가목적어 구문으로, 가목적어 it, 진목적어 to부정사, 의미상의 주어 'for her'가 쓰였으므로 문법적으로 옳다.

해석

① 그들은 목표를 달성하기 위해 많은 노력을 기울였다.
② 왕은 그 남자를 묶어 감옥에 투옥시켰다
③ 나는 그녀가 혼자서 거기에 가는 것은 위험하다고 생각한다.
④ 아군이 입은 손실 소식은 예상보다 훨씬 심각했다.

55
정답 ③

해설

③ 문장 앞의 부사구 'Among the topics(그 주제들 가운데)'는 be 동사와 함께 서술어를 이루면서 '동사 주어'의 도치구문을 이끈다. 이 문장의 주어 'the new system of the company'는 단수이므로 were를 was로 바꿔야 문법적으로 옳다.
① 부정부사 'little'는 문장 앞에서 도치구문을 이끈다.
② 부정부사 Hardly가 문장 앞에서 도치구문을 이끈다.
④ 도치구문을 이끄는 동의부사에 대한 문제이다. 긍정문은 'so (대)동사 주어', 부정문은 'neither (대)동사 주어'로 표현하므로 'and so will my sister'는 문법적으로 옳다.

해석

① 자신이 얼마나 많은 고통을 초래했는지 아는 사람은 거의 없다.
② 한 가지 문제를 해결한 지 얼마 되지 않아 다른 문제에 직면했다.
③ 논제들 가운데는 회사 측의 새로운 시스템도 포함되어 있었다.
④ 비가 그치면 나는 외출할 것이고 내 여동생도 그럴 것이다.

56
정답 ③

해설

③ 'Under no circumstance'가 부정부사로 문장 앞에서 동사를 부정하므로, 'we lost'를 '조동사+주어+동사원형' 어순인 'did we lose'로 고쳐야 한다.
① 부정부사(Not until I heard him speak loudly)는 문장 앞에서 '동사 주어' 어순의 도치구문을 이끈다.
② 부정부사(Not until people lose health)는 문장 앞에서 '동사 주어'의 어순의 도치구문을 이끈다.
④ 강조구문의 구조에 대한 문제이다. 부정부사는 '동사 주어'의 도치구문을 이끄나, 강조구문에서는 '주어 동사'의 어순을 유지한다. 따라서 that절의 '주어 동사'의 어순은 문법적으로 옳다.

해석

① 나는 그가 큰 소리로 말하는 것을 듣기 전까지 그를 알아보지 못했다.
② 사람들은 건강을 잃고 나서야 건강한 것이 복이라는 것을 알게 된다.
③ 어떠한 상황에서도 우리는 노인들을 향한 마땅한 존경심을 잃지 않았다.
④ 그가 떠나고 나서야 그녀는 그가 얼마나 정직한지 알았다.

57
정답 ④

해설

④ order가 이끄는 목적절에 대한 물어보는 문제이다. 명령·제안·주장·요구 동사의 목적절은 '주어 (should) 동사원형'으로 표현해야 한다. 따라서 'will be out of ~'을 '(should) be out of ~'으로 바꿔야 문법적으로 옳다.
①②③ 명령, 제안, 주장, 요구 동사의 용법에 대한 문제이다. 'insist, suggest, require'는 'that 주어 (should) 동사원형'의 목적절을 이끈다.

해석

① 장관은 교통 문제를 해결하기 위해 강 위에 다리를 건설해야 한다고 주장했다.
② 내 지도교수는 내가 그 직업에 지원해야 한다고 제안했다.
③ 위원회는 우리가 즉시 선거 결과를 발표할 것을 요구했다.
④ 만약 더 이상의 소란을 피우면 교실 밖으로 나가라고 명령할게요.

58
정답 ②

해설

② 라틴 비교급의 용법을 물어보는 문제이다. superior(~보다 나은)는 라틴 비교로 more나 than과 결합할 수 없고, 비교 대상 앞에 to를 붙여 쓴다. 따라서 than을 to로 고쳐야 문법적으로 옳다.
① 'as if 가정법'의 시제 일치를 물어보는 문제로, '마치 ~했던 것처럼'의 해석이 되므로 'as if'절 내의 동사의 시제는 과거완료로 표현해야 한다. 따라서 'had been born'은 문법적으로 옳다.

③ 과거 시점의 가정법은 'if 주어 과거완료, 주어 과거조동사 완료'로 표현하고 if 생략 시 도치되므로, 'Had it not been for water(= If it had not been for water)' nothing could have lived'는 문법적으로 옳다.
④ I wish가 이끄는 가정법을 물어보는 문제로 소망하는 시점과 바라는 시점이 일치하므로 과거동사로 표현한 것은 문법적으로 옳다.

해석
① 그 아이들은 마치 야생동물의 새끼들처럼 주변을 뛰어 돌아 다녔다.
② 그는 많은 면에서 그의 형보다 훨씬 더 우월하다.
③ 물이 없었다면, 어떤 것도 살 수 없었을 것이다.
④ 내가 원어민처럼 유창하게 말을 했으면 좋겠다.

59
정답 ②
해설
② 'A be different from B'는 'A와 B는 다르다'라는 뜻인데, This year's fashion의 비교 대상은 '~의 패션'이라고 해석되어야 한다. 따라서 last year는 fashion을 받는 대명사 that을 이용하여 'that of last year'라고 쓰는 것이 적절하다.
① '전부 부정'의 의미를 갖는 '부정비교'에 대한 문제이다. 'C가 하지 않듯이 A도 B를 하지 않는다'는 'A does not B any more than C (does)' 혹은 'A does no more B than C does'로 표현한다. 따라서 주어진 문장은 옳은 문장이다.
③ 비교 대상이 단수명사 'the climate'이므로 'that of Florida'는 문법적으로 옳다.
④ 기간부사 'for several days'는 더 앞선 과거에 사실을 나타내므로 과거동사 'didn't sleep'이 아니라 'hadn't slept'로 표현해야 문법적으로 옳다.

해석
① 나는 너만큼 인종에 대한 편견을 좋아하지 않는다.
② 올해 패션은 작년 패션과 아주 다르다.
③ 이탈리아의 기후는 플로리다와 비슷하니?
④ 그는 며칠 동안 잠을 자지 않은 것처럼 피곤해 보인다.

60
정답 ②
해설
② 과거 사실에 대한 후회나 유감은 '가정법 과거완료', 'should + have p.p.' 또는 'ought to have p.p.'로 표현해야 한다. 'must have avoided'를 'should have avoided'로 고쳐야 한다.
① 현재 시점에 대한 가정법은 if절의 시제는 '과거동사'로, 주절의 시제는 '과거조동사 원형'의 '가정법과거'로 표현해야 한다. 'If it were not for water'에서 if가 생략되어 도치된 구문으로 문옳게 쓰였다.

③ 과거 시점에 대한 가정법의 표현으로 if절은 과거완료로, 주절은 '과거조동사 완료'로 표현하므로 옳다. 주어진 문장은 조건절의 if가 생략되고 조동사 had가 조건절 앞으로 나온 형태이다.
④ 'as if 가정법'의 시제 일치를 물어보는 문제이다. as if 가정법에서 동일한 시점은 '과거시제'로 표현하는데 주어진 문장에는 가정법 조건절에 과거동사 were가 나왔으므로 옳다.

해석
① 물이 없다면, 모든 식물들이 죽을 텐데.
② 밤 10시 이후에는 그에게 전화하는 것을 피해야 했는데.
③ 그녀가 더 빨리 걸었더라면 그녀는 버스를 탈 수 있었을 텐데.
④ 그는 마치 자신이 미국 사람인 것처럼 유창하게 영어로 말한다.

61
정답 ③
해설
③ '비교 대상의 일치'를 묻는 문제로, 진주어로 'to make a phone call ~'이 쓰였으므로 than 다음에도 to부정사 형태인 'to write'가 오는 것이 적절하다.
① 'would rather A than B'의 구조를 이끄는 조동사 'would rather'에 대한 문제로, 비교 대상인 relax와 go out이 모두 동사원형으로 쓰였으므로 문법적으로 옳다.
② 비교 대상의 일치를 물어보는 문제로, 비교의 대상이 둘 다 동명사로 문법적으로 옳다.
④ prefer의 용법에 대한 문제이다. prefer로 두 대상을 비교할 때 비교 대상이 동명사일 때에는 전치사 to를, 비교 대상이 to부정사일 때에는 rather than을 써야 하므로, 비교대상 (to) go out은 문법적으로 옳다.

해석
① 나는 이러한 날씨에는 외출하느니 집안에서 쉬겠다.
② 수영은 산책하는 것보다 더 건강에 좋다고 생각되어진다.
③ 전화하는 것이 편지 쓰는 것보다 더 쉽다.
④ 이러한 날씨에는 나는 밖에 나가느니 집에 머무르겠다.

62
정답 ②
해설
② require(요구하다)의 목적절에 대한 문제이다. 명령·제안·주장·요구 동사의 목적절은 '주어 (should) 동사원형'이어야 하므로 would를 should로 바꾸거나 would를 삭제해야 한다.
① 부정부사 'At no time'이 이끄는 도치구문을 물어보는 문제로 옳은 문장이다.
③ 'A 하자마자 B 하다'의 구문을 물어보는 문제이다. 'A 하자마자 B하다'는 'No sooner A than B', 'Hardly A when B', 'Scarcely A before B'로 표현하며, 부정부사가 문장 앞에 위치하면 A 문장 내의 어순은 도치가 되며, 과거 시점에 대한 진술은 '과거완료'로 고쳐야 하므로 문법적으로 옳다.

④ commanded(명했다)의 목적절에 대한 문제이다. 명령, 제안, 주장, 요구 동사의 목적절은 '주어 (should) 동사원형'의 형태로 쓴다. 따라서 'that construction of the building (should) cease'는 문법적으로 옳다.

해석

① 나는 결코 그런 훌륭한 생각을 해본 적이 없다.
② 그는 그녀가 출석할 것을 요구했다.
③ 폭풍이 몰아쳤을 때 그들은 대피소에 거의 도달하지 못했다.
④ 그 위원회는 그 건물의 건설을 중단하라고 명했다.

63

정답 ④

해설

④ 가정법 시제의 혼합구문에 대한 문제이다. '과거에 ~했다면 현재 ~할 텐데'라는 의미의 가정법에서 if절의 시제는 '과거완료'로 주절의 시제는 '과거조동사 원형'으로 표현해야 하므로 if절 내의 동사 were를 had been으로 수정해야 한다.
① 가정법 시제의 혼합을 물어보는 문제이다. '과거에 ~했다면 현재 …할 텐데'라는 의미를 가지는 문장으로 if절은 '과거완료'로, 주절은 '과거조동사 원형'으로 옳게 표현한 문장이다.
② 과거시점에 대한 가정법과거완료에 대한 문제로, if절은 '과거완료'로 주절은 '과거조동사+완료'로 옳은 문장이다.
③ 과거시점에 대한 가정법은 'if 주어 과거완료, 주어 과거조동사 완료'로 표현하고 'if 생략 시 도치'가 되므로 'Had she come ~'은 'if she had come ~'에서 if가 생략된 것으로 옳다.

64

정답 ①

해설

① 복합관계부사 However에 대한 문제로 However 다음에 '형용사, 부사, 형용사 a 명사'가 이어져야 하므로, 'However hungry you are'로 표현해야 문법적으로 옳다.
② '어떤 가격에'라는 의미를 'at 가격'으로 표현할 수 있고, '~의 절반'이라는 의미는 'half the 명사' 또는 'half of the 명사'로 표현할 수 있으므로 문법적으로 옳다.
③ '칭찬·비난 동사'와 관련된 전치사에 대한 문제로, 'blame 사람 for 이유'의 표현으로 문법적으로 옳다.
④ accompany(동행하다)는 완전타동사로 전치사 없이 목적어를 취하므로 'accompanied the guest'는 문법적으로 옳다.

해석

① 아무리 배가 고프더라도 천천히 먹어야 한다.
② 나는 그 책을 절반 가격에 샀다.
③ 그의 본분을 다한 것을 탓할 사람은 아무도 없다.
④ 우리는 손님을 모시고 역까지 갔다.

65

정답 ②

해설

② 등위상관접속사 'not A but B'의 병렬구조에 대한 문제로, 병렬의 대상이 'because절'과 'that절'로 일치하고 있지 않다. 따라서 'not that절 but that절' 혹은 'not because절 but because절'로 병렬의 대상을 일치시켜야 한다.
① 이유 및 양보의 의미를 이끄는 부사절 접속사 as와 though는 보어 및 수식어를 강조하는 '보어/수식어 as/though 주어 동사'의 구조로 강조할 수 있다. 이때 주의할 것은 '명사'는 '무관사명사'로 표현해야 한다. 따라서 'Great scholar as he is'는 문법적으로 옳다.
③④ 부사절 접속사 'for fear (that)/lest'에 대한 문제이다. 'for fear/lest'는 '주어 (should) 동사원형'의 긍정문을 이끈다. 따라서 주어진 문장은 옳다.

해석

① 위대한 학자인 그는 상식이 부족하다.
② 나는 전쟁을 반대한다. 전쟁이 경제를 해치기 때문이 아니라, 비인간적으로 보이기 때문이다.
③ 잭은 다른 사람들이 그의 눈물을 볼까 봐 고개를 돌렸다.
④ 나는 막차를 놓칠까 봐 지금 가야만 한다.

66

정답 ③

해설

③ 완전한 절 'the marriage rate is gradually dropping'을 이끄는 명사절 접속사는 what이 아니라 that이다. 따라서 what을 that으로 바꿔야 문법적으로 옳다.
① '~하자마자'의 의미의 부사절 접속사 'The moment'가 이끄는 부사절 접속사로 문법적으로 옳다.
② 'neither A nor B'는 동사에 가까운 B(he)에 일치시키므로 단수동사 knows는 문법적으로 옳고, that절이 앞 명사를 수식할 때 수식받는 명사와 that절 내의 명사가 중복되지 않으면 문법적으로 옳다.
④ 'for fear'가 이끄는 부사절에 대한 문제이다. 'for fear'는 'lest'의 동의표현의 접속사로 '주어 (should) 동사원형'의 긍정문을 이끈다. 따라서 문법적으로 옳다.

해석

① 그를 보는 순간, 그가 범인이라는 감이 왔다.
② 당신도 그도 그녀가 사건에 연루되어 있다는 사실을 알지 못한다.
③ 혼인율이 점점 떨어지는 것은 우리 사회에 좋은 소식이 아니다.
④ 그는 소나기를 만날까 봐 두려워서 가능한 한 빨리 달렸다.

67

정답 ②

해설

② what절은 앞 명사 혹은 앞 문장을 수식하는 관계대명사 역할을 할 수 없다. 따라서 관계사의 계속적 용법으로 'comma(,)+which'로 고쳐야 문법적으로 옳다.
① 유사관계대명사 as에 대한 문제이다. 불완전한 절을 이끄는 as는 'such (명사), as 형용사 a 명사, the same (명사)'의 선행사를 수식한다. 따라서 'such a man as I expected'는 문법적으로 옳다.
③ 관계대명사 which가 'to marry her'를 수식하는 계속적 용법으로 불완전한 절을 이끌고 있으므로 문법적으로 옳다.
④ 유사관계대명사 as절에 대한 문제로, 'as, so, such, the same +명사'가 수식받는 명사일 때, 'as절'로 수식한다. 따라서 'such books(그러한 책)'를 수식하는 유사관계대명사절 'as will be beneficial to you(너에게 이로운)'은 적절한 표현이다.

해석

① 그는 내가 기대했던 사람이 아니다.
② 그녀는 아무 말도 하지 않았는데, 이것이 그를 화나게 했다.
③ 그는 그녀와 결혼하기를 원했지만 그것은 불가능했다.
④ 당신에게 유익할 만한 책을 고르시오.

68

정답 ④

해설

④ '비록 얼마 없지만 그가 가진 모든 돈'의 의미는 'what little money he had'로 표현해야 한다. what은 명사를 수식하면서 '모든'이라는 의미를 가지므로 which를 what으로 바꾸어야 문법적으로 옳다.
① 관계대명사구 'all of whom'이 이끄는 동사의 수의 일치에 대한 문제로, '부분표시어 of 관계대명사'절 내의 동사는 선행사 'a thousand men'에 수 일치를 시켜야 하므로 복수동사 are는 문법적으로 옳다.
② 관계대명사구 'most of which'가 이끄는 동사의 수의 일치는 선행사 'all kinds of paintings'에 일치시키므로 복수동사 'obey'는 문법적으로 옳다.
③ 관계대명사의 소유격 whose에 대한 문제로, whose가 명사를 수식하면서 'whose characters' 다음에 불완전한 절이 이어지므로 문법적으로 옳다.

해석

① 추장은 천 명의 사람들을 통제하며, 그들 모두 전쟁 시에 그의 명령에 복종한다.
② 나는 모든 종류의 그림을 가지고 있는데 대부분은 외국의 것이다.
③ 대부분의 사람들은 자신들과 반대되는 성격을 지닌 사람들을 기피하는 경향이 있다.
④ 그들은 그가 가진 얼마 안 되는 돈을 강탈했다.

69

정답 ①

해설

① 관계대명사절의 구조에 대한 문제로, which는 불완전한 절을 이끌어야 하므로 'which my brother listens'를 'which my brother listens to' 혹은 'to which my brother listens'로 고쳐야 한다.
② 수사의문문 속 의문사 who를 수식하는 주격 관계대명사절에 대한 문제이다. 의문사를 수식하는 관계대명사를 that으로 표현하므로 문법적으로 옳다.
③ 관계대명사 which에 대한 문제로, which는 완전한 절을 이끌 수 없으므로 옳지 않다. 따라서 완전한 절을 이끄는 that으로 바꾸어야 옳다.
④ 목적격 관계대명사 whom과 이중소유격 'a friend of mine'에 대한 문제로 'he is going to marry'의 목적격으로 whom은 옳은 표현이고, '이중소유격'의 'a friend of mine'도 문법적으로 옳다.

해석

① 나는 남동생이 듣는 음악을 좋아하지 않는다.
② 그의 위대한 소설을 읽는 사람 중에 그녀의 이름을 잊어버리는 자가 있을까?
③ 부엉이는 밝은 빛을 비추면 눈이 보이지 않는다는 잘못된 통념이 있다.
④ 그가 결혼한다고 하는 그 아가씨는 우연하게도 내 친구다.

70

정답 ②

해설

② 등위상관접속사가 이끄는 동사의 수 일치와 태의 일치를 물어보는 문제이다. 'Neither A nor B'가 주어 역할을 할 때, 동사의 수는 동사와 가까이 있는 B에 일치시키고, 감정심리상태는 수동태로 표현한다. 따라서 'were satisfied'를 'was satisfied'로 고쳐야 문법적으로 옳다.
① 접속사 that는 동사의 목적어 역할을 하고, 완전한 절(흡연율이 떨어지다)을 이끌 수 있다.
③ 인과 관계를 나타내는 'such ~ that …' 구문을 물어보는 문제이다. such 다음 'a+형용사+명사'가 이어지고 있고, 접속사 that이 완전한 문장을 이끌고 있으므로, 문법적으로 옳은 표현이다.
④ '머지않아 ~ 하게 되다'라는 뜻은 'It won't be long before ~'로 표현한다. 시간의 부사절에서 현재시제가 미래를 나타내므로, 동사 learns를 쓴 것도 문법적으로 옳다.

71

정답 ②

해설

② 복합관계대명사 whoever와 whomever의 구분 문제이다. 'wants read it'는 '주어'가 없는 불완전한 절이므로 'whomever'가 아니라 'whoever'로 표현해야 한다.
① what은 동사의 목적어의 역할을 하면서 삽입절 'he thought' 다음의 주어가 없는 불완전한 절 'was right'를 이끌 수 있다.
③ '당신이 말하고 있는'이라는 형용사절에 대한 문제로 '~에게 말을 하다'는 'speak to'로 표현하므로, 목적격 관계대명사가 생략된 '(that) you are speaking to'는 문법적으로 옳다.
④ 주격 관계대명사의 수가 선행사(The head)와 일치하고, '배수사+the 명사'의 'twice the 명사'는 문법적으로 옳다.

해석

① 그는 옳다고 생각하는 것을 하려고 결심했다.
② 이 잡지를 읽고 싶은 사람에게 주어라.
③ 당신이 말하고 있는 사람의 의도를 파악하는 것은 대화에서 중요하다.
④ 월급을 두 배 받는 그 부서장이 책임을 져야 한다.

72

정답 ④

해설

④ 관계대명사절 안에 나오는 동사의 수 일치에 대한 문제이다. 'most of which'의 수는 선행사의 수에 일치시켜야 한다. 따라서 is를 are로 고쳐야 한다.
① that절 내의 'we know'는 삽입절로 동사의 수 일치에 영향을 주지 않는다. 수식받는 명사 things가 복수명사이므로 복수동사 benefit은 문법적으로 옳다.
② whose는 '무관사 명사'를 수식해야 하고, 'whose 명사' 다음에는 불완전한 절이 이어져야 한다. 따라서 'whose lives depended on Korean doctor's medical skills'는 문법적으로 옳다.
③ 'if not'이라는 의미를 가진 unless가 긍정문을 이끌고 있으므로 옳은 문장이다.

해석

① 우리는 우리 자신뿐만 아니라 타인에게도 이익이 된다고 알고 있는 많은 일들을 할 수 있다.
② 한국인 의사의 의술에 목숨이 달려 있는 인도 소녀가 어제 한국에 도착했다.
③ 그 길로 갈 계획이 아니라면 뒤돌아보지 마라.
④ 나는 많은 책을 가지고 있는데, 대부분은 흥미롭다.

73

정답 ①

해설

① 동명사 주어와 수 일치하는 단수 동사 is가 올바르게 쓰였고 감정 분사 bewildering이 사물을 수식해주고 있으므로 현재 분사형으로 잘 쓰였다. 마지막으로 접속사 and는 형용사 complex와 형용사 역할을 하는 감정분사 bewildering이 병치 구조를 잘 이루고 있다.
② 문장에서 'Under no circumstances' 부정부사가 문두에 위치하게 되면 도치를 유발하므로 'can a customer's money be'로 써야 한다.
③ ask가 4형식 구조로 쓰일 때 직접 목적어 자리에 접속사 that은 의미상 어울리지 않고 ask는 '묻다'라는 의미이기 때문에 의문의 의미를 지니는 접속사와 어울린다.
④ less는 불가산명사를 수식하고 fewer가 가산 복수명사를 수식하므로 복수 가산명사인 mistakes는 fewer의 수식을 받아야 한다.

해석

① 한 나라의 문화를 이해하는 것은 당황스럽고 복잡하다.
② 어떤 경우에도 고객의 돈은 환불될 수 없다.
③ 억양을 듣자마자 사람들에게 어디 출신인지 묻지 마라.
④ 중간고사에서 그는 다른 학생들보다 더 적은 실수를 했다.

74

정답 ④

해설

④ 관계대명사 which가 올바르게 쓰였고 'should have p.p.'는 '~했어야 했다'라는 의미로 올바르게 쓰였다.
① make는 타동사로 뒤에 목적어가 없어서 틀린 문장이다. 진목적어인 for 명사 to부정사 구조를 받아 주는 가목적어 it을 넣어 'make it easier'로 써야 옳다.
② to부정사를 부정할 때 not to부정사 순서로 써야 하므로 'not to talk'로 써야 옳다.
③ in case 같은 조건 접속사가 이끄는 절에서는 현재시제를 미래시제가 대신하므로 will be를 are로 써야 옳다.

75

정답 ①

해설

① 5형식 지각동사 see 뒤에 목적어와 목적격 보어가 능동의 의미일 때 목적격 보어 자리에는 원형부정사(동사원형) 또는 현재분사 구조가 쓰이므로 올바르게 쓰였다.
② 일반적인 간접의문문은 '의문사 주어 동사'의 순서로 쓰이지만, 'Do you think/believe/suppose~?' 구조에서는 간접의문에 쓰인 의문사를 문두로 이동시켜야 하므로 'Who do you think the speaker is?'로 써야 옳다.

③ '주어+allege(3형식 동사)+that절' 목적어 구조의 수동태는 'That절+be alleged (by 주어)' 구조에서 주어 자리에 나와 있는 that절이 It가주어로 대치된다. 따라서 'It is alleged that he has hit a police officer'로 써야 옳다.
④ 5형식 동사인 get은 목적어와 목적격 보어가 능동의 의미 관계인 경우에는 to부정사를 수동의 의미 관계인 경우에는 과거분사를 쓴다. 목적어인 면허증이 빼앗기는 수동의 의미이므로 목적격 보어 자리에는 과거 분사형인 taken으로 써야 옳다.

76
정답 ②
해설
② prove는 3형식 타동사로 '~을 입증하다, 증명하다'라는 의미로 올바르게 쓰였다.
① contact는 동사 자리에 쓰이면 3형식 타동사로 전치사 필요 없이 바로 목적어를 써야 하므로 전치사 on을 삭제하고 'contact me'로 써야 옳다.
③ 'neither 조동사 주어' 구조에서 neither는 접속사의 기능이 없는 부사라서 접속사 and를 삽입하거나 접속사의 기능도 함께 하면서 부정의 의미를 나타내는 nor로 써야 옳다.
④ which는 앞에 나온 사물 명사를 수식한다. 문장의 해석상 '친구가 되었다'는 것은 사람을 주어로 필요로 하므로 whom으로 써야 옳다.

77
정답 ①
해설
① patiently(부사) and painstaking(형용사) 병치구조를 제대로 하지 못해서 옳다. 부사 painstakingly로 써야 옳다.
② 혼합 가정법 공식은 'if 주어 had p.p. ~ 과거 시간 부사, 주어 w/s/c/m 동사원형 now' 구조로 올바르게 쓰였다.
③ 학문을 나타내는 명사는 -s가 붙어 있어도 단수 취급하므로 올바르게 쓰였다.
④ 'no sooner had 주어 p.p. than 주어 과거동사' 구조는 '~ 하자마자 ~ 했다'라는 의미로 올바르게 쓰였다.
해석
① 지질학자들은 끈기 있고 공들여 암석의 물리적 특징에 주목하여 암석을 분류한다.
② 만약 네가 실패했었다면, 지금 무엇을 하고 있을까?
③ 물리학은 과학의 매우 복잡한 분야이다.
④ 그는 새 차를 사자마자 엔진 고장을 발견했다.

78
정답 ④
해설
④ 'I wish 주어 과거동사' 구조는 현재 반대를 소망할 때 쓰이는 표현으로 올바르게 쓰였다.
① '의문사 to부정사' 구조는 의문사구로 문장에서 주어, 목적어, 보어 자리에 쓰일 수 있고 주어진 문장에서는 decide라는 타동사 다음에 목적어 자리에 올바르게 쓰였다.
② begin, start, love, like, hate와 같은 동사는 to부정사와 동명사 목적어 모두 가능하고 less and less는 '점점 더 적게'라는 뜻으로 올바르게 쓰였다.
③ yet은 완료시제와 잘 쓰이는 시간부사이므로 올바르게 쓰였다.

79
정답 ④
④ approach는 타동사이므로 뒤에 전치사 on을 삭제하고 목적어를 바로 취할 수 있으므로 'approach the building'으로 써야 올바르다.
① 'require 사물 of 사람' 구조는 '~을 ~에게 요구하다'라는 의미로 올바르게 쓰였다.
② unless는 '~하지 않으면'이라는 의미의 조건 접속사로 미래의 내용을 현재시제로 써야하므로 올바르게 쓰였다.
③ 타동사 뒤에 목적어가 없어서 수동태 구조로 올바르게 쓰였고 'in ~ing' 구조가 '~할 때, ~하는 데'라는 의미로 올바르게 쓰였다.

80
정답 ③
해설
③ 'It be ~that' 강조 구문에서 주어가 강조될 때 that 뒤에 나오는 동사와 강조된 주어의 수 일치를 주의해야 한다. 단수 주어인 passion과 일치하는 단수 동사인 leads로 바꿔야 한다.
① 부정부사 never가 문두로 나와 도치구조가 올바르게 쓰였고 'such a 형용사 명사'의 어순이 올바르게 쓰였다.
② 'no less 형/부 than'은 양자 긍정 표현으로 사용될 수 있으므로 올바르게 쓰였다.
④ 'A is one thing, and B is another'은 'A와 B는 별개이다'라는 의미로 사용된다.
해석
① 나는 그런 관대한 인물을 아직 본 적이 없다.
② 부모의 지도는 학교 교육 못지않게 중요하다.
③ 당신을 성공으로 이끄는 것은 재능이 아니라 열정이다.
④ 일하는 것과 돈 버는 것은 별개의 것이다.

81
정답 ②

해설

② 분사 자리에서 타동사 cover 뒤에 목적어가 없이 수동의 의미로 쓰였으므로 과거분사를 써야 한다. 따라서 covering을 covered로 고쳐야 옳다.
① 'wave goodbye'는 '손을 흔들어 인사하다'라는 뜻으로 쓰이며 분사 자리에서 능동의 의미이므로 현재분사로 올바르게 쓰였다.
③ 분사 자리에서 자동사 walk가 나왔으므로 능동의 의미인 현재분사가 올바르게 쓰였다.
④ with 분사구문으로 '눈을 뜬 채로'라는 의미를 전달하기 위해서 형용사 open이 올바르게 쓰였다.

82
정답 ④

해설

④ '~하는 데 시간이 걸리다'라는 표현은 it takes 시간 to부정사 구문으로 써야 하므로 time을 it으로 써야 옳다.
① 과거에 대한 추측을 나타내는 'must have p.p.'는 '~했음에 틀림없다'라는 뜻으로 올바르게 쓰였다.
② make friends는 '친구를 사귀다'라는 표현으로 쓰이고 who는 사람명사를 꾸며주는 관계대명사로 올바르게 쓰였다.
③ not always는 '항상 ~한 것은 아니다'라는 부분부정을 나타내는 표현으로 올바르게 쓰였다.

83
정답 ②

해설

② alike는 서술적 용법의 형용사로 반드시 보어 자리에 쓰여야 하므로 뒤에 명사가 오는 전치사가 필요한 경우에는 alike가 아니라 like로 써야 올바르다.
① 'It take 사람 시간 to부정사' 구조가 올바르게 쓰였다. 명사 역할을 하는 의문사구는 타동사 master 뒤의 목적어 자리에 올바르게 쓰였다.
③ run over는 타동사로 뒤에 목적어가 없으면 수동형으로 써야 하므로 'was run over'가 올바르게 쓰였다.
④ 'too 형용사 to부정사' 구문이 올바르게 잘 쓰였다.

해석

① 그는 인터넷을 배우는 방법을 터득하는 데 일주일이 걸렸다.
② 전국의 다른 많은 병원과 마찬가지로 그 병원도 그 시스템에 의지했다.
③ 내 고양이가 밖으로 나가 길에서 차에 치였다.
④ 그들은 땅이 너무 젖어 경기할 수 없었기 때문에 경기를 취소해야만 했다.

84
정답 ①

해설

① 'as 형용사/부사 as' 구문에서는 형용사와 부사 둘 중 어떤 품사를 고르는지가 시험에 출제될 수 있다. 따라서, 문장구조가 완전할 때는 형용사가 아니라 부사를 써야 하므로 efficient를 efficiently로 고쳐야 옳다.
② 간접의문문인 where 뒤에는 주어 동사의 완전 구조가 수반되므로 올바르게 쓰였다.
③ work는 1형식 자동사로 '일하다, 작동하다, 효과가 있다'라는 뜻으로 올바르게 쓰였다.
④ 'as if 주어 과거 완료' 구조는 가정법 구문으로 올바르게 쓰였다.

85
정답 ②

해설

② 5형식 사역동사 let은 목적어와 목적격 보어 관계가 능동인 경우에는 to부정사가 아니라 원형부정사(동사원형)를 써야 하므로 to know를 know로 고쳐야 옳다.
① 'so that 주어 동사' 구조가 올바르게 쓰였다.
③ walk는 자동사이므로 분사 자리에서 쓰일 때 능동형인 현재분사를 쓰므로 walking이 올바르게 쓰였다.
④ 'It 가주어와 진주어'로 명사절인 'whether 주어 동사' 구조의 형태가 올바르게 쓰였다.

86
정답 ②

해설

② 독립분사구문의 태 일치에 대한 문제이다. 분사의 의미상 주어인 'the moon'은 rise가 뜻하는 뜨는 행위를 하는 주체이므로 능동의 현재분사가 문법적으로 옳다. 따라서 'having raised'를 'having risen'으로 고쳐야 문법적으로 옳다.
① forget은 목적어로 to부정사를 취하면 '할 것을 잊어버리다'의 일차적인 의미에서 '하지 않는다'의 의미가 된다.
③ '수고스럽게도 ~하다'는 'take pains to부정사'로 표현한다. pain은 '고통'이라는 의미이고 pains는 '수고로움'의 의미를 갖는다.
④ 주절 다음에 수식어 역할을 하면서 목적어 'nearly 50 people'를 취하므로 능동의 현재분사 'killing'은 문법적으로 옳다.

해석

① 그녀는 그녀가 주기로 약속한 것을 가져오지 않았다.
② 달이 뜨자 우리는 불을 껐다.
③ 그들은 목표를 달성하기 위해 많은 노력을 기울였다.
④ 두 대의 버스가 충돌해서 거의 50명의 사상자가 발생했다.

87

정답 ③

③ convenient는 사람을 주어로 사용하지 못하는 형용사로 'When will it be convenient for you ~'라고 가주어 it을 써야 올바르다.
① anything은 부정문에서 '아무것도, 어떤 것도'라는 뜻으로 올바르게 쓰였다.
② 빈도 부사 always는 일반동사보다 앞에 위치하므로 올바르게 쓰였다.
④ thoughtful은 사람의 성격을 나타내는 인성 형용사로 to부정사의 의미상의 주어로 of 목적어 구조로 올바르게 쓰였다.

88

정답 ④

④ 'If it had not been for 명사(= Had it not been for 명사), 주어 w/s/c/m have p.p.' 구조로 쓰여야 하므로 be동사 대신 have been으로 써야 한다.
① 5형식 'advise 목적어 to부정사' 구조가 잘 쓰였고 leave는 타동사로 '~을 떠나다'라는 뜻으로 올바르게 쓰였다.
② 문두에 부정부사가 나오면 도치 구조를 써야 하므로 'have 주어 과거분사' 구조가 올바르게 쓰였고 'such a 형용사 명사' 구조가 올바르게 쓰였다.
③ 원급과 비교급을 사용한 최상급 대용표현은 비교급 than any other 단수 명사 구조로 써야 하므로 올바르게 쓰였다.

해석
① 그들은 그에게 가능한 한 빨리 그곳을 떠나라고 조언했다.
② 내 평생 이렇게 아름다운 여자는 본 적이 없다.
③ 그는 자기 반에서 다른 어떤 야구 선수들보다 더 기술이 좋다.
④ 물이 없었다면, 지구상의 모든 살아 있는 생물체는 멸종했을 것이다.

89

정답 ③

③ 원급과 비교급을 사용한 최상급 대용 표현으로 '비교급 than any other 단수 명사' 구조로 쓰이므로 복수명사인 men이 아니라 man으로 써야 옳다.
① prefer to부정사 (rather than) to부정사 구조가 올바르게 쓰였다.
② 'It is (about/high) time that 주어 과거동사 또는 should 동사원형' 구조로 쓰일 수 있고 주어진 문장에서 reviewed가 올바르게 쓰였다.
④ convenient는 사람을 주어로 사용하지 않으므로 올바르게 쓰였다.

해석
① 나는 눈 오는 날에는 밖에 나가기 위해 집에 있는 것을 선호한다.
② 우리의 외교 정책을 재검토해야 할 때이다.
③ 볼트는 전 세계의 어떤 남자보다도 빠르다.
④ 당신이 편하실 때 언제든지 저를 보러 오세요.

90

정답 ①

① 'It is 시간 since 주어 과거 동사' 또는 'It has been 시간 since 주어 과거 동사' 또는 '시간 have passed since 주어 과거동사' 구조는 '~한 지 시간이 ~지났다'라는 의미의 시제 관용 구문으로 쓰이므로 was가 아니라 is로 써야 한다.
② 'to put it in a nutshell'은 '간단히 말하자면'이라는 관용 구문으로 올바르게 쓰였다.
③ '추상명사 that 주어 동사 완전 구조'에서 동격 접속사 that이 올바르게 쓰였다.
④ 양보 접속사 뒤에 현재분사 making과 respect 뒤에 목적어 없는 구조이므로 'be p.p.'의 수동태 구조가 올바르게 쓰였다.

해석
① 파마 안 한 지 오래됐다.
② 간단히 말해서, 이것은 시간 낭비이다.
③ 많은 사람이 경제가 좋아질 것이라는 믿음을 가지고 있다.
④ 비록 실수했지만, 그는 좋은 선생님으로 존경받을 수 있었다.

91

정답 ①

해설
① effect는 '~을 초래하다'라는 의미이므로 '~에 영향을 미친다'라는 의미는 affect로 써야 옳다.
② 'be above ~ing'는 '~할 사람이 아니다'라는 뜻으로 올바르게 쓰였다.
③ 'A is to B what(as) C is to D'는 'A와 B의 관계는 C와 D의 관계와 같다'라는 관용으로 올바르게 쓰였다.
④ 'turn up'은 '~을 높이다'라는 뜻으로 올바르게 쓰였다.

92

정답 ③

해설
③ 시간 부사 접속사 the next time 뒤는 미래의 내용을 미래시제를 대신하므로 will go 대신 go를 써야 한다.
① 시제 일치 법칙의 예외로서 종속절의 내용이 불면의 진리나 과학적 사실이면 항상 현재시제로 쓰므로 옳다.
② 2형식 동사 become 뒤에 형용사 주격 보어가 올바르게 쓰였고 by 동명사 구조는 '~함으로써'라는 뜻으로 쓰였다. 또한 'allow 목적어 to부정사' 구조가 올바르게 쓰였다.
④ 'no more 형/부 than'은 양자 부정의 의미로 올바르게 쓰였다.

93

정답 ①

해설

① laugh는 수동태 불가인 1형식 자동사이므로 'be laughed'는 문법적으로 옳지 않은 표현이다. 따라서 전치사를 붙인 'be laughed at'을 써야 옳다.
② 'It will not be long before 주어 현재동사' 구조는 '머지않아 곧 ~ 할 것이다'라는 표현으로 쓰인다.
③ 명사를 수식하는 과거분사 attached 구조가 올바르게 쓰였다.
④ '추상명사 that 주어 동사' 완전 구조가 올바르게 쓰였다.

94

정답 ②

해설

② 명사인 survey가 현재분사 conducting의 수식을 받고 있는데 타동사인 conduct 뒤에 목적어가 없을 경우에는 과거분사로 수식해야 하므로 conducted로 써야 옳다.
① 사물 주어 the movie를 수식해 주는 감정 분사 boring이 올바르게 쓰였다. fall은 2형식 동사로 쓰일 때 형용사 보어를 쓸 수 있으므로 형용사 asleep이 올바르게 쓰였다.
③ 명사인 bridge가 현재분사 connecting의 수식을 받는 구조로 올바르게 쓰였다.
④ 'Weather permitting'은 '날씨가 좋으면'이라는 분사 관용 표현으로 올바르게 쓰였다.

해석

① 영화가 너무 지루해서 30분 후에 잠이 들었다.
② American Demographic 저널을 위해 실시한 설문조사는 몇 가지 놀라운 결과를 발견했다.
③ 많은 뉴욕 사람들은 맨하탄과 브루클린을 직접 연결하는 다리를 갖기를 원했다.
④ 날씨가 좋으면 그들은 조속히 구조될 것이다.

95

정답 ④

해설

④ 'be condemned to death'는 '사형 선고를 받다'라는 의미로 쓰이며 'be hanged'는 '교수형을 당하다'라는 의미로 올바르게 쓰였다.
① 유사 관계대명사 but은 이미 부정부사 not의 의미를 포함하는 표현이므로 뒤에 not을 쓸 수 없다. 또한 but 뒤에 동사만 나올 때는 앞에 나온 명사와 수 일치를 해야 한다. 따라서 does not love를 loves로 써야 옳다.
② '140 millions of years'는 틀린 표현으로 '140 million years'로 써야 옳다.
③ 관계대명사 which 뒤에는 주어나 목적어가 없는 불완전한 구조로 써야 하므로 뒤에 명사를 포함한 완전 구조가 나올 때는 whose로 써야 옳다.

해석

① 나라를 사랑하지 않는 사람은 아무도 없다.
② 거의 1억 4천만년 동안 공룡들은 땅, 하늘, 바다를 지배했다.
③ 멸종위기에 처한 동물들을 돕기 위한 많은 단체가 있다.
④ 그는 살인죄로 사형 선고를 받고 후에 교수형을 당했다.

96

정답 ①

해설

① 'of which the 명사' 구조는 whose 명사 구조와 동일한 구조로 완전 구조를 수반하는 소유격 관계대명사 역할을 하므로 올바르게 쓰였다.
② 'a number of 복수명사' 구조로 써야 하므로 expert를 experts로 써야 옳다.
③ 자동사는 수동태가 불가능하므로 are happened를 happen으로 써야 옳다.
④ not barely는 부정부사와 부정부사가 이중으로 쓰인 구조로 옳지 않다. 둘 중 하나만 써야 옳다.

97

정답 ①

해설

① missed는 동사 자리에서 '~을 그리워했다, ~을 놓쳤다'라는 의미로는 사용되지만, 형용사 자리에서 명사를 수식하거나 보어 자리에 올 때는 반드시 missing으로 쓰이면서 '실종된, 사라진'이라는 의미로 쓰인다.
② 'go ~ing' 구조는 '~하러 가다', 'never to부정사' 구조는 '결코 ~않다'라는 의미로 올바르게 쓰였다.
③ to부정사를 부정할 때는 not to부정사로 쓰므로 옳게 쓰였다.
④ arrive 1형식 자동사로 올바르게 쓰이고, behind schedule는 '예정보다 늦게'라는 뜻으로 올바르게 쓰였다.

해석

① 구조대원들은 실종된 남자를 찾으려고 애썼다.
② 그의 아버지는 낚시하러 가서 다시는 돌아오지 않았다.
③ 우리는 새로운 프로젝트를 의뢰하지 않기로 결정했다.
④ 우리 비행기는 예정보다 10분 늦게 도착했다.

98

정답 ①

해설
① come은 1형식 자동사로 수동태 구조로 쓰일 수 없으므로 be come을 come으로 쓴다.
② think는 5형식으로 쓰였기 때문에 가목적어 it과 that절 진목적어 구조가 올바르게 쓰였다.
③ So 형용사 또는 부사가 문두에 나올 경우에는 조동사 주어 구조가 올바르게 쓰였다.
④ 'must have p.p.'는 '~했음이 틀림없다'라는 뜻으로 쓰인다.

99

정답 ④

해설
④ 'as though[as if]'는 '마치 ~인 것처럼'이라는 뜻이므로 as though를 as로 써야 '~하면서'라는 뜻에 맞는 올바른 표현이 된다.
① the moment는 시간을 나타내는 접속사로 '~하는 순간'이라는 뜻으로 올바르게 쓰였다.
② 'not ~ until'은 '~하고 나서야 ~하다'라는 의미로 올바르게 쓰였다.
③ 문두에 동명사 주어가 나오고 단수 동사 is가 나오면서 올바르게 쓰였다.

100

정답 ①

해설
① 동명사 주어는 단수 취급하므로 단수 동사인 misses로 고쳐야 한다.
② 'Not until 주어 동사' 구조 뒤에 조동사와 주어가 도치되었으므로 올바르게 쓰였다.
③ 'Only 전치사 명사' 구조 뒤에 조동사와 주어가 도치되었으므로 올바르게 쓰였다.
④ 'With 명사 현재분사' 구조가 나와서 '~한 채로'라는 뜻으로 쓰이면서 올바르게 쓰였다.

해석
① 이것을 부정이라고 딱지를 붙이는 것은 더 깊은 진실을 놓치는 것이다.
② 그가 전화하고 나서야 나는 지갑을 잃어버린 것을 알았다.
③ 그 회의 후에야 그는 금융 위기의 심각성을 알아차렸다.
④ 햇빛이 창문을 통해 비쳐 Hugh는 잠을 자는 것이 불가능하다는 것을 알았다.

진가영

약력

現 박문각 공무원 영어 온라인, 오프라인 대표강사
- 서강대학교 우수 졸업(전액장학생)
- 영미어문(심화) 전공
- 중등학교 정교사(2급) 영어 소지
- 경찰 및 9급 공무원 영어 강의 6년 이상(개인 운영)

저서

- 진가영 단기합격 영어문법
- 진가영 단기합격 영어독해
- 진가영 단기합격 영어어휘
- 진가영 단기합격 영어 기출문제집
- 진가영 영어문법 이론적용 200제
- 진가영 영어독해 이론적용 200제

진가영 영어문법
이론적용 200제

초판 인쇄 | 2022. 9. 15.　　**초판 발행** | 2022. 9. 18.
편저 | 진가영　　**발행인** | 박 용　　**발행처** | (주)박문각출판
등록 | 2015년 4월 29일 제2015-000104호
주소 | 06654 서울시 서초구 효령로 283 서경 B/D 4층
팩스 | (02)584-2927　　**전화** | 교재 주문·내용 문의 (02)6466-7202

저자와의
협의하에
인지생략

이 책의 무단 전재 또는 복제 행위는 금합니다.

정가 15,000원　　ISBN 979-11-6704-891-2
　　　　　　　　　ISBN 979-11-6704-890-5(세트)